KB123408

김정은시대 조선로동당

제7차 당 대회와 북한 정치 · 경제

김정은시대 조선로동당

제7차 당 대회와 북한 정치 · 경제

초판 1쇄 발행 2018년 10월 15일

엮은이 | 김일한
발행인 | 윤관백
발행처 | 도서출판 선인

등록 | 제5-77호(1998.11.4)
주소 | 서울시 마포구 마포대로 4다길 4 곶마루 B/D 1층
전화 | 02)718-6252 / 6257 팩스 | 02)718-6253
E-mail | sunin72@chol.com
Homepage | www.suninbook.com

정가 23,000원
ISBN 979-11-6068-215-1 93300

현대북한연구회 연구총서 ⑧

김정은시대 조선로동당

제7차 당 대회와 북한 정치 · 경제

김일한 엮음

| 책을 펴내며 |

2015년 10월 30일, 북한은 조선로동당 중앙위원회 정치국 결정서를 통해 제7차 당 대회 개최를 알렸습니다. 한반도 해방 70주년, 조선로동당 창립 70주년을 맞아 개최되는 북한의 당 대회 개최 소식은 북한 연구자들에게 중요한 소식이 아닐 수 없습니다. 조선로동당 제7차 당 대회가 갖는 의미는 첫째, 1980년 6차 당 대회 이후 36년 만에 열린다는 점, 둘째, 지난 36년이라는 '과거'의 북한을 '평가'하고, 북한의 '미래'를 '예측'할 수 있다는 시사점을 제공해 준다는 점, 셋째, 최고권력이 김정은 체제로 교체된 이후 개최된다는 점에서 주목할 필요가 있습니다.

현대북한연구회가 연구총서 8권 『김정은시대 조선로동당: 제7차 당 대회와 북한 정치 · 경제』를 출간합니다. 연구총서 8권은 지난 2016년 5월 개최된 조선로동당 제7차 대회를 중심으로, 제1차-6차 당 대회를 평가하고, 제7차 대회 이후 북한의 정치 · 경제를 전망하는 연구 결과물입니다. 총서에 수록된 원고는 현대북한연구회와 한국평화연구학회가 공동으로 진행한 학술회의("김정은 체제와 조선로동당 제7차 당 대회 평가와 과제" 2016.5.18)에서 발표한 논문을 발전시킨 것입니다.

연구총서 8권은 조선로동당 제7차 대회를 분석·평가하는 학술적 가치에도 불구하고 부족한 부분을 인정하지 않을 수 없습니다. '판문점선언'을 분기점으로 최근 급변하고 있는 비핵화문제, 남북·북미관계문제를 반영하지 못하고 있기 때문입니다. 그럼에도 불구하고 북한체제의 내적 작동원리를 통제하고 관리하는 최고 권력기구와 리더십의 변화를 평가한다는 점에서 연구총서 8권의 의의는 가볍지 않습니다.

현대북한연구회는 학제간 연구를 지향하는 연구단체로 지난 2000년 창립했습니다. 연구회는 연간 연구계획에 따라 월별 세미나를 개최하고 그 연구결과를 모아 꾸준히 단행본을 출간해왔습니다. 북한사회에 대한 종합적인 이해를 담은 『북한사회의 이해』(2002), 북한연구의 범위를 확대하고 지평을 넓히기 위한 『현대 북한연구의 쟁점 1』(2005), 『현대 북한연구의 쟁점 2』(2007), 북한 김정일체제의 지속가능성을 연구한 『김정일의 북한, 어디로 가는가』(2009), 『기로에 선 북한, 김정일의 선택은』(2011), 북한의 문화예술에 대한 종합적 이해를 돕기 위한 『예술과 정치: 북한 문화예술에 대한 이해』(2013), 북한의 새로운 리더십과 체제 연구결과로서 『김정은에게 북한의 미래를 묻다』(2014), 1970년대 북한사회를 재조명하고 현재 북한체제와의 비교연구인 『오래된 미래?: 1970년대 북한의 재조명』(2015) 출간 등 총 7권의 연구총서를 출간하며 학제간 북한·통일 연구의 장을 넓혀왔습니다.

원고 집필, 토론에 참가해 주신 연구회의 선배 동료 연구자들께 감사드립니다. 특별히 안제노 전회장의 총서발간에 대한 각별한 관심과 어려운 출판환경에 불구하고 흔쾌히 발간을 맡아주신 도서출판 선인의 윤관백 사장님께, 논문 편집에 수고해 주신 신대진 박사께 감사드립니다. 아무쪼록 이 책이 북한의 과거와 미래를 연결하는 연구에 도움이 되길 기대하며 독자 여러분들의 관심과 질정을 부탁드립니다.

2018년 10월

현대북한연구회 회장 김일한

차 례

[서론]

조선로동당 제7차 대회는 무엇을 평가하고 어떤 미래를 약속했을까

김일한

일당이 지배하고 통치하는 사회주의 국가에서 '당 대회'의 의미는 남다르다. 자본주의 체제의 '국가'와 '정부'에 익숙한 사람들에게 사회주의 체제의 당 대회는 생소하다.

사회주의 체제의 '당'-공산당이든 노동당이든-을 이해하기 위해서는 정치와 경제의 두 가지 측면을 동시에 이해해야 한다. 경제적 측면에서 사회주의 체제는 생산수단의 사회화 또는 생산수단의 전인민적 소유를 지향하는 정치경제체제이다. 따라서 전인민의 공동의 자산-생산수단을 활용해 생산과 유통과 소비를 전일적으로 관리하고 통제하기 위해서는 하나의 기구가 필요한데 그것이 바로 당이다. 그리고 하나의 당이 관리하는 경제시스템을 계획경제라 한다. 각각의 분야에서 필요한 자원을 분배하는 기능을 당이 계획에 의해서 통제하고 관리하기 때문이다.

정치적인 측면에서 사회주의 체제의 당은 계급혁명을 통해 권력을 쟁취한 유일한 계급인 프롤레타리아, 즉 노동자를 대표한다. 따라서 다수의 정당이 필요치 않다. 유일한 계급을 대표하는 유일한 정당으로서 사회주의 체제 당은 전일적이다. 따라서 사회주의 체제에서 당 대회는 그 체제가 국가를 상징하는 알파이자 오메가, 즉 '당-국가'체제를 상징하는 가장 중요한 행사인 것이다.

북한은 사회주의 체제의 당 대회를 다음과 같이 규정하고 있다.

> 당의 최고지도기관. 로동계급의 당들의 당 대회는 일반적으로 당 규약에 따라 당중앙위원회가 소집한다. 당 대회는 전체 당원들의 의사에 의하여 선거된 대표자들로 구성된다. 당 대회는 전당의 의사를 대표하여 당과 혁명 발전에서 나서는 중요한 문제들을 토의결정한다. 당 대회는 당중앙위원회와 당중앙검사위원회의 사업을 총화하고 당중앙위원회와 당중앙검사위원회를 선거한다. 당 대회는 당의 강령과 규약을 채택 또는 수정보충한다. 당 대회는 당의 로선과 정책 및 전략전술의 기본문제들을 결정한다. 조선로동당의 당 대회는 당 규약에 따라 5년에 한번씩 당중앙위원회가 소집한다. 당중앙위원회는 필요에 따라 당 대회를 앞당기거나 미루어 소집할수 있다.(『정치사전』, 과학백과사전출판사, 1985)

당 대회에 대한 북한의 공식적인 규정에 따르면, ① 전 당원들의 선거에 의해 선출된 대표자들로 구성된 최고권력기관으로, ② 조선로동당 중앙위원회가 당 대회 이전 시기 진행했던 사업을 총화(평가)하고, 대회이후 당의 노선과 정책 및 전략전술의 기본문제들을 새롭게 결정하는 역할을 한다. ③ 당 대회 개최는 가변적인데 일반적으로 5년을 주기로 한다.

북한의 조선로동당이 제7차 당 대회를 개최했다. 1980년 제6차 당 대회 이후 북한 최고의 정치행사가 36년 만에 개최된 것이다. 북한 연구자들에게 북한의 당 대회는 핵심적인 연구대상이다.

북한은 조선로동당이 국가를 대표하기 때문에 국가발전 노선의 제시, 기존 사업에 대한 평가와 새로운 사업에 대한 계획 역시 당(중앙위원회)의 역할과 책임으로 규정된다. 대표적으로 '경제 · 핵무력 병진노선'은 김정은 시대의 국가기조이다. 더불어 당을 대표하는 리더십의 주체와 역할의 변화 역시 당 대회의 주요한 기능이다. 당 대회 이후 개정 헌법을 통해 권력기구의 변화가 확인되었는데, 기존의 국방위원회가 국무위원회로 개편된 사례는 북한의 당 대회가 북한 체제의 과거를 평가하고 미래를 예측할 수 있는 주요한 근거가 될 수 있다.

현대북한연구회 총서8권은 북한의 제7차 당 대회를 통해 체제의 핵심 영역인 정치와 경제분야의 지속성과 변화를 추적하고 있다. 총서8권은 기존의 조선로동당 연구결과들과는 뚜렷한 차별성을 갖는다. 기존 연구와 가장 큰 차이점이라면, 제7차 당 대회를 분석하기 위해 기존의 제1~6차 당 대회와 비교·평가했다는 점이다. 그 결과 북한 체제의 과거 · 현재 · 미래를 종합적으로 관찰할 수 있는 기회를 독자들께 제공할 수 있게 된 것이다.

총서8권은 북한 체제의 핵심적인 영역인 정치와 경제 두 분야로 구성되어 있다. 정치분야는 3편의 글을 싣고 있는데, 먼저, 이대근의 글 "제7차 당 대회와 북한 권력 구조의 지속성과 변화"는 조선로동당의 권력기구, 권력의 주체, 당과 군대와 관계 등 북한 권력구조의 변화와 지속성을 추적하고 있다. 이상숙과 문인철은 "제7차 당 대회와 북한 대외정책의 지속성과 변화"를 통해 북한의 사회주의 대외정책과 최근의 대서방정책을 주제로 다루고 있다. 그리고 최근 북핵문제와 맞물려 중요성을 더하고 있는 북한의 대외안보정책은 신대진과 임상순의 글 "제7차 당 대회와 북한 대외안보정책의 지속성과 변화"를 통해 확인할 수 있다.

경제영역은 이창희와 탁용달의 글 2편으로, 각각 "제7차 당 대회와 북한 경제정책의 지속성과 변화" 그리고 "제7차 당 대회와 북한 대외경제관계의 지속성과 변화"를 통해 북한 체제를 분석하고 있다.

제7차 당 대회의 분석과 평가를 통해 이대근은 "오래된 미래, 새로운 과거 7차 당 대회"를 주제로 총서의 결론을 대신하고 있다.

북한의 제7차 당 대회가 중요한 의미를 갖는 이유는 시간적으로 36년 만에 개최된다는 점을 빼놓을 수 없지만, 무엇보다 주목되는 부분은 김정은이라는 새로운 리더십이 등장했다는 점이다. 북한이 조선로동당이라는 공식적인 권력기구를 토대로 유지되는 체제임에도 불구하고, 다른 어떤 나라보다 지도자 개인의 리더십이 중요한 국가이기 때문이다. 따라서 김정은 체제의 등장과 함께 36년 만에 개최된 조선로동당 제7차 대회에 대한 분석과 평가는 북한의 미래를 예측할 수 있는 중요한 근거가 될 것이다.

조선로동당 제7차 당 대회는 김정은 이전 시대를 평가하고, 김정은 이후의 미래를 약속하는 대회였다. 이전 시대 평가와 미래에 대한 약속의 실체는 무엇일까? 즉, '북한의 조선로동당 제7차 당 대회는 무엇을 평가하고 어떤 미래를 약속했을까?' 이것이 이 책의 질문이자 해답이 될 것이다.

[제 1 장]

제7차 당 대회와 북한 권력 구조의 지속성과 변화

이대근

Ⅰ. 서론: 당 대회의 의미

당 대회는 당의 최고 지도기관으로서 "당의 로선과 정책, 전략 전술의 기본 문제를 토의 결정"하고 당 지도부를 구성한다(당규약 제3장 23조). 그러나 조선로동당이 1946년 제1차 당 대회 이래 70년간, 그 것도 냉전과 탈냉전, 사회주의권 붕괴의 격변이 있었던 시기에 단 7차례만 당 대회를 개최했다는 사실은 당이 제 역할을 충실하게 수행하지 못했음을 말해준다. 다만 유일영도체계 구축이라는 점에서는 빛나는 성과를 거두었다고 할 수 있다. 경제발전과 인민생활의 향상은 항상 당 대회의 목표로 제시되었지만 실제로는 우선순위에 있지 않았고, 바로 그 때문에 좋은 성과를 내지도 못했다.

실제 당 대회의 주요 관심사는 당 최고지도기관 선거였다고 할 수 있다. 최고 지도기관 선거는 주요 당직을 바꾸거나 확정함으로써 권력 배분의 기능을 한다. 김일성 유일 권력이 공고화되기 전 파벌 경쟁의 시대에 당 대회는 권력 투쟁의 장이었다. 그 때문에 당 대회는 권력 경쟁의 승자와 패자를 확정짓는 심판자 역할을 하기도 했다.

또한 당 대회는 권력의 원천으로서 권력을 정당화하는 기능을 한다.

1961년 제4차 당 대회가 김일성에게 권력 투쟁의 유일한 승자임을 확인해 준 것이 대표적인 예이다. 유일 영도체계가 구축된 이후에는 당 대회가 의례적 역할을 하는 장식적 기능을 넘지 못했다. 김정일, 김정은 후계자 확정을 위해 열린 당 대회 혹은 당 대회를 대신하는 당대표자회는 이미 결론이 난 사항을 형식적으로 승인하는 절차에 불과했다. 김일성 사망 이후 김정일 승계 때 당 대회 개최 없이 추대라는 비공식적 절차를 거친 것도 그런 현실을 잘 반영하고 있다. 1961년 제4차 당 대회 이후 9년, 10년, 36년 시차로 당 대회를 연 것 자체가 당 대회는 당면 과제를 해결하고 비전을 제시하는 역할을 전혀 못하고 있다는 점을 입증한다.

7차례에 걸친 당 대회의 역사가 뚜렷이 드러내는 것 하나는 다원화한 권력이 어떻게 1인, 그 것도 혈통에 의한 계승을 보장하는 유일 영도체제를 보장할 수 있었는가 하는 점이다. 7차례의 당 대회는 한마디로 당이 '수령의 유일적 영도기관'으로 완성되는 과정이라고 할 수 있다.

Ⅱ. 당 대회의 지속성과 변화(1946~1994)

1. 1차 당 대회의 내용과 평가(1946~1948)

북조선로동당 창립 대회전까지만 해도 로동당은 하나의 통일적 정당이라고 할 수 없을 만큼 산만한 조직이었다. 1945년 10월 10~13일 서북 5도당 및 당 열성자 대회를 열어 서울의 조선공산당과 별도로 조선공산당 북조선분국이라는 당 중앙지도기관을 설치했음에도 할거주의는 여전했다. 공장· 제조소, 면에는 아직 당세포가 없었고, 하급당들이 '중앙 조직위원회'의 지시를 무시하는 등 상호 조직적 연계 없이 독자적으로 활동했다.

이런 당 조직의 현실이 개선되기 시작한 계기는 1946년 8월의 북조선로동당 창립 대회였다. 당중앙위원회는 "일상적 정치지도를 위하여" 위원 중에서 5명으로 정치위원회를 구성하고(정치위원장 1인, 부위원장 2인), 중앙위원회 사이에 "당사업을 지도하며 집행하기 위하여" 상무위원회를 구성하고, "당의 실질적 사업을 분석적으로 지도하기 위하여" 중앙본부 내에 10개의 부서를 두도록 했다.[1] 전당 대회－중앙위원회－정치위원회－상무위원회－중앙본부의 체제를 갖춘 것이다. 도, 시, 군, 구역, 면에도 당위원회를 두고 각급 단위에 중앙당의 본부에 해당하는 상설기관인 '당부'를 설치했다.[2] 이 같은 당조직 작업의 성과는 창당 1주년을 맞은 1947년 8월 주영하의 발표로 확인할 수 있다. 그는 중앙위원회로부터 도당위원회, 군당위원회, 면당위원회, 세포에 이르기까지 일관한 당의 조직적 원칙과 체계를 갖추게 되었다고 밝혔다.[3]

당의 권력은 당 대 당 합당에 따른 신민당 출신 안배, 각 파벌들 간의 권력 배분 필요성 때문에 특정파벌에 독점되지는 않았다. 이 당시 당은 파벌 연합체와 다름없었다. 김일성도 당내 가장 영향력 있는 인물이기는 했지만 적어도 당중앙위원회 구성 상 김일성의 만주파는 여러 파벌의 하나에 지나지 않았다. 당 중앙위원장에 김두봉, 부위원장에 김일성·주영하가 선임되고 중앙위원 및 상무위원회에 여러 파벌이 고루 참여한 것에서 알 수 있듯이 당 리더십은 집단지도 체제에 가까웠다. 가령 당중앙위원회 상무위원회는 만주파, 연안파, 소련파,

---

1) 박창옥, "북조선노동당 규약 해석," 「근로자」, 제5호(1947), 『북한관계 사료집 42』(서울: 국사편찬위원회, 2004), p. 420, 재인용.
2) 북조선로동당 창립대회 회의록에는 면당부만 언급되어 있으나 제2차 당 대회를 통해 각 급당에 당부가 조직되어 있음을 추정할 수 있다.
3) 주영하, "북조선노동당 창립 1주년과 조선의 민주화를 위한 투쟁에서 그의 역할," 『북한관계 사료집 1』(서울: 국사편찬위원회, 1994), pp. 249~250.

국내파 등 4개 파벌로 구성됐으며 국내파를 제외한 각 파벌은 군대에서도 그 세력을 분점하고 있었다. 파벌은 당과 군이라는 제도적 틀에 구속되지 않는 하나의 통일된 세력으로 존재했던 것이다.[4)]

당의 통제력도 아직 국가 전반에 걸쳐 행사되지는 못했다. 1차 당대회가 채택한 로동당 규약은 "당 기관은 반드시 도, 시(구역)·군, 면, 리(농촌)공장, 기업소, 광산, 탄광 및 철도, 수운기관, 행정기관, 교육기관에 조직함"이라고 명문화했다. 국가 전 부문에 대해 당 기관을 설치, 당의 지도를 받을 수 있는 체계를 세우기로 한 것이다. 그러나 당 기관이 설치되어도 유명무실한 경우가 많았으며 특히 직업동맹을 당의 통제 밖에 두어야 할지를 둘러싼 논쟁에서 알 수 있듯이 당이 국가 전 부문을 통제하는 당 우위 체제에 대한 입장을 정립하지 못했다.

군대의 경우에도 당에 군대를 담당하는 조직이나 인물이 없었고, 군대에도 당조직이 없었다. 그로 인해 당과 군대는 공식적, 조직적 유대 없이 각각 독립적으로 창설되고 발전했다.[5)] 이는 여러 정당 및 사회단체와 연합하는 통일전선의 시기였기 때문에 당의 군대로 전환하는 작업을 의도적으로 하지 않은 결과였다.

그러나 해방 직후 귀국과 동시에 무력을 조직화하는데 집중, 군대를 먼저 장악한 김일성은 군창설기부터 핵심 간부를 만주파로 충원했다. 이 때문에 만주파는 당내에서 소수파였지만, 군대에서는 다수파였고 이로 인한 군대 통제력은 만주파의 당 권력 강화에도 결정적 기여를 했다.

---

4) 이대근, 『북한군부는 왜 쿠데타를 하지 않나』(서울: 한울 아카데미, 2003), p. 48.
5) 徐東晩, 『北朝鮮に おける 社會主義の 體制成立』(東京大學 大學院 總合文化研究科 博士學位 論文, 1995) p. 150.

2. 2차 당 대회의 내용과 평가(1948~1956)

1948년 3월 27일부터 30일까지 열린 제2차 당 대회에서 당 조직체계는 1차 당 대회의 틀을 그대로 유지했다. 이는 주영하가 이미 창당 1주년을 맞은 1947년 8월 밝혔듯이 중앙위원회로부터 도당위원회, 군당위원회, 면당위원회, 세포에 이르기까지 일관한 당의 조직적 원칙과 체계를 갖추었기 때문으로 보인다.[6] 당의 주요 정책결정도 여전히 당 중앙위원회, 정치위원회, 상무위원회라는 집체적 지도기관에 의해 이루어졌다. 이 때문에 중앙당에 '중앙본부'라는 상설조직이 있었지만 집행부서로서 제한된 기능을 할 수 밖에 없었다. 남북로동당 합당 때는 중앙상무위원회를 폐지하고 대신 조직위원회를 신설했다.

2차 당 대회는 또한 김일성의 당내 위상이 부쩍 높아졌음을 확인하는 자리였다. 대의원들은 국내파를 겨냥해 종파행위 및 사업지도상 오류를 비판하는 한편 김일성을 찬양하는 토론을 전개했고, 그 결과는 당중앙위원회 선거에 그대로 반영되었다. 다양한 파벌이 고루 분포되었지만 국내파 상당수가 김일성 세력에 가담하면서 김일성계가 확장되었다. 1948년 7월 9일 북조선인민회의에서 정부수립을 결정하면서 구성된 내각도 김일성계의 진출이 뚜렷했다. 소련파는 전혀 참여하지 못했고 남로당계는 소수였다. 그러나 1948년 9월 북로당 중앙위원회 제3차 회의에서 소련파가 당을 장악했고 남로당계 역시 1949년 6월 남북로동당 합당에서 상당한 지분을 차지했다. 이로써 김일성은 내각이나 군부의 권력 상황과는 달리 당내에서는 다른 파벌과의 경쟁과 도전에 직면하게 되었다.[7]

---

6) 주영하, "북조선노동당 창립 1주년과 조선의 민주화를 위한 투쟁에서 그의 역할," pp. 249~250.

7) 이종석, 『조선로동당연구』 (서울: 역사비평사, 1995), pp. 204~212.

김일성의 당조직 장악은 당 외곽, 즉 인민군대를 통해 진행되었다. 김일성은 한국전쟁 초기의 승세에도 불구하고 미군개입으로 패주하게 된 원인을 인민군에 대한 당적 통제의 약화 때문이라고 지적했다. 이를 계기로 김일성은 1950년 10월 21일 정치위원회에서 조선인민군내 당조직을 도입키로 결정하고, 인민군내 당단체와 정치기관을 신설했다. 기존의 문화훈련국(문화부)은 총정치국(정치부)으로 개편하고, 각급 부대에 정치부대장제를 설치했으며, 연대 이하 부대에는 당위원회를 도입했다.

그리고 김일성은 1953년 8월 제6차 중앙위원회 전원회의에서 당 권력을 분점 하던 남로당계를 숙청, 당지도력을 강화한 뒤 이를 반영하는 당조직 개편을 단행했다. 1949년 남북로동당 통합 때 설치했던 당 기구를 없애거나 수정한 것이다. 중앙조직위원회와 비서제를 폐지하고 남북로동당 통합 때 폐지했던 중앙상무위원회와 당중앙위원회의 부위원장제를 부활시킨 것이다. 1949년 남북로동당 합당 이전 당조직으로 복원함으로써 당내 남로당 잔재를 청산하려 했던 것으로 해석된다.

인민군은 군내 당조직을 공식 설치하기 전까지는 인민의 군대라는 이유로 당과의 조직적 연계가 없는 상태에서 자율성을 누렸다. 하지만, 김일성은 당내 권력을 강화하면서 당-군화 작업을 병행했다. 군대를 당의 직접적 통제를 받는 당의 일부 조직으로, 즉 상호 독립적이던 당과 군을 제도적으로 결속시킨 것이다. 1949년 6월 남북로동당합당 이후 군내 당 활동을 활성화한데 이어 1950년 10월 군내 당조직을 도입한 것이 그 출발점이다.

당-군화 과정은 연안파의 무정 및 방호산, 소련파의 허가이, 국내파의 박헌영을 숙청하는 권력투쟁과 병행되었다. 따라서 당-군화 과정은 인민군이 당의 군대로서 정체성을 확립해 가는 과정이기도 했지만, 권력 투쟁 과정이기도 했다. 이 결과, 만주파의 당 장악력은 강화되고 인민군내 비만주파는 소수파로 전락했다. 1948년 7월 1차 내각 진용에서 소련파 및 국내파가 밀리고 만주파가 우세한 가운데 연안파가 배치된 것도 그런 사정 때문이다.

3. 3차 당 대회의 내용과 평가(1956~1961)

스탈린 사망 후인 1956년 2월 소련 공산당 제20차 대회는 스탈린 개인숭배를 비판, 사회주의 세계에 충격을 안겨줬으며 당연히 노동당에도 영향을 미쳤다. 노동당은 제3차 당 대회 개최 전 중앙위원회에서 개인숭배 현상이 있었음을 인정했다. 그 때문에 1956년 3월 개최된 제3차 당 대회도 소련공산당 20차 대회 결과를 반영, 집체적 지도를 강조해야 했다. '경애하는 수령 김일성 동지의 영도'라고 하던 표현도 '당 중앙위원회의 지도'로 바뀌었다.[8]

그러나 김일성으로의 권력 집중 현상은 여전했다. 당 대회가 개인숭배를 비판했지만 그것은 김일성을 향한 것이 아닌 김일성의 정적 박헌영 일파를 겨냥한 것이었다. 김일성 권력 공고화를 위한 파벌 간 대립도 '당의 공고화를 위한 투쟁'으로 규정할 만큼 김일성 권력은 당내에 확고했다.[9] 이 같은 김일성 권력은 당 대회에서 선출된 중앙기관의 파벌 분포가 만주파 중심으로 기운 사실에서도 확인된다.

당 대회를 앞두고 전개된 당·정 관계에 관한 논쟁도 권력투쟁의 양상을 띠었다. 파벌들 간에 당이 국가기관, 사회단체를 영도할 것인지 당으로부터 자율성을 부여할 것인지를 둘러싸고 대립한 것이다. 김일성 반대파는 국가기관의 인민주권 원칙, 직업동맹의 자율성, 당의 군대가 아닌 통일전선의 군대를 주장하며 당의 통제를 거부했다. 그러

8) 위의 책, p. 273.
9) 위의 책, p. 271.

나 만주파는 국가기관 · 군대 · 사회단체를 당의 통제 밖에 둬야 한다는 주장이 당의 영도를 거부하는 종파 활동이라고 비판했다. 이 논쟁과 갈등은 당-국가 체제의 정체성 확립을 위한 과정이자 파벌 권력투쟁의 과정이기도 했다.

이와 같은 논쟁과 투쟁의 결과는 제3차 당 대회에 그대로 반영되었다. 당 대회는 당중앙위원회가 특수한 기관 내 정치국을 설치하고, 중요한 국가기업소에 당중앙위원회 조직원을 파견, 당중앙위원회의 직접적인 통제아래 두게 했다. 그리고 처음으로 국가기관, 기업소, 각급 지방 정권기관에 대한 당적 지도를 당규약에 명시했다. 국가, 군대, 기업소등 모든 기관에 대한 당적 지도를 시작한 것이다. 이를 위해 도당위원회는 '당조'를 통하여 도내 국가정권기관들과 사회단체들의 사업을 지도하고 당중앙위원회에 사업정형을 보고토록 했다(당규약 제6장 46). 당이 국가 부문 전반을 지도 및 통제하는 당-국가 체제가 당규약상 완성된 것이다.

제3차 당 대회를 계기로 김일성 권력의 견고함을 확인한 김일성 세력은 1956년 8월 이른바 '종파사건'을 계기로 당과 인민군내 연안파와 소련파 숙청을 단행했다. 우선 당내 연안파와 소련파 숙청이 진행됐으며 이 숙청이 마무리 단계에 들어간 1958년부터는 지방 당 및 정권기관, 군 숙청을 병행했다. 1958년 3월 8일 열린 당중앙위원회 전원회의는 바로 이 같은 대규모 군 숙청을 알리는 신호였다. 의제는 '조선인민군 내 당정치사업을 개선 강화할데 대하여'로 인민군 정치사업만을 논의했다. 반당 음모가 있었다는 근거 없는 주장을 내세워 연안파인 민족보위 부상 김웅, 총참모장 리권무와 소련파인 총정치국장 최종학 등 상당수의 군 고위 간부들을 숙청, 군 간부들이 더 이상 김일성 권력에 도전하지 못하도록 했다.

1958년 3월 8일 당 중앙위 전원회의는 총정치국-군단 정치부-사단

정치부 등 정치기관의 계선조직 중심으로 운영되어 온 군대 내 당정치 사업 방식을 당의 집체적 지도로 전환하기 위해 인민군내 당위원회제를 도입한다고 결정했다. 소련파인 총정치국장 최종학처럼 군 개별간부가 김일성에 의한 당지도력 행사를 반대할 만큼 군내 영향력을 행사하지 못하게 차단하고 군대가 당의 결정을 집행하는 도구로만 남도록 했다.

이 결정에 따르면 인민군은 인민군당위원회를 구성, 당 중앙위 상무위원회의 지도를 받도록 했다. 인민군당위원회 밑으로는 군단 당위원회-사단당위원회-연대 당위원회-대대 초급당위원회-중대 세포위원회를 조직토록 했다. 과거처럼 총정치국과 같은 집행기구가 중앙당으로부터 자율성을 갖고 군대 내 당 사업을 사실상 좌지우지하는 방식이 아니라 당위원회라는 집체적 지도 기관이 각급 부대를 이끌어가도록 한 것이다. 이제 총정치국은 당위원회 결정을 집행할 의무만 부여되고 독자적인 결정을 내리지 못하도록 했다.[10)]

이어 1960년 9월 8일 열린 조선로동당 인민군 위원회 전원회의 확대회의에서 김일성은 당-군 관계를 전면적으로 재규정했다. 김일성은 첫째, 군대 내 당위원회가 군대 내 최고 조직이며 인민군 내 당위원회는 단순한 협의기관이 아니라 집체적인 군사정치적 영도기관임을 분명히 했다. 둘째, 군내 모든 문제는 당위원회를 열어 결정하도록 했다. 셋째, 인민군대는 바로 노동당이 조직한 것이고 당의 정책을 집행하며 혁명의 전취물을 보위하기 위한 무장력임을 다시 확인했다. 이제 군대 내 누구도 '당의 영도'를 벗어나 독자적인 힘을 행사할 수 없게 된 것이다.[11)]

---

10) 1958년 3월 전원회의 이후 전군의 모든 부대단위에 당위원회가 결성되고 당단체 사업도 독자성을 갖게 되어 새로운 당위원회를 선거하는 사업이 진행되었다. 여정, 『붉게 물든 대동강-전 인민군사단 정치위원의 수기』 (서울: 동아일보사, 1991), p. 98.

이로써 당초 인민군내 당원들의 당생활을 지도하는 제한적 권한만 행사했던 인민군 내 당조직은 인민군내 최고의 정책결정 기구로 승격됐다.[12)]

4. 4차당 대회의 내용과 평가(1961~1970)

1961년 9월 제4차 당 대회는 김일성이 자신의 권력에 도전할 세력을 완전히 거세하고 유일한 권력자로 등극했음을 과시하는 행사였다. 그전까지 당 중앙 지도기관에 일정한 몫을 차지하던 연안파, 소련파는 새로운 중앙지도 기관 선거 결과, 완전히 몰락하고, 그 자리를 김일성계에 내주었다. 당 대회를 통해 확고하게 권력을 독점한 김일성은 당조직을 중앙집중화 하는 작업에 나섰다.

4차 당 대회 이전의 권력 구조는 당 중앙위원회라는 집체적 지도기관을 정점으로 하고 정치위원회, 상무위원회, 조직위원회 등 여러 개의 집체적 지도기관이 당내 권력을 분점하는 양상이었다. 그러나 4차 당 대회는 당중앙위원회 상무위원회와 조직위원회를 폐지, 중앙당의 권력을 정치위원회로 집중시켰다. 또 당이 정치, 경제, 군사, 문화의 모든 부문과 인민생활의 전반적 분야에서 완전한 책임을 지도록 했다. 이를 위해 당원이 있는 모든 부문과 기관에 당 단체를 설치했고 인민군, 내각, 성, 인민위원회, 경제위원회, 최고인민회의도 예외가 아니었다.

이런 당조직의 편재성에 기초해 "당위원회가 해당 단위 최고 지도기관이며 참모부"라고 명시, 당이 다른 모든 부문을 지도한다는 '당의 통일적 지도원칙'을 처음으로 규약에 반영했다(당규약 제2장 18). 특히

---

11) 김일성, "인민군대내에서 정치사업을 강화할데 대하여(1960. 9. 8)," 『김일성저작집 14』(평양: 조선로동당출판사, 1981), pp. 345~383.
12) 이대근, 『북한 군부는 왜 쿠데타를 하지 않나』, pp. 59~62.

중앙과 지방의 모든 국가기관과 군대 내에 설치되어 있는 당 조직을 해당 단위의 최고 결정기관으로 규정한 당의 통일적 지도는 당을 통해 내각, 군대, 사회단체, 기업소 등 국가 전반을 유일적으로 통제하는 당-국가체제를 실질적으로 제도적으로 완성한 것을 의미한다. 이에 따라 규약도 개정해 "도당위원회는 도내의 국가 정권기관 및 사회단체들을 비롯한 인민경제의 각 부문에 대한 지도와 통제를 강화"(당규약 제4장 49)하는 임무를 맡았다. 지방당도 지방 정권기관, 단체를 지도하는 위상을 갖게 했다.

김일성 1인으로의 권력 단일화는 4차 당 대회 때 당 권력의 중앙집중화에 이어 1966년 제2차 당대표자 회의 때 당 조직체계 개편으로도 더욱 강화되었다. 1961년 10월 당중앙위원회 4기까지 당은 중앙위원장과 복수의 부위원장이 중앙위원회 지도부를 구성, 당의 주요 정책을 결정하고 당조직을 지도하는 당의 최고지도기관으로서의 기능을 했다. 그러나 1966년 제2차 당대표자회의에서 상무위, 조직위, 그리고 파벌 권력 경쟁 시대의 산물인 당중앙위원회 위원장, 부위원장제가 모두 폐지되면서 최고 지도 기관의 위상은 매우 약화됐다. 중앙위원수도 크게 늘면서 중앙위원회라는 집체적 지도 기관은 유명무실한 기구로 전락했다. 실질적인 당사업은 신설된 비서국으로 넘어갔다. "간부사업 및 그 밖의 당면사업을 검토하고 조직하기 위해" 비서국 부장회의도 새로 설치했다. 당 조직원칙도 민주주의 조항 일부를 삭제하고 집중제를 강조, 관료적 중앙집권주의를 강화했다.

이는 총비서와 비서국 중심 당조직 운영이라는 로동당의 전형적인 조직적 틀을 구축한 것이자 유일지도체계를 보장하는 당조직 체계의 완비라고 할 수 있다. 이로써 총비서와 비서, 비서국 산하의 전문부서 등 당관료 조직이 집체적 정책 결정 기구를 대신해 당의 실질적 운영을 담당하는, 당조직의 실체가 되었다.

4차 당 대회 이후 당의 유일한 혁명 전통으로 항일빨치산 활동을 제시하면서 개인숭배를 강화하며 권력을 완전히 독점한 김일성은 두 차례의 도전도 물리치는 데 성공했다. 하나는 김일성 개인숭배에 부정적이었던 당의 조직, 사상, 문화 부문 간부를 숙청한 것이다. 다른 하나는 위협적인 세력으로 부상하는 인민군 최고위 지도자급 인물을 숙청한 것이다.

북한은 소련과의 갈등으로 소련 군사원조가 중단되자 1962년 12월 "국방에서의 자위 원칙"을 발표하고 1966년 10월 제2차 당대표자 대회에서 전국 요새화, 전군 간부화, 전군 현대화, 전민무장화 등 4대 군사노선을 명문화했다. 이에 따라 군비증강과 함께 전 부문에 걸쳐 광범위한 군사화가 시작되었고, 이 결과로 군 간부들의 정치적 영향력도 증대되었다. 1961년 9월 제4차 당 대회에서 선출된 정치위원 11명중 최용건 · 김일을 제외하면 군출신은 부수상 겸 민족보위상 김광협 1명뿐이었다. 그러나 1966년 10월 당대표자회의에서 선출된 15명의 정치위원 중 군 간부는 김광협 · 김창봉 · 최현 · 리영호 등 4명, 후보위원에는 석산 · 허봉학 · 최광 · 오진우 등이 포진했다. 이런 분위기에서 민족보위상 김창봉과 대남사업의 책임을 맡은 허봉학 등 군강경파가 청와대 기습사건, 울진-삼척사건 등으로 한반도를 위기로 몰아가며 권력자로 부상했다. 이들 군 간부의 부상을 권력에 대한 도전으로 간주한 김일성은 결국 이들을 숙청했다.

5. 5차 당 대회의 내용과 평가(1970~1980)

1970년 11월 제4차 당 대회는 1960년대 김일성 숭배 운동의 결과물이자 유일사상체계를 구축하는 장이었다. 당 대회는 정치위원으로 김일성의 유일사상체계에 도전하거나 비협조적이었던 인물을 배제하고 김일성-김정일 체제, 즉 김정일 후계 체제의 기초를 세우는데 초점을 맞춰 당조직을 정비했다. 이를 위해 대회는 당 규약을 개정, 당중앙위원회 산하에 군사위원회를 설치하고 비서국의 권한을 강화했다. 비서국 권한 강화 배경에는 비서국을 김정일의 활동 무대로 삼으려는 배경이 작용했다고 할 수 있다. 이미 1967년 당 사업을 시작한 김정일은 4차 당 대회를 계기로 권력의 새로운 중심으로 부상했기 때문이다.

수령의 유일적 영도는 곧 당중앙의 유일적 지도를 의미하며, 당중앙의 유일적 지도는 곧 당이 중앙집권적인 위계적 관료조직으로 재편되는 것을 의미했다. 김정일이 자신이 소속한 비서국, 특히 핵심부서인 조직지도부의 역할을 제고한 것도 그 때문이다. 그리고 조직지도부와 각 과의 종전 직능을 백지화하고 새로 작성하는 사업을 지시[13], 조직지도부가 전당조직을 장악하고 조직지도부의 지도를 받는 당조직이 국가 정권기관, 군대, 사회부문을 통제하는 일사불란한 체제를 구축했다.

인민군에 대한 당의 통제도 강화했다. 당 규약을 개정해 당중앙위원회 산하에 군사위원회를 신설하고, 1972년 새로 제정한 사회주의 헌법에 국가 최고 지도기관인 중앙인민위원회 산하에 최고 군사지도기관으로 '국방위원회'를 각각 신설, 인민군에 대한 당과 국가의 지도체계를 마련했다.

김일성은 권력승계를 위해서는 군부장악이 무엇보다 중요하다는 점을 잘 인식하고 있었고 그에 따라 인민군을 후계체제 구축에 가장 먼저 동원했다. 군대 당조직에 대한 일제 검열지도를 실시, 정치간부 진용을 다시 짜고 만경대 혁명학원 출신으로 보강했다. 만경대혁명학원 1기생 출신의 오극렬을 총참모장에 임명하는 등 군수뇌부를 빨치산 2세로 충원,[14] 군대내부에 세대교체와 김정일 인맥 구축을 시작했다.

---

13) 김정일, "당사업에서 낡은 형식을 버리고 새로운 전환을 일으킬데 대하여," 『주체혁명위업의 완성을 위하여 제3권』 (평양: 조선로동당출판사, 1987), p. 72.

후계 구축 과정에 군지도자의 저항이 있었지만 곧 분쇄됐다.[15] 이런 저항은 오히려 인민군대 사상교양을 한층 강화하는 계기가 됐고, 그 결과 인민군은 당의 선봉으로 거듭났다. 이는 1978년 인민군 창건일을 1948년 2월 8일에서 '조선인민혁명군'의 전신인 '반일인민유격대'를 창설했다는 1932년 4월 25일로 변경, 인민군을 당의 사상노선을 가장 앞장서 실천하는 항일 혁명 전통의 계승자로 내세운 사실에서도 확인할 수 있다.

이는 또한 당·군 관계 성격이 변화한 것을 의미한다. 군대는 통제와 감시의 대상에서 당의 사상과 노선을 체화함으로써 당과 불가분의 존재가 되었다. 당이 곧 군대이고 군대가 곧 당인 당-군 일체화'의 완성이다.

김정일은 조직지도부 강화에 이어 1974년 6월 정무원에 당지도위원회를 새로 두고, 정무원 당위원회를 강화하는 조치도 취했다. 이전에는 정무원 당위원회가 정무원 각위원회와 부의 당위원회를 지도하지 않고, 독립적으로 활동했다. 그러나 정무원 당지도위원회로 개편하면서 정무원의 각 위원회, 부의 사업도 지도하도록 함으로써[16] 정무원에 대한 당적 지도를 강화했다.

1972년 사회주의 헌법은 국가기구도 수령 중심의 당-국가 체제에 맞게 재편했다. 사회주의 헌법을 제정하면서 기존 내각과 수상제를 폐지하고 대신 주석과 중앙인민위원회, 중앙인민위 산하 국방위원회를 새로

---

14) 신경완, "발굴 비록-곁에서 본 김정일(하)," 『월간 중앙』, 7월호 (1991), p. 439.

15) 1976년 6월에 열린 당정치위원회에서 부주석 김동규, 인민군 총정치국장 리용무, 당정치위원회 후보위원 류장식, 당검열위원회 지경수 상장, 인민무력부 부부장 지경학등이 후계체제 구축을 위한 김정일의 간부사업에 대해 반발했다. 위의 글, p. 404.

16) 김정일, "정무원 위원회, 부 당조직의 사업을 개선 강화할데 대하여(1974.6.10)," 『주체혁명위업의 완성을 위하여 제3권』 (평양: 조선로동당 출판사, 1987), p. 140.

도입한 것이다. 대신 기존 최고인민회의 상임위원회를 최고인민회의 상설회의로, 내각을 정무원으로 각각 격을 낮췄다. 이로써 국가 부문에서 내각 수상이었던 김일성은 주석, 중앙인민위원회 수위, 국방위원장을 겸직하게 되었다. 수령이라는 위상에 맞게 국가 최고위직을 개편한 것이다. 이 개편으로 내각은 정무원으로 위상이 낮아지고 정무원 총리 역시 주석과 중앙인민위원회의 지도하에 사업하는 지위로 바뀌었다.

6. 제6차 당 대회의 내용과 평가(1980~1994)

1980년 제 6차 당 대회는 김정일을 정치국 상무위원회 위원, 당비서국 비서, 당중앙위원회 군사위원회 위원으로 선출했다. 이는 김정일이 공식 후계자 지위로 당·정·군을 직접 통제하게 되었다는 것을 의미한다. 당 대회의 핵심 과제도 모든 권력을 김정일에게 집중시키는 유일적 영도체계의 완성이었다. 당조직도 유일적 영도체계에 맞게 개편했다. 즉 정치위원회를 정치국으로 바꾸고, 정치국 상무위원회를 신설해 정치국의 실질적 기능을 정치국 상무위원회로 집중시킨 것이다. 상무위원은 김일성·김일·오진우·김정일·이종옥 등 5인이지만 김일은 건강 이상으로 정상 활동을 할 수 없는 상태였다. 오진우는 김정일을 후계자로 옹립하는 데 앞장선 인물이고, 이종옥은 정무원 총리로서 실권이 있다고 보기 어렵다. 따라서 상무위원회는 김일성과 김정일 2인으로의 권력 집중과 김정일 권력승계를 위한 기구나 다름없었다.

6차 당 대회는 세대교체를 통한 권력교체도 했다. 5차 당 대회 때는 정치국 정위원 가운데 혁명 1세대가 90%였으나 6차 당 대회 때는 53%로 줄었다. 1970년대 추진된 세대교체 작업이 1980년대 들어오면서 지도부 개편으로 나타난 것이다.[17]

김정일의 군 통제는 이미 6차 당 대회 이전부터 이루어졌다. 1979년

12월 16일 김정일의 주도로 이루어진 인민군 내 '오중흡, 김혁 동지에게 따라 배우는 운동'은 김정일의 군 장악 수준을 잘 보여주고 있다. 항일 유격대 시기 두 인물이 김일성에게 충실했던 것처럼 인민군도 김정일의 지휘에 철저히 복종할 것으로 요구하는 운동이기 때문이다.[18] 6차 당 대회 이후에는 김정일이 김일성을 경유하지 않은 채 독자적으로 인민군을 지도하는 단계로까지 나아갔다.[19] 김정일은 1988년 2월 "김일성 주석을 모시고 싸워온 노 항일 투사가 조선인민군 총참모장의 중책을 맡게 되었을 때 사업지침으로 삼아야 할 말씀"까지 했다.[20] 1990년부터는 인민군을 지휘하는 공식 직책을 맡기 시작했다. 1990년 국방위원회 제1부위원장, 1991년 조선인민군 최고사령관, 1992년 조선민주주의 인민공화국 원수, 1993년 국방위원장이 된 것이다. 이는 김정일이 김일성 생전에 군권을 넘겨받았다는 것을 의미한다. 김일성에게 남은 군 관련 직책은 당중앙위원회 군사위원장이지만, 1991년 12월 25일 김일성은 "고문의 역할"만 할 것이라며 김정일에게 군권을 이양했음을 밝혔다.

군 간부들의 당내 지위는 김정일이 인민군을 지휘 통제하게 되면서 약화되는 현상을 보였다. 1980년대 중반까지 정치국내 군 간부 진출 비율이 20%대였으나 이후 10%대로 낮아졌고, 1992년 하반기부터는 한 자리 수로 떨어졌다.[21] 김정일이 유일적 영도제계를 완성하고 군 통제를 강화할수록 군 간부의 당적 지위는 반비례하는 현상이 나타난 것이다.

---

17) 이종석, 『조선로동당 연구』, p. 337.
18) 스즈키 마사유키, 유영구 옮김, 『김정일과 수령제 사회주의』 (서울: 중앙일보사, 1994), pp. 38~139.
19) 최주활, "실록 조선인민군(1)-김정일 30년 노력 끝에 군부완전 장악," 『월간 WIN』, 6월호 (1996), p. 165.
20) 탁진 · 김강일 · 박홍제, 『김정일 지도자3』 (평양: 평양출판사, 1994), pp. 281~285.
21) 이대근, 『북한군부는 왜 쿠데타를 하지 않나』, pp. 194~195.

Ⅲ. 7차 당 대회의 시대적 배경과 내용(1994~2016)

1. 7차 당 대회 개최 배경

가. 김정일 시대 북한의 변화(1994~2011)

1970년대 당은 초중앙집권화하면서 비서국 중심으로 운영되기 시작했다. 당의 관료조직인 전문 부서가 당 조직의 실체로서 국가 전 부문에 걸쳐 당적 지도를 하면서 당의 최고 지도기관은 정상적 기능을 수행하지 않았다.

당 대회는 북한 최고 정책결정 기구지만 1980년 제6차 당 대회 이후 2011년 김정일 사망 시까지 21년째 열리지 않았다. 당 대회가 열리지 않을 때는 당중앙위원회가 당 노선과 정책을 결정한다. 당중앙위원회는 "전당에 유일사상 체계를 철저히 확립하며, 당의 로선과 정책을 수립하고 그 수행을 조직 지도하며 당의 혁명대열을 공고히 하고 행정 및 경제사업을 지도, 조정하며 혁명적 무력을 조직, 그들의 전투능력을 높이고 기타 정당 및 국내외 기관의 활동에서 당을 대표하며 당의 재정을 관리한다."(당 규약 제3장 24조) 당 대회가 열리지 않는 기간 군사, 안보 국방문제의 최고 정책결정 기구는 당중앙위원회로 당 규약상 1년에 두 차례 이상 개최하게 되어 있다. 당중앙위원회는 1980년 상반기만 해도 대체로 정기적으로 개최됐다. 그러나 1985년에서 1993년까지 14년 동안 모두 11회가 열렸을 뿐이다.[22] 당 대회나 당 중앙위원회와 달리 일상적으로 당 정책을 논의하고 결정하는 정치국 역시 1995년 이래 김정일 사망 시까지 단 한 번도 정식으로 개최되지 않았다.[23]

---

22) 북한연구소편, 『북한총람 1983~1993』 (서울: 북한연구소, 1994), p. 151.

이 때문에 김정일 시대에 당의 영향력이 쇠퇴하고 상대적으로 군과 내각의 위상이 강화된 것으로 인식되었다. 만일 인민군의 정치적 영향력은 크게 확장되고 내각의 위상은 강화되고 대신 당의 영향력은 쇠퇴했다면 기존 권력 구조가 변화했다고 평가하는 것은 정당한 일이다. 김정일 시대에 이르러 당·정·군 관계는 근본적 변화를 했는가?

(1) 김정일 시대의 당-군 관계

김정일 시대 당-군 관계를 지배한 것은 말할 것도 없이 선군정치이다. 선군정치는 한마디로 군대의 역할 확대 및 강화에 의존하는 통치스타일이다. 그러므로 당-군 관계의 변화를 설명하기 위해서는 국방위원회, 인민군의 정치적 영향력이 강화되고 당의 통제력은 약화되었는지 알아 봐야 한다.

북한은 1994년 김일성 사망으로 주석 자리가 공석이 되면서 1998년 9월 헌법개정을 통해 주석제와 유명무실화된 중앙인민위원회를 폐지하고 대신 국방위원회를 "국가의 최고 직책"으로 위상을 높였다. 그 때문에 국방위원회는 김정일 시대 인민군의 정치적 영향력의 강화를 뒷받침하는 기구로 널리 인식되었다. 당의 권위를 상당 수준 대체하며 국가 전반을 통치하는 실질적 권력기구로 이해되기도 했다. 그러나 국방위원회의 본래 기능은 인민군을 포함한 전 무장력의 통제보다 군수, 행정 및 후방지원이다. 군통제의 핵심인 군인사권도 국방위원회가 아닌 당 조직인 조선인민군 최고사령부, 당 중앙군사위원회가 행사한다. 인민군 지휘권 역시 국방위가 아닌 당 중앙군사위원회에 속하는 권한이다.

---

23) 황장엽 전 노동당 비서는 1994년 7월 김일성 사망 후 그가 1997년 망명할 때까지 정치국 회의를 정식으로 선언하고 연 경우는 한 번도 없었다고 증언했다. 이종석, 『김정일 시대의 당과 국가기구』(성남: 세종연구소, 2000), p. 21; 북한의 평양방송은 날짜를 명시하지는 않았지만 김일성 사망 직후 정치국회의를 열었다는 사실을 2000년 2월 25일 보도했다. 「연합뉴스」, 2000년 2월 25일.

1972년 중앙인민위원회 산하 부문별 위원회의 하나로 처음 도입된 국방위원회는 18년이 지난 1990년 5월 4일 독립하면서 중앙인민위원회보다 격상되었고, 이것이 1992년 헌법에 반영되었다. 1982년 4월 정무원 산하소속을 벗어나 독립 부서가 된 인민무력부도 1990년 국방위원회가 격상되면서 함께 위상이 올라갔다. 이미 김정일 시대 이전부터 국방위원회와 인민무력부는 국가 기구 내 지위가 상승하고 있었던 것이다. 국방위원회와 인민무력부의 지위도 김정일 시대에 갑자기 상승한 것이 아니다.

인민군도 당으로부터 상당한 자율성을 확보하고 정치적 영향력을 강화했다고 보기는 어렵다. 북한 정권 수립이후 군지도자의 정치국 참여 비율로 정치적 영향력을 평가하면 시기별로 1960년대가 두드러진다. 1960년대는 4대 군사 노선을 채택하고 내부적으로는 사회의 군사화, 대외 강경노선이 추구되면서 군지도자의 정치적 영향력이 매우 높았던 시기이다. 그러나 1997년 최광 인민무력부장 사망 이후 2010년 9월 제3차 당대표자회 개최 전까지 군지도자의 정치국 진출은 한 명도 없었다. 제3차 당대표자회에 이르러서야 조명록 국방위 제1부위원장 겸 총정치국장, 리영호 인민군 총참모장이 김정일 총비서, 김영남 최고인민회의 상임위원장, 최영림 총리와 함께 정치국 상무위원회에 진입했다. 국방위원회의 부상과 국방위원인 군 최고위급 간부들의 잦은 김정일 현장 지도 수행으로 군의 역할이 부각됐지만, 당내 지위는 1960년대와 비교할 수 없이 낮은 것으로 평가된다.

선군정치에서 군대를 포함 국가 모든 부문에 대해 당적 지도가 관철되고 있다는 사실은 선군정치 자체의 논리에 의해서도 뒷받침되고 있다. 선군정치의 전제는 군대가 당의 요구라면 산악도 옮기고, 바다도 메울 만큼 당의 명령과 과업을 가장 철저히 집행하는 집단이라는데 있기 때문이다.[24] 군대를 앞세워 정치를 하는 주체도 당이며, 당이 군대를 앞세우는 이유도 당의 영도적 사명을 다하기 위해서이다.[25] 이는 선군정치가 당의 위상에 아무런 변화를 필요로 하지도 않으며 변화를 요구하지도 않고, 따라서 당-군 관계에 변화가 없다는 것을 의미한다.

선군정치에 관한 오해의 하나는 선군정치를 '당-군 관계'와 관련된 것으로 보는 관점이다. 그러나 선군정치는 '정치와 군대의 관계'이다. 선군정치의 문제인식은 "정치와 군사의 상호관계를 어떻게 설정하고 정치가 군사문제를 어떻게 해결하는가 하는"[26] 것이기 때문이다.

(2) 김정일 시대의 당-정관계

김정일 시대의 당-정 관계 변화를 설명하는 논리는 당의 내각 통제력 약화 혹은 붕괴, 내각의 강화로 요약된다. 주요 논거는 김정일이 내각 책임제, 내각 중심제를 강조하며 경제사령부로서의 내각이 경제사업에서 중앙집권적, 통일적 지도를 보장해야 한다[27]고 교시한 내용이다. 사실 북한은 1990년대 내내 당조직이 행정경제사업보다 당 내부사업에 힘을 넣을 것을 강조하면서 당조직은 당 내부 사업에 전념하고 행정경제 사업은 행정경제기관에 맡겨야 한다고 강조했다.

문제는 이런 입장을 행정경제사업, 곧 내각 관할 사업에 대한 정치적 지도의 부분적 약화를 초래하거나[28] 행정경제 사업에 대한 당적

24) 「로동신문」, 1996년 10월 18일.
25) 고상진, "위대한 령도자 김정일동지의 선군정치의 근본특징", 『철학연구』, 1 (1999), p. 18.
26) 김철우, 『김정일 장군의 선군 정치』 (평양: 평양출판사, 2000), p. 31.
27) 김정일, "올해를 강성대국 건설의 위대한 전환의 해로 빛내이자," 『김정일 선집 제14권』 (평양: 조선로동당출판사, 2000), p. 461.
28) 오경섭 · 김갑식, "권력 엘리트의 지속성과 변화," 『김정은 정권의 정치체제: 수령제, 당 · 정 · 군 관계, 권력 엘리트의 지속성과 변화』 (서울: 통일연구원, 2015), pp. 182~183.

지도를 사실상 포기한 것으로 해석할 수 있는 근거가 되느냐 하는 점이다. 북한이 경제의 정치화를 극복하기 위한 극약처방이라거나 행정경제 사업에 대한 당적 지도는 상징적 의미만 남고, 행정경제 사업은 이제 당이 아니라, 행정경제기관으로 그 중심이 이전했으며[29] 나아가 1990년대 중반부터 행정경제 사업에 대한 당적 지도라는 개념은 사라졌다는 견해도 있다. 경제 사업에 대한 관할권과 책임이 당에서 국가기관으로 옮겨오면서 내각이 경제 사업에 대한 당적 지배에서 자유로울 수 있었다고도 한다. 한마디로 당적 지도가 약화되었다는 것이다.[30]

북한의 국가 행정경제기관내 당조직은 당-정간 경계의 불분명성, 행정경제일군과 당일군간 기능의 중복이라는 고질적 문제를 안고 있다. 본래 당조직은 국가행정기관에 대해 정치적 지도, 정책적 지도만 하도록 규정하고 있다. 당이 국가행정기관 사업을 대행하거나 행정적 방법, 경제실무적 방법으로 지도하는 것은 금지하고 있다. 그러나 모든 국가행정 기관에 당조직이 있고, 그 당조직이 해당 기관의 성과에 책임을 지도록 하는 당적 지도가 있는 한 행정경제사업 대행으로 변질되지 않도록 방지할 수 있는 방법은 별로 없다.

경제사업을 책임진 지휘부, 사령관으로서 내각의 지위와 역할을 복원하기 위한 내각 책임제, 내각중심제는 이런 당적 지도의 모순을 극복하기 위해 대안으로 제시한 것이다. 내각 책임제는 내각 고유의 경제기술적 지도[31]를 충실히 이행하도록 보장해야 한다는 의미이다. 김

---

29) 위의 글, pp. 180~181.
30) 김갑식, 『김정일 정권의 권력구조』 (서울: 한국학술정보(주), 2005); 김근식, “1990년대 북한의 지방정치: 당사업체계의 재구조화를 중심으로,” 『통일정책연구』, 제13권 2호 (2004), p. 181.
31) 경제기술적 지도는 당의 정치적 지도하에 국가경제기관이 경제를 과학기술적으로 관리운영하는 사업을 말한다. 『주체의 사회주의 정치경제학연구 3』 (평양: 조선로동당 출판사, 1983), pp. 179~180.

정일은 1997년 1월 24일 정무원 책임제, 정무원 중심제가 제대로 관철되지 않는 이유가, 당조직이 행정경제일꾼을 적극 도와주고 밀어주지 않은 결과라고 비판한 바 있다.[32] 이는 당조직이 여전히 국가행정기관내 최고 결정기관이라는 사실을 전제로 한 것이다. 김정일은 1984년에도 "중앙기관 당조직들은 나라의 살림살이를 전국적 범위에서 직접 조직 지휘하는 중앙기관들의 활동을 당적으로 지도하"는 것이 임무이며 바로 그런 이유 때문에 "중앙기관 당일군들이 행정경제일군들을 존중해주고 내세워"줘야 한다[33]고 강조했다. 당 내부 사업이든 경제사업 지도이든 당적 지도의 본질은 정치적 지도, 정책적 지도라는 것이다.

그러나 해당 기관을 통제하는 권한과 책임이 당조직에 귀속되어 있는 상황에서 당조직이 행정기관의 사업에 간섭하고 그 사업을 대신하는 현상을 원천적으로 차단하는 것은 불가능에 가까운 일이다. 행정경제 사업에 관한 한 당·정 분리가 원칙이지만 해당 기관내 당 조직과 이 조직의 당적 지도로 인해 실현되기 어렵기 때문이다. 국가기구인 국방위원회와 내각의 위상이 강화된다 해도 국가 기관 내에서의 변화로 제한될 수밖에 없다. 국가기관의 위상 변화가 이같이 당-정 관계의 틀을 벗어나지 못하는 것이라면 당-정 분리나 당적 지도의 변화라고 보기는 어렵다.

(3) 군·정 권력 배분자로서의 당

김정일 시대 당-정-군 관계가 수평적 관계로 전환했다거나, 당-군 관계 및 당-정 관계 가 역전되고, 당의 통제력 약화되었다는 견해

32) 김정일, "올해를 사회주의 경제건설에서 혁명적 전환의 해로 되게 하자," 『김정일선집 14』 (평양: 조선로동당출판사, 2000), p. 284.

33) 김정일, "중앙기관 당조직들의 역할을 더욱 높일데 대하여," 『김정일 선집 8』 (평양: 조선로동당출판사, 1998), p. 97.

가 북한 연구사 사이에서 널리 퍼져 있지만 설득력이 떨어진다. 당적 지도가 붕괴되거나 약화되었다는 것을 전제로 하는 이런 견해에 따르면 노동당이 당적 지도를 포기하거나 당적 지도를 할 수 없을 만큼 권위를 상실해야 하는데 이를 뒷받침하는 어떤 증거도 발견된 바 없다. 김정일 시대 권력 구조 변화론은 선군정치와 관련한 여러 현상을 과장한 결과로 보인다.

동의와 설득의 힘이 약화되기는 했지만, 강제력으로서, 통제장치로서 군과 국가부문의 권력을 배분하는 권력으로서 당의 권력은 여전히 유효하다. 북한체제를 작동시키는 물리적인 통제 메커니즘으로서 당은 정상 작동되고 있기 때문이다.

나. 김정은의 등장과 7차 당 대회(2012~2016)

김정일의 건강이 악화되자 김정일의 2남 김정은으로의 권력 승계 절차도 빨라졌다. 김정일은 2007년 김정은을 후계자로 결정하고 2009년 1월 8일 후계자로 확정된 사실을 당내 교시를 통해 하달한 것이다. 2010년 9월 3차 당대표자회에서는 김정은을 당중앙군사위원회 부위원장으로 임명, 후계자로 공식화했다.

군대를 지휘하는 권한이 당 중앙군사위원장에게 있다는 점을 감안하면, 김정은이 김정일과 함께, 혹은 김정일을 대리해서 군을 지휘할 수 있는 권한을 보유한 것을 의미한다. 유일지도체계가 공고한 북한에서 군 지휘권의 공동행사 혹은 위임은 권력 이양의 공식화나 마찬가지라고 할 수 있다. 김정일 사망 직후인 2011년 12월 30일 김정은이 처음 승계한 자리도 최고 사령관직이었다. 노동당은 이어 2012년 4월 11일 4차 당대표자회를 개최, 김정은을 노동당 제1비서, 정치국 상무위원, 당 중앙군사위원장으로 추대했다. 이틀 뒤에는 국가직으로 국방위원회 제1위원장, 같은 해 7월 17일 공화국 원수가 됐다. 김정은이 군→당→국가직의 순서로 승계한 것이다. 이런 김정은 승계 과정은 김정일 승계 과정의 압축이나 다름없다. 김정일, 김정은 모두 권력의 핵심인 무력 및 당권을 먼저 승계하고 최종적으로 국가직 승계를 통해 최고지도자로서의 상징성을 확보하는 절차를 따랐다.

김정일 후계 체제 구축과 다른 점은 당내 반발이 없었다는 것이다. 김정일 승계 때인 1960년대~1970년대에는 유일 사상체계를 따르지 않은 박금철, 이효순, 김정일 후계 체제 구축에 반발한 김동규를 숙청한 바 있다. 그러나 김정은 승계 과정에는 그런 현상이 전혀 나타나지 않은 것은 통치 이데올로기, 정치체계, 당조직 체계, 혈통 승계 원칙이 굳어진 상태였기 때문이다.

김정은이 2012년 7월 리영호 인민군 총참모장을 해임하고, 2013년 12월 장성택 당행정부장을 처형했지만, 승계 도전 행위 때문이 아니라, 이들의 소극적 협조에 대한 보복 성격이 강하다. 김정은의 등장 이후 전반적으로 세대교체라고 할 만한 전면적인 엘리트 교체도 없었다. 다만 내각의 경우 2011년에서 2015년 사이 7.95세가 줄어든 것이 눈에 띈다.[34]

김정은이 김정일 생전에 당중앙군사위 부위원장으로 후계자 자리를 공고히 하고 김정일 사후 지체 없이 당, 군, 국가의 최고위직에 오르고 김정일 사망 4년 반 만인 2016년 5월 7차 당 대회까지 개최, 김정은 시대를 바로 선언할 수 있었던 것은 김정일이 후계를 위한 권력 기반을 공고히 한 결과였다.

34) 오경섭 · 김갑식, “권력엘리트의 지속성과 변화,” p. 132.

(1) 선군정치의 퇴조와 당에 의한 군 통제 강화

수령의 자리에 오른 김정은은 김정일의 선군정치 때와 달리 군에 대한 통제를 강화했다. 우선 당 규약 개정을 통해 당이 군통제권을 행사하고 있음을 좀 더 분명히 규정했다. 2010년 당 규약은 "당 대회와 대회 사이에 군사 분야에서 나서는 모든 사업을 당적으로 조직지도한다. 당중앙군사위원회는 당의 군사로선과 정책을 관철하기 위한 대책을 토의결정하며 혁명무력을 강화하고 군수공업을 발전시키기 위한 사업을 비롯하여 국방사업 전반을 당적으로 지도한다"고 밝혔다. 1980년 당규약[35]과 비교하면 당중앙군사위의 역할을 강조했다고 할 수 있다.

당규약에 선군정치의 논리를 추가, 군이 당의 위업을 가장 앞서서 받들어 나가고 당의 영도를 받아야 한다고 명시했다. 당이 군을 통제한다는 원칙을 강조한 것이다. 인민군에 대한 정치적 통제를 담당하는 인민군 총정치국은 1980년 당규약에 "당중앙위원회 직속이며 그 지도하에 사업을 수행하고 담당사업에 관해 당중앙위원회에 정기적으로 보고 한다"고 되어 있던 것을 "당중앙위원회 부서와 같은 권능을 가지고 사업한다"면서 위상을 높였다. 김정은은 김정일 시대 당중앙군사위원회의 군지휘권도 폐지됐다. 이로써 군지도부는 당규약상 지휘권을 박탈당한 채 김정은의 지휘를 받아 군대를 통솔하는 지위로 격하되었다.

이어 군 간부 통제를 강화했다. 잦은 군간부 교체, 계급 강등과 숙청을 통해 특정 군간부가 군내 영향을 행사할 수 있는 기회를 차단했다. 김정은은 집권 이후 인민무력부장을 6차례 경질했다. 장정남의 경우에서 알 수 있듯이 대상, 상장, 대장, 상장으로 강등과 복권을 반복, 충성심을 유도하기도 했다. 군의 외화벌이 사업도 일부 당과 내각으로

35) 1980년 당 규약은 당중앙군사위원회의 역할을 다음과 같이 규정했다. "당 군사정책 대행방법을 토의 결정하며 인민군을 포함한 전 무장력 강화와 군수산업 발전에 관한 사업을 조직, 지도하며 우리나라의 군대를 지휘한다."

이관함으로써 물적 기반을 약화시켰다.

당에 의한 군통제 강화는 김정은의 군에 대한 신뢰 문제와 관련되어 있다. 김정일의 선군정치 시대에는 군 통제를 군에 맡김으로써 군에 의한 군 통제를 했다. 오진우·조명록·김정각[36] 등 군 지휘관 출신이 총정치국장을 맡아 군대에 대한 당적 통제를 담당한 것이 대표적이다. 이는 1960년대부터 후계자로 권력을 장악하기 시작한 바 있는 김정일이 당과 군에 대한 통제에 자신감이 있었기 때문이라고 할 수 있다. 선군정치도 사실 군이 자신의 권위에 도전하지 않을 것이라는 신뢰가 있었기 때문에 가능했던 것이었다.

그러나 짧은 후계 구축 과정을 거친 김정은은 군 신뢰성에 관해 김정일과 인식이 다를 수밖에 없다. 군을 신뢰할 기회가 없었던 김정은으로서는 집권 초기 물리력을 갖고 있는 군을 철저히 통제하는 것이 권력 공고화의 주요 과제였을 것이다. 군 경력이 전혀 없이 당사업을 전문으로 하던 최룡해, 황병서를 총정치국장에 임명한 것도 당에 의한 군통제로의 전환을 의미한다. 권력 공고화를 위해 군통제를 강화해야 할 김정은으로서는 군 우선을 내세우는 선군정치는 부담스러운 통치 방식이었을 것이다.

김정은은 선군정치에 대해서도 통치담론이 아닌 하나의 이데올로기로 승화시키는 방법을 통해 선군정치 계승이라는 부담으로부터 벗어났다. 김정일이 주체사상을 현실의 통치 이념이 아닌 순수 이념으로 승화시켜 선군사상으로 대체한 것과 마찬가지로 김정은도 선군사상을 실천적 지침이 아닌 추상화된 지도 이념으로 격상함으로써 탈선군정치를 했다. 이로써 선대 수령의 업적인 선군정치는 이제 현실에 적용하는 통치 방식이 아닌 기념과 기억의 대상으로 바뀌었다.

---

36) 조명록이 신병으로 활동을 못하는 동안 김정각은 총정치국 제1부국장 자격으로 총정치국장을 대행한 것으로 추정되고 있다.

김정일 시대의 군간부는 선군정치를 위한 국가기구[37]이자 '국가주권의 최고 국방지도기관'인 국방위원회의 위원으로 국가 최고위직의 영예를 누릴 수 있었다. 그러나 2016년 6월 29일 최고인민회의 제13기 제4차 회의에서 국방위를 폐지하고 국무위원회를 신설되면서 그런 예우도 대폭 축소되었다. 무엇보다 국방위 폐지로 선군정치의 중요한 상징이 제거되면서 군간부의 국무위원회 참여기회가 제한될 수밖에 없다. 군 지휘관 출신으로는 박영식 인민무력부장이 유일하게 국무위원회에 참여하고 있다.

그러나 김정은이 군과 군 간부에 대한 통제를 강화하고 선군정치의 거품을 빼면서도 군간부의 정치적 지위는 김정일 시대에 비해 높인 점은 주목된다. 정치국에 진출한 군간부가 제3차 당대표자회 개최 전까지 당 한명도 없었던 김정일의 선군정치 시대와 달리 김정은 시대에는 크게 늘었다.[38] 선군정치를 유명무실화한 김정은 시대에 오히려 군간부의 정치국 진출이 더 많은 것은 군 통제 강화의 보완책으로 해석된다.

(2) 당의 활성화, 내각의 위상 강화

김정은이 당 중앙군사위원회 부위원장이 된 2011년 이후 김정일 시대와 가장 뚜렷이 구별되는 특징은 당의 최고 지도기관의 정상적 가동이다. 해방 이후 김정일 시대까지 60여 년 간 2차례 열렸던 당대표자회를 2차례 열고, 당중앙위원회 전원회의, 정치국회의, 당중앙군사위

37) 「로동신문」, 1998년 9월 9일.

38) 군간부는 2011년 리영호 · 김영춘 · 김정각, 2012년 리영호 · 김정각 · 김영춘 · 현철해 · 리명수, 2013년 김영춘 · 현철해 · 리명수 · 김정각, 2014년 김영춘 · 김격식 · 리영길, 2015년 리영길, 2016년 박영식 · 리명수 · 리영길 · 리병철, 2017년 박영식 · 리명수 · 리명길 · 노광철이다. 최룡해, 황병서 등 군 경력이 없는 인물은 제외했다. 통일부, 북한 정보포털, "권력기구도," 〈http://nkinfo.unikorea.go.kr/nkp/main/portalMain.do〉 (검색일: 2017년 7월 7일).

원회 확대회의 등 김정일 시대 좀처럼 가동하지 않던 최고 지도기관 회의를 정상적으로 개최하고 있다.

이는 당의 영도적 역할 강조와 같은 맥락에서 나타나는 현상이다. 2010년 개정한 당규약은 당을 "정치군사 경제 문화를 비롯한 모든 분야를 통일적으로 이끌어나가는 사회의 영도적 정치조직이며 혁명의 참모부"라고 규정하며 당적 지도를 부각했다. 당은 또 1974년 '당의 유일사상체계 확립의 10대 원칙'을 개정한 '당의 유일적 영도체계 확립의 10대 원칙'을 2013년 6월 발표, 당의 노선과 방침 관철을 강조했다. 당 조직의 정상화와 활성화는 6차 당 대회 이후 36년 만에 개최되는 2016년 7차 당 대회로 절정을 이뤘다.

이 같은 김정은 시대의 변화를 당의 강화, 군의 약화 현상으로 이해하는 것이 타당한지는 의문이다. 김정일 시대에 군으로 옮겨간 권력을 당이 되찾았다는 해석도 있다.[39] 당과 내각이 부상하고, 군의 위상이 낮아지는 것은 분명한 사실이다. 그런데 권력 승계 과정에서 당의 역할을 강조하는 것은 자연스러운 현상이다. 수령의 지위가 혈통에서 비롯되는 것이 분명해진 이상 혈통이라는 생물학적 근거를 정치적으로 정당화하기 위해서는 당 조직을 통해 권력의 정통성을 사후 확인할 필요가 있기 때문이다. 당의 역할 중 하나는 주어진 권력을 정당화하는 정당성 부여의 기능이다. 따라서 승계과정에서 당의 역할을 중시하는 것은 자연스러운 일이다. 2010년~2011년 사이 당의 영도적 역할에 대한 강조가 두드러졌던 것도 권력 승계를 본격화하는 시기였다는 사실을 염두에 둘 필요가 있다. 당대표자회, 당 대회, 당중앙위원회, 당 정치국회의의 정상적 개최 역시 새로운 권력을 뒷받침해주기 위한 것으로 보아야 할 것이다.

---

39) 고유환, "북한 후계구축과 북한 리더십 변화: 군에서 당으로 권력이동," 『한국정치학회보』, 45권 5호 (2011), p. 176.

이는 당의 최고 지도기관의 회의를 거의 개최하지 않았던 김정일 시대, 특히 선군정치 시대와 비교하면 특별한 현상인 것은 분명하다. 그러나 약해졌던 당의 권력이 다시 강해진 것으로 설명하는 것은 무리다. 군의 권력과 비교하면서 당의 강화, 군의 약화로 대비시키는 것은 더 말할 나위 없다. 당의 약화는 군대의 강화로, 당의 강화는 군대의 약화로 당과 군이 대체관계인 듯 인식하고, 나아가 당과 군의 관계를 권력을 놓고 경쟁하는 관계에 있는 것으로 이해하는 것이 타당한지 의문이다.

'당의 약화, 군의 강화론'은 당, 정부, 군이 상호 독립적 제도이고 따라서 제도들간 권력 경쟁을 한다는 것을 전제로 하고 있다. 당을 좁은 의미에서 당정치사업을 하는 전문 기관으로 간주하면 그런 접근이 틀린 것은 아니다. 그러나 사회주의 체제의 집권당, 특히 조선로동당은 전혀 그런 정치적 지위에 있지 않다. 로동당은 정부와 군을 모두 포괄하고 있는 제도이다. 당, 정부, 군이 상호 병렬관계로 위치 지어져 있는 게 아니라 당이라는 바다 위에 정부와 군이라는 섬이 떠 있는 것과 같다.

그런데 당, 정, 군이 수령의 신임을 차지하기 위해 서로 경쟁하는 듯한 구도를 설정하는 것으로는 북한 권력 구조의 전체상을 이해하는데 방해가 된다. 실상은 권력의 중심은 당이고 당이 권력배분과 위임을 어떻게 하느냐에 따라 관계의 양상이 달라질 뿐이다. 선군정치를 당과 군대의 관계의 변화라고 할 수 없듯이 김정은 시대의 변화 역시 당, 정부, 군 권력 구조의 변동으로 보아서는 안 될 것이다. 요약하자면, 김정은 시대 변화의 내용은 당의 비상설 협의체인 최고 지도 기관이 정상 기능을 회복한 것, 즉 당의 활성화라는 표현이 더 적합해 보인다. 군대의 위상 하락과 내각의 위상 증대는 당의 권력 변동과 무관한 별도의 변화이다.

2. 7차 당 대회의 핵심 내용

조선로동당은 5월 6일부터 9일까지 제7차 당 대회를 개최했다. 당 대회 일정은 제6차 당 대회 일정과 같이 당중앙위원회 사업 총화, 당중앙검사위원회 사업총화, 당 규약 개정, 김정은 최고 수위 추대, 당중앙지도기관 선거 순서로 진행됐다.

당 대회는 당건설의 전략적 노선으로 김일성·김정일주의화, 항구적인 전략적 노선으로 경제건설과 핵무력 건설의 병진 노선, 자강력 제일주의, 선군혁명노선을 제시했다. 전략적 노선으로는 청년중시, 인민경제의 주체화·현대화·정보화·과학화를 제시했다. 하지만 특별한 정책과 비전 없는 막연한 구호들에 불과했다. 따라서 실제 당 대회의 초점은 조직 및 인사를 정비하며 김정은 시대의 개막을 선언하는 데 있다고 할 수 있다. 즉, 3대 수령의 지위에 걸 맞는 권력의 집중성을 보장하기 위한 유일 영도체계 구축이 가장 큰 목표이자 성과였다.

정치국 상무위원으로는 김정은·김영남·황병서·박봉주·최룡해 5인 체제를 갖추었다. 정치위원 8인은 모두 정무국의 당중앙위원회 부위원장을 겸직토록 했다. 비서국을 정무국으로 명칭을 바꾸고 기존 당 비서의 호칭도 당중앙위원회 부위원장으로 변경하면서 비서와 정치위원 겸직을 8명으로 늘린 것이다. 이는 김정은 시대가 출범한 2012년부터 비서 전원이 정치국 위원 및 후보위원을 자동 겸직토록 한 것의 연장선상이지만 김정일 시대와는 분명 다른 것이다. 김정일 시대는 보통 겸직이 3명 안팎에 불과했다. 이 같은 김정은 시대 겸직 증가는 정무국의 위상을 높이는 결과가 되었다고도 할 수 있다.

당중앙군사위회는 위원의 숫자를 12명으로 최소화하고 김경옥, 서홍찬을 제외한 위원들이 모두 정치국원을 겸직토록 했다. 군을 통제하는 당중앙군사위원의 위상이 제고된 것으로 판단된다. 윤정린 호위 사령관, 최영호 공군 및 반항공군사령관, 김락겸 전략군사령관, 리용주 해군사령관등 군종 및 병종 사령관을 당중앙위에서 배제했는데 이 역시 김정은 집권 초기 군 지휘관들을 통제하기 위한 조치로 보인다.

같은 맥락에서 당적 지도와 통제를 담당하는 당의 핵심 조직인 당 조직지도부 출신이 약진했다. 유일영도체계 확립을 위해 당 통제의 핵심부서를 중시한 결과라고 할 수 있다. 황병서·박태성·조연준이 정치국에, 김경옥·황병서가 당중앙군사위원회에 각각 진입했고, 홍인범이 당중앙 검열위원장에 임명됐다.

당 대회 사업 총화 보고에서 김정은이 강조한 정밀화(미사일), 경량화(핵탄두), 무인화(무인기), 지능화(사이버테러) 등의 현대적 주체 무기를 담당하는 인물들도 당 권력 전면에 배치됐다. 당중앙위원 중 국방공업을 담당하는 인물로 확인된 사람만 총 14명에 달한다.[40] 리만건 당군수공업부장은 정치국, 정무국, 당중앙군사위직을 모두 겸직할 만큼 중용되었다.

7차 당대회 이전 정치국내 외교부문인물은 김영남 최고인민회의 상임위원장, 강석주 당중앙위원회 국제비서였으나 7차 당 대회에서 강석주가 물러나면서 리수용 전 외무상이 국제 담당 당 중앙위 부위원장, 당 국제부장에 임명되고 리수용의 후임으로 외무상이 된 리용호는 정치국 후보위원에 진입, 전례 없이 외교 부문 인물의 정치국 진입이 증가했다.

당 대회에서 가장 주목되는 현상의 하나는 내각의 부상이다. 7차 당 대회 이전 정치국에 진출한 내각 인사는 박봉주 총리와 로두철 부총리뿐이었다. 그러나 7차 당 대회에서 박봉주는 정치국 상무위원, 당중앙군사위원일 뿐 아니라 헌법 개정으로 신설된 국무위원회의 부위

40) 통일연구원 엮음,『북한 제7차 당 대회 분야별 평가 및 향후 전망』(서울: 통일연구원, 2016), pp. 9~10.

원장으로도 임명됐다. 세 직위를 겸직한 인물은 박봉주 외 황병서 뿐이라는 점에서 그의 위상은 두드러진다. 김정은이 박봉주를 얼마나 신임하는지 잘 보여주는 사례라고 할 수 있다. 박봉주에 대한 신임은 내각에 대한 신임이기도 하므로 내각에 경제 정책에 관한 상당한 권한을 부여하려는 내각책임제의 실현의지로 해석할 수 있다.

로두철은 정치국 후보위원에서 정위원으로 승진하고 임철웅 부총리와 리용호 외무상도 정치국 후보위원으로 선임됨으로써 정치국내 내각 출신이 4명으로 늘었다. 경제·핵 병진노선을 위해 내각경제와 군수경제의 조정을 위한 것일 수도 있고, 2012년 4월 6일 김정은의 내각책임제 강화 지시에 따라 내각의 경제사령부 역할을 부여하기 위한 것일 수도 있다.

Ⅳ. 결론: 7차 당 대회의 과제와 전망

유일적 영도체계 구축이 노동당의 최고 과제의 하나라면, 일단 성공적이었다고 할 수 있다. 권력을 한 사람에게 집중시키고 당이 국가의 모든 부문에 대해 통일적 지도 역할을 지속할 수 있었던 것, 로동당이 온갖 간난신고 끝에 3대째 수령 리더십을 확보한 것은 북한이 가장 원하던 것이 틀림없기 때문이다. 그러나 노동당이 그런 권력으로 무엇을 할 수 있느냐 하는 질문에 대해서는 여전히 해답을 찾지 못하고 있다. 이는 중요한 문제다. 권력이 인민생활의 향상에 기여하지 않으면 장기적으로 그 권력의 정당성도 점차 훼손될 가능성이 높기 때문이다.

김정은은 군 간부에 대한 통제를 당분간 지속할 것이다. 그러나 군 통제 강화만으로는 체제 유지의 핵심인 군의 충성심을 보장하기는 어렵다. 일정한 유인책을 써야 할 것이고, 그 하나는 군이 스스로 통제하는 자율 통제의 방법이 될 것이다. 김정은이 선군정치를 부활하지는 않더라도 당이 군을 통제하는 것이 아닌, 군이 군을 통제하며 당을 지키는 역할로 되돌아갈 가능성은 남아 있다.

김정은은 김정일이 실패한 내각 책임제를 다시 꺼냈다. 사실 경제와 핵 병진 노선이 성공하기 위해서는 핵 및 미사일 개발만으로는 충분하지 않다. 안보 불안감을 어느 정도 해소하면서 경제 건설에 집중해야 하지만 경제 전망은 국제 제재로 비관적이다. 김정은이 박봉주 총리에게 경제 사업을 맡기는 쪽을 선택하고, 그에 합당한 정치적 지위를 부여한 것은 경제적 난관 극복에 나서기를 바랐기 때문일 것이다. 북한의 경제 문제는 한두 가지가 아니지만, 중요한 것 하나는 당이 내각의 경제 사업에 일일이 간섭하는 것을 어떻게 차단할 것인가이다. 그런데 당이 모든 부분에 대해 최종 책임을 지고 지도하는 당의 통일적 지도는 당분간 유효할 것이다. 이 원칙이 유지되는 한 내각의 자율성은 제한받고 그런 제약 속에서 성과를 내기는 어려울 수밖에 없다.

이렇게 반복되는 모순에 직면한 김정은과 박봉주는 당의 통일적 지도를 완화하는 조치를 취할 수 있을 것인가? 만약 거기서 한 발 더 나아간다면 김정은은 김일성, 김정일 시대 때는 가보지 못한 길로 들어서게 될 것이다.

참고문헌

1. 국내문헌

김갑식. 『김정일 정권의 권력구조』. 서울: 한국학술정보(주), 2005.
김근식. “1990년대 북한의 지방정치: 당사업체계의 재구조화를 중심으로.” 『통일정책연구』, 제13권 2호 (2004).
고유환. “북한 후계구축과 북한 리더십 변화: 군에서 당으로 권력이동.” 『한국정치학회보』, 45권 5호 (2011).
북한연구소편. 『북한총람 1983-1993』. 서울: 북한연구소, 1994.
박창옥. “북조선노동당 규약 해석.” 「근로자」, 제5호 (1947), 국사편찬위원회. 『북한관계 사료집 42』. 서울: 국사편찬위원회, 2004.
스즈키 마사유키, 유영구 옮김. 『김정일과 수령제 사회주의』. 서울: 중앙일보사, 1994.
신경완. “발굴 비록-곁에서 본 김정일(하).” 『월간 중앙』, 7월호 (1991).
이대근. 『북한군부는 왜 쿠데타를 하지 않나』. 서울: 한울 아카데미, 2003.
이종석. 『조선로동당연구』. 서울: 역사비평사, 1995.
오경섭 · 김갑식. “권력 엘리트의 지속성과 변화.” 김갑식 외. 『김정은 정권의 정치체제: 수령제, 당 · 정 · 군 관계, 권력 엘리트의 지속성과 변화』. 서울: 통일연구원, 2015.
여 정. 『붉게 물든 대동강-전 인민군사단 정치위원의 수기』. 서울: 동아일보사, 1991.
주영하. “북조선노동당 창립 1주년과 조선의 민주화를 위한 투쟁에서 그의 역할.” 『북한관계 사료집 1』. 서울: 국사편찬위원회, 1994.
최주활. “실록 조선인민군(1)-김정일 30년 노력 끝에 군부완전 장악.” 『월간 WIN』, 6월호 (1996).
탁진 · 김강일 · 박홍제. 『김정일 지도자3』. 평양: 평양출판사, 1994.
통일연구원 엮음. 『북한 제7차 당 대회 분야별 평가 및 향후 전망』. 서울: 통일연구원, 2016.

2. 북한문헌

김철우.『김정일 장군의 선군 정치』. 평양: 평양출판사, 2000.

김원삼.『주체의 사회주의 정치경제학연구 3: 인민대중이 주인으로 되여있는 사회주의경제제도』. 평양: 조선로동당 출판사, 1983.

김일성. "인민군대내에서 정치사업을 강화할데 대하여(1960.9.8),"『김일성저작집 14』. 평양: 로동당출판사, 1981.

김정일. "당사업에서 낡은 형식을 버리고 새로운 전환을 일으킬데 대하여."『주체혁명위업의 완성을 위하여 제3권』. 평양: 조선로동당출판사, 1987.

______. "정무원 위원회, 부 당조직의 사업을 개선 강화할데 대하여(1974.6.10)."『주체혁명위업의 완성을 위하여 제3권』. 평양: 조선로동당 출판사, 1987.

______. "올해를 사회주의 경제건설에서 혁명적 전환의 해로 되게 하자."『김정일선집 14』. 평양: 조선로동당출판사, 2000.

______. "중앙기관 당조직들의 역할을 더욱 높일데 대하여,"『김정일 선집8』. 평양: 조선로동당출판사, 1998.

고상진. "위대한 령도자 김정일동지의 선군정치의 근본특징."『철학연구』, 1 (1999).

3. 국외문헌

徐東晩.『北朝鮮に おける 社會主義の 體制成立』. 東京大學 大學院 總合文化 研究科 博士學位 論文, 1995.

4. 기타자료

「로동신문」 1996년 10월 18일, 1998년 9월 9일자.

「연합뉴스」 2000년 2월 25일.

통일부, 북한 정보포털(http://nkinfo.unikorea.go.kr/nkp/main/portalMain.do).

[제 2 장]

제7차 당 대회와 북한 대외정책의 지속성과 변화

이상숙, 문인철

Ⅰ. 서론

북한은 2015년 10월 10일 조선로동당 창건 70주년 기념행사를 진행하고 2016년 5월 6일부터 9일까지 나흘간 평양에서 제7차 당 대회를 개최하였다. 우선 제7차 당 대회는 북한이 사회주의 당-국가 체제를 표방하고 있음에도 불구하고, 1980년 제6차 당 대회 이후 36년 만에 개최되었다는 점에서 그 중요성이 있다. 그리고 이 시기는 김정일 사망 이후 불과 5년 만인 김정은 시대에 개최되었다는 점과 제4차 핵실험으로 인한 국제사회의 대북제재가 가중되고 있는 상황이라는 점에서 또 다른 주목을 받았다. 김정은 시대의 북한이 가진 가장 취약한 점 중의 하나가 대외관계라는 점에서 제7차 당 대회는 외교적 돌파구를 찾을 수 있는 중요한 부분 중 하나였다.

당 대회는 공식적으로 북한 체제의 최고 결정기관이라는 점에서 김정은 시대의 통치 방향을 가늠할 수 있고, 세대교체 등의 엘리트 변동이 드러날 수 있다. 이 때문에 제7차 당 대회는 6개월간의 준비기간을 거쳤고 전국에서 당원들이 평양으로 모이는 상황이 북한 언론을 통해 소개되었다.

이 글은 북한 외교를 역대 당 대회를 중심으로 분석하고, 이를 토대로 제7차 당 대회의 특징을 평가하는 것을 목적으로 한다. 그리고 이 글은 제1차~제6차 당 대회 자료집을 기초로 당 대회에서 언급한 내용들이 실제 어떻게 실현되었는지를 분석하고, 제7차 당 대회에서의 외교 노선을 평가함으로써 향후 북한의 외교 과제에 대해 언급할 것이다. 이를 위해 본 글은 이전 당 대회들과 제7차 당 대회 간 공통점과 차이점을 비교하는 방법으로 북한 외교정책의 지속성과 변화를 설명할 것이다.

시간적 범위는 1946년 8월 제1차 당 대회에서부터 2016년 5월 제7차 당 대회까지이다. 그리고 자료는 당 대회 사업총화보고를 중심으로 당 대회 결정서 및 기타 토론자들의 토론을 추가한다. 이러한 작업은 향후 북한 외교의 전망을 가능하게 만들 것이다.

II. 역대 당 대회 평가(1946~1994)

1. 1~2차 당 대회의 북한 외교: 정권 기반 창출 외교

제1차 당 대회를 통해 드러난 북한의 외교는 소련 중심의 외교이다. 제1차 당 대회는 조선신민당과의 양당 합당의 정당성을 알리는 것이 주목적이었고, 아직 정부를 수립하기 전으로 소련 군정 하에 있었기 때문에 북한은[1] 사회주의 종주국인 소련에 모든 방면에 걸쳐서 의존

1) 북조선노동당은 제1차 당 대회에서 조선노동당으로 바뀌었다. 아직 정권이 공식적으로 출범하지 않았다는 점에서 엄밀한 표현은 북한이 아닌 조선노동당이다. 그러나 본 글의 주제가 국가 행위자로서 북한 외교를 주제로 한다는 점에서 여기서는 조선노동당보다 북한이라고 사용한다. 이종석, 『현대북한의 이해』 (서울: 역사비평사, 2011), p. 70.

적일 수밖에 없었다. 당 대회에서 북한은 '스탈린 원수에게 드리는 편지'를 발표하면서 해방이 소련군에 의한 것이며, 소련군 덕택에 북한 지역의 안정이 수호되고 있다고 칭송하였다. 이처럼 제1차 당 대회에서 나타난 북한 외교의 중심은 소련 일변도의 외교정책이라고 할 수 있다.

> "우리조선민족의 해방군인 붉은군대는 특히 북조선에 진주하여 조선의 자주독립과 민주주의발전을 위한 위대한 후원자의 역할을 하고 있습니다. 붉은군대는 조선인민의 총의와 리익을 대표하는 인민의 정권수립을 보장해주었으며 언론 출판 집회 신앙 선거의 자유와 민주주의 정당과 사회단체의 자유로운 발전의 길을 닦아주었으며 일제에 짓밟힌 산업 운수 농촌경제 및 민족문화의 급속한 부흥의 조건을 조성해주었습니다."[2)]

또한 북한은 중국공산당과의 항일무장투쟁 시기를 함께 했다는 점을 언급하면서 중국 '국공내전'에서의 공산당에 대한 지지도 강조하였다.

> "중국인민들은 공산당의 령도 아래에 직접 무기를 들고 중국의 자주독립과 민주주의적 발전을 위하여 격전을 연출하고 있으며 이에 지주와 매판자본가를 대변하는 국민당도 공산당과 민주동맹에게 사실상 권리를 나누지 않을 수 없게 되었으며, … 안남 인도네시야 인도 등의 제민족들도 민족의 독립과 자유를 위하여 피를 흘리면서까지 감투하고 있습니다."[3)]

이후 1948년 3월에 개최된 제2차 당 대회는 실질적으로 북한 정부가 수립되는 시기로서 대외정책 방향 역시 소련 일변도를 지향하고

2) 국토통일원, 『조선노동당 대회 자료집(제1집)』 (서울: 국토통일원, 1980), p. 18.
3) 위의 책, p. 31.

있음을 알 수 있다. 1차 당 대회와 마찬가지로 '스탈린 원수에게 드리는 편지'를 통해 "북조선로동당은 당신과 쏘련정부가 앞으로도 조선민족의 통일과 소생을 위하여 우리 인민들에게 끊임없는 방조를 주리라는 것을 확신하는 바입니다"[4]라고 소련의 지원을 요청하였다.

1948년 9월 9일 '조선민주주의인민공화국'이 창건됨에 따라 직접적으로 몇몇 국가들과 수교관계를 수립하고 대외정책 방향을 구체화하였다. 1948년 10월 12일 북한은 소련과의 국교를 시작으로 몽골, 폴란드와 수교하고, 1949년 10월 6일에는 중국과 국교를 수립하였다.

북한의 대외정책 기원으로 볼 수 있는 것은 1948년 9월 10일 최고인민회의 제1차 회의 '정부정강'이다. 여기서 북한 당국은 "우리 민족의 자유와 독립을 존중하며 평등한 립장에서 우리를 대하는 여러 자유애호국가들과 친선적 관계를 맺도록 하기 위하여 노력할 것입니다"라고 하여 사회주의 진영의 진영외교를 지향하고 있음을 천명하였다. 그리고 북한은 대외정책 이념으로서 '자주, 친선, 평화'를 제시하였다.

지도자로서 김일성의 첫 외국 방문은 소련으로, 그 기간은 1949년 2월부터 4월까지이다. 이 시기에 북한은 소련과 '경제적 및 문화적 협조에 관한 협정'을 체결하였으며, 1949년 양국 무역액은 약 6억 7,515만 루블에 달하였다. 1948년 9월 최고인민회의 제1차 회의 정부정강에 따라 '외국군대 철거문제'를 토의하여, 미소 양군이 철수할 것을 요구하는 요청서를 각각 발송하였고, 이에 명목상으로 1948년 12월 26일 소련군대는 철수했다. 따라서 이 시기는 북한이 정권 수립의 박차를 가하고, 또한 소련으로부터의 경제적 지원을 확보하기 위한 활동이 주를 이룬 시기였다. 다른 한편으로는 한반도 전체의 공산혁명을 위하여 소련의 승인과 지원을 획득하는 활동이 주를 이룬 시기였다고 볼 수 있다.

---

4) 위의 책, p. 111.

2. 3~4차 당 대회의 북한 외교: 사회주의 진영 외교

1950년대 북한 외교는 크게 두 부분으로 구분할 수 있다. 1950년대 초·중반은 한국전쟁으로 인한 정전협정 체결과 전후복구를 위한 외교에 집중되어 있었다. 그리고 1950년대 후반은 1956년 종파투쟁 관련 중소관계와 1958년 중국인민지원군 철수에 대한 대중관계가 중심이 되었다.

한국전쟁을 거치면서 중국의 비중이 커졌고, 이에 북한 외교는 소련 일변도에서 벗어나 소련 및 중국과의 관계를 동시에 중시하는 모습을 보였다. 북한은 한국전쟁에서의 중국 인민지원군 참전을 '고귀한 형제적 원조'라고 칭송하면서 사회주의 진영 단결의 위력을 강화해야 함을 역설하였다.[5] 1953년 7월 27일 정전협정을 체결함으로써 북한은 한국전쟁을 승리한 전쟁으로 간주하였다. 북한은 한국전쟁을 미국이 승리하지 못한 첫 전쟁으로 규정하고, 정전협정을 승리하지 못한 첫 담판으로 평가하였다.

3차 당 대회에서 특기할 점은 북한이 중국공산당의 승리에 고무되어 중국 공산화를 아시아의 사회주의 승리로 강조하고 있다는 점이다. 북한은 세계 절반 이상의 인구가 분포되어 있는 아시아에서의 사회주의의 승리를 평가하면서 중국 대륙의 공산화를 승리의 상징으로 간주하였다.

> "오늘 모든 국제적 문제에 있어서 특히 아세아 제 문제의 조정에 있어서 중화 인민 공화국의 존재를 결코 무시할 수는 없게 되었으며 그의 참가 없이 아세아의 어떠한 문제도 해결할 수 없다는 것은 명백한 사실입니다."[6]

---

5) 위의 책, p. 289.

사회주의 진영에서 1956년 소련공산당 제20차 대회에 대한 다양한 논의들이 이루어졌으나, 북한에서는 비판 없이 소련의 논의를 수용하는 모습을 보였다. 1956년에 개최된 제3차 당 대회 사업총결보고에서 김일성은 다음과 같이 평가하였다. 그리고 그해 폴란드와 헝가리의 반국가 시위가 더 큰 영향을 주어 김일성이 체제 공고화를 강하게 실시하는 결과로 나타났다.

> "사적인 쏘련 공산당 제20차 대회는 위대한 쏘련 공산당이 쏘베트 인민을 공산주의의 새로운 세계사적 승리에로 인도하기 위한 장엄한 투쟁 강령을 채택하였으며 현 국제 정세 발전에 관한 이련의 원칙적 문제들에 대하여 맑스-레닌주의적으로 심오하게 분석하였으며 거대한 실천적 의의를 가지는 결론들을 지었습니다. 이것은 각국 공산당 및 로동당들의 금후 투쟁을 강력히 추동하여 주고 있으며 전 세계 인민들을 평화와 행복과 광명한 미래를 위한 투쟁에 더욱 고무하고 있습니다."[7]

이 시기의 김일성은 소련과 중국을 방문하여 양국과의 관계를 더욱 공고히 하였다. 1957년 11월에는 '10월 혁명' 40주년 기념식 참가를 위하여 소련을 방문하였다. 그리고 1959년 1~2월에도 김일성은 소련을 다시 방문하였다.

1958년 김일성의 중국 방문은 중국인민지원군 철수와 관련된 방문이었다. 1958년 11월~12월에 중국을 방문하여 반제반미투쟁과 사회주의위업의 승리를 위한 공동투쟁에서 항상 조선인민과 함께 싸워나갈 것이라는 결의를 표명하였다는 점을 내세워 중국 인민지원군이 철수하여도 양국 안보관계는 변함이 없다는 점을 보여주었다. 중국인민지

6) 위의 책, p. 290.
7) 위의 책, p. 288.

원군 철수는 북한이 한반도에서 외국군 부대 철수를 더욱 강하게 주장할 수 있는 명분이 되었다. 이를 계기로 북한은 주한미군 철수를 주장하기 시작했다.

3차 당 대회를 보면, 북한이 UN을 비롯한 국제 사회의 협상을 통한 통일 기대를 가지고 있음을 볼 수 있다. 김일성은 "조국의 평화적 통일을 위하여"라는 주제에서 6개항 중 마지막 항을 "조선에서의 평화 유지와 조선 문제의 평화적 해결을 위한 국제적 협정이 달성되어야 한다"고 주장하였다.[8)]

이 시기의 중국 및 소련 관계 외에 주목해 볼 점은 1955년 5월 '재일본조선인총련합회'의 출범이다. 이를 계기로 북한은 1959년 4월 제1차 재일조선인 귀국문제에 관한 북일 적십자 회담을 진행했고, 1959년 8월 '재일조선공민들의 귀국에 관한 협정'에 조인하였다. 북한은 1950년대 후반부터 재일조선인에 대한 적극적 정책을 실시하였는데, 이것은 한국전쟁으로 인한 북한의 노동력 부족을 만회하기 위한 원인이 크게 작용한 것으로 분석된다. 동시에 북한은 재중 조선인 단체도 설립했고, 이들에 대한 귀국사업도 실시한 것으로 알려져 있다.

1961년 9월 개최된 4차 당 대회는 소련의 군사력 발전 및 아시아 사회주의 국가들의 변화로 인한 사회주의 진영에 대한 기대감과 남한의 '4 · 19 혁명'에 힘입은 남조선 혁명 자신감이 표현된 것으로 평가된다.

국제 정세를 평가함에 있어서, 북한은 1957년 10월 최초 인공위성인 소련의 '스푸트니크 1호' 발사가 자본주의에 대한 사회주의의 우월성을 보여주는 것이라고 언급하였다. 김일성은 국제 정세에 대하여 "전체 사회주의 진영의 위력을 강화하며 전 세계 인민들에게 사회주의와 공산주의의 승리"에 대한 믿음을 굳건히 하게 하였다고 주장하였다. 그

8) 위의 책, p. 542.

리고 김일성은 소련의 핵실험 재개 결정은 제국주의자들의 전쟁 모험을 제어할 수 있기 때문에 전쟁 위험에서 벗어나 사회주의 진영의 평화 수호를 가능하게 한다고 언급하였다. 또한 김일성은 중국을 비롯한 베트남, 몽골 등의 아시아 사회주의 국가 등장을 높게 평가하며, 중국의 타이완 해협 위기의 강경한 대응을 적극 지지한다고 밝혔다.

이와 같이 이 시기 북한 외교는 소련과 중국 중심의 외교를 지향하였다. 그리고 북한의 입장에서 볼 때 1961년 각각 체결한 우호조약은 중소 분쟁으로 인한 안보 불안을 해소하고 양국 모두로부터 안보를 보호받기 위한 조치였다. 이에 대해 김일성은 4차 당 대회 보고에서 다음과 같이 설명하였다.

> "조쏘 량국 간의 우호협조 및 호상 원조 조약과 조중 양국간의 우호 협조 및 호상 원조 조약은 어디까지나 평화적이고 방위적 성격을 띤 조약들이며 무엇보다도 먼저 제국주의의 침략으로부터 조신인민의 안전을 수호하기 위한 것입니다. 이 조약들은 우리 나라의 평화적 통일 위업세 저축되지 않을 뿐만 아니라 오히려 미 제국주의자들의 침략적 기도를 제어함으로써 우리 나라의 평화적 통일 촉진시킬 것입니다."[9]

따라서 이시기 북한은 중소분열이 대남 혁명 노선을 강화하는 데 필요한 지원이 약화될 것을 염려했기 때문에 양국 모두로부터 안보 지원을 확보하기 위한 노력을 강화했던 것으로 볼 수 있다. 다른 한편으로는 1956년 종파 문제 이후 불거진 중소 양국의 영향력을 감소시키기 위하여 중국인민지원군을 철수시킴으로써 중소분쟁 국면에서 어느 한 국가에 치우치지 않을 수 있는 토대를 마련하기도 하였다.

9) 국토통일원,『조선노동당 대회 자료집(제2집)』(서울: 국토통일원, 1980), p. 97.

3. 5차 당 대회의 북한 외교: 비동맹 외교와 자주 노선

1950년대 말 북한은 농업협동화와 국유화 등의 사회주의적 개조를 완수하여 대내적으로 자립적 민족경제 토대를 구축하였다고 평가하였다. 이러한 자신감 속에서 맞이한 1960년대는 제3세계의 신생 독립국들이 대거 등장하면서 비동맹회의를 중심으로 국제 사회에서 발언권이 강화되면서 북한은 외교 외연을 확대하여 비동맹 외교에 주력하고 자주 노선을 주창한 시기였다. 그러나 중소분쟁이 격화되고 한일 국교정상화가 이루어지면서 안보 위기 인식 속에서 국방력 강화에 주력한 시기라고 볼 수 있다.

북한은 제3세계 나라들과의 관계에 적극적인 모습을 보이며 1960년대 전반기 대외관계에서 사회주의 나라를 벗어나 아세아, 아프리카의 신생 독립국을 포괄하는 세계적 범위 확대하였다. 1962~1965년 60여개 각급 대표단을 파견하고, 200여 개의 각국 대표단을 방문하였다. 특히 1964년 6월 평양에서 34개국이 참가한 제2차 아세아경제토론회 개최하여 국제적 반제공동투쟁 강화와 자립경제 노선을 선언한 '평양선언'을 채택하였다.

1970년 11월에 개최된 5차 당 대회에서 김일성은 1960년대를 "혁명과 건설에서 매우 복잡하고 어려운 환경이 조성된 준엄한 시련의 시기"이며, "우리의 혁명과 건설에는 커다란 난관과 애로가 가로놓인" 시기였다고 평가하였다.[10] 여기에서 말한 복잡하고 어려운 환경은 중소분쟁의 심화에 따른 사회주의권의 분열과 1965년 한일 국교정상화로 인한 한미일 남방삼각동맹의 강화를 일컫는 것으로 분석된다. 이에 대해 북한은 국방력 강화로 대응하였고 1968년 푸에블로호(USS Pueblo,

---

10) 위의 책, p. 18.

AGER-2) 사건으로 상징되는 미국과의 충돌을 위기 극복과 협상의 승리 사례로 회고하였다.

4차 당 대회 이후 1962년 10월 쿠바 미사일 위기가 발생하였고, 여기에서 보여준 소련의 소극적 태도는 북한에게 큰 실망을 안겨주었다. 1963년 10월 28일 북한은 〈로동신문〉 논설 '사회주의진영을 옹호하자'를 발표하여, 전체 사회주의나라들의 국제주의적 의무는 형제국가들이 상호관계의 규범을 준수해야 하는 것이며, 사상이론분야에서 의견 차이가 있다 하더라도 공통점 찾아 단결 이룩하여 국제공산주의운동 분열 방지해야 한다고 주장하고 있다.

이러한 중소 간의 대립으로 인하여 안보 위기를 가진 북한은 '병진노선'이라는 이름 아래 자주 국방력 강화에 심혈을 기울이기 시작했다. 김일성은 5차 당 대회 사업총화보고에서 국방력 강화가 경제 발전을 저해시키는 요인으로 작용했음을 인정하고, 이것이 국제 정세의 변화에 따른 것이라는 점을 다음과 같이 상기하였다.

> "우리의 국방력은 매우 크고 비싼대가로 이루어졌습니다. 털어놓고 말하여 우리의 국방비 지출은 나라와 인구가 적은데 비해서는 너무나 큰 부담으로 되었습니다. 만약 국방에 돌려진 부담의 한부분이라도 덜어 그것을 경제건설에 돌렸더라면 우리인민 경제는 보다 빨리 발전하였을 것이며 우리 인민들의 생활은 훨씬 더 높아졌을 것입니다. 그러나 정세는 이렇게 하는 것을 결코 허용하지 않았습니다."[11]

또한 이 시기 북한의 국방력 강화에는 1960년대의 베트남 전쟁이 큰 영향을 주었다. 1965년 7월 베트남과 '경제 및 기술 원조 제공 협정', 1966년 1월 '무상원조 제공 협정'을 체결하고, 1967년 8월 '군사 및

11) 위의 책, p. 33.

경제 원조 무상 제공 협정 체결'하여 지원병을 파견하였다. 김일성은 5차 당 대회에서 베트남 혁명을 한반도 혁명의 모델로 간주하고 베트남 전쟁의 북베트남의 우세를 예로 들면서 한반도 혁명을 위한 국방력 강화에 필요성을 역설하였다.

> "우리나라의 이와 같은 지형조건을 잘 리용하여 산악전과 야간전투를 잘하고 대부대작전과 소부대작전, 정규전과 유격전을 옳게 배합하면 비록 최신군사기술로 발톱까지 무장한 적이라 하더라도 얼마든지 격멸할수 있는 것입니다. 우리나라에서의 조국해방전쟁이 이것을 증명하여 주며 오늘 웰남전쟁에서의 경험이 또한 이것을 증명하여 주고 있습니다."[12]

한편, 이 시기 가장 큰 사건은 1968년 '푸에블로 호 사건'과 1969년 'EC-121기' 격추 사건인데, 북한은 두 사건 모두 미국과의 협상에서 승리하였다고 평가하고 있다. 조선노동당 5차 대회에서 김일성은 다음과 같이 언급하였다.

> "1968년에 있은 미제의 무장간첩선 '프에블로'호 사건과 지난해에 있은 대형간첩비행기 이씨121 사건대 우리나라의 정세는 매우 긴장하였습니다. 그러나 우리는 인민군대를 핵심으로 하는 위력한 전인민적, 전국가적, 방위체계가 있음으로 하여 조금도 두려워하지 않고 적들의 보복에는 보복으로, 전면전쟁에는 전면전쟁으로 라는 단호한 립장을 취할 수 있었으며 결국 침략자들로 하여금 우리앞에 무릎을 꿇지 않을 수 없게 하였습니다."[13]

당시 미국이 베트남 전쟁에 집중하느라 한반도에서 두 개의 전쟁을

12) 위의 책, pp. 53~55.
13) 위의 책, p. 33.

동시에 할 수 없다는 점을 활용하여 북한은 대남 도발을 일으켰다. 북한은 도발을 통해 한반도에서 남한 부대를 묶어둘 수 있기 때문에 북베트남을 돕는 방법으로 인식한 것으로 분석된다. 푸에블로 호 승원의 무사 송환을 위하여 미국은 북한과 협상 테이블에 앉았고 북한의 사과 요구에 적당한 사과의 언급을 함으로써 북한은 협상 승리를 주장할 수 있었다.

4. 6차 당 대회의 북한 외교

1980년 10월 개최된 6차 당 대회는 1970년대의 북한 외교를 총괄하면서 '자주, 친선, 평화'의 대외정책 기본 이념을 밝혔다.[14] 1970년대 국제적 데탕트의 영향으로 북한 외교는 UN외교와 미국을 비롯한 자본주의국가들에 대한 경제 외교 강화에 주력하였고, UN 안보리이사국에 진입한 대중국 외교에 집중한 것으로 평가된다. 또한 베트남 통일에 자극을 받아 1970년대 중반에는 한반도 통일을 위한 적극적 외교를 펼쳤다. 그러나 북한은 1976년 '8·18 판문점 사건'으로 인해 제3세계 외교 입지가 축소되는 결과를 초래시켰다. 이후 북한은 자본주의 국가들과의 타협을 경계해야 한다는 주장을 내세웠다. 주목되는 부분은 한반도의 '비핵지대화'를 언급한 부분이다.

김일성은 제6차 당 대회 사업총화보고에서 5차 당 대회 이후 6차 당 대회까지 66개의 나라와 새로 외교관계를 수립하여 국제적 위상이 높아졌다고 언급하였다. 이에 따라 국제무대에서 떳떳한 자리를 차지하고, 완전한 자주권을 행사하고 있으며, 조국의 영예와 민족의 존엄을 확고히 지켜나가고 있다고 주장하였다.[15]

---

14) 위의 책, p. 73.
15) 위의 책, p. 67.

1970년대에는 특히 북한이 UN의 여러 기구에 가입하면서 UN 외교를 강화하였다. 1974년 국제원자력기구와 유네스코 등에 가입하였고, 1970년부터는 UN에서 한국 문제 토의에 대한 자국 지지를 위한 외교에 전력하였다. 1973년에 UNCURK(국제연합한국통일부흥위원단) 해체가 결정되자 북한은 이에 고무되어 유엔사 해체 주장을 지속하였다. 특히 1975년 남북한의 두 개의 안이 동시에 통과되자 북한은 이를 외교의 쾌거로 간주하고 제3세계 외교에 더욱 박차를 가하였다. 1975년 8월 북한은 페루 리마 비동맹회의에 정식 회원국으로 가입한 후 1976년부터 1978년까지 매년 비동맹회의에서 한국 문제에 대한 결의 채택을 이끌어냈다.

다른 한편으로 북한은 서방 자본주의 나라들과의 관계 발전을 위한 노력을 기울였다. 김일성은 6차 당 대회 사업총화보고에서 “우리는 우리 나라를 우호적으로 대하는 자본주의 나라들과도 친선관계를 맺고 경제문화교류를 발전시킬 것입니다”라고 언급했다. 이와 동시에 김일성은 “우리는 남조선에서 미군을 철거하고 우리 나라의 통일을 방해하지 않는다면 미국과도 좋게 지낼 용의를 가지고 있습니다”라면서 미국과의 관계 개선 의지를 보이기도 하였다.[16] 이에 대한 성과로 북한은 1973년 스웨덴, 핀란드, 노르웨이, 덴마크, 아이슬란드 등 북유럽 5개국과, 1974년 12월 오스트리아, 스위스, 1975년 포르투갈과 외교관계를 수립하였다.

주목할 부분은 북한이 당 대회에서 한반도 비핵화에 대해 주장하였다는 점이다. 이에 대해 김일성은 다음과 같이 보고를 하였다.

> “세계의 공고한 평화와 안전을 보장하기 위하여서는 세계 여러 지역에 비핵지대, 평화지대를 창설하고 그것을 끊임없이 넓혀나가야

16) 위의 책, p. 73.

> 합니다. 우리 당은 조선반도를 비핵지대, 평화지대로 만들기 위하여 노력할 것이며 아세아와 중근동, 아프리카와 라틴아메리카, 구라파에 비핵지대, 평화지대를 창설하기 위한 인민들의 투쟁을 적극 지지할 것입니다. 우리는 세계 모든 지역에서 핵무기의 시험과 생산, 저장과 사용을 금지하며 모듬 핵무기를 완전히 폐기할 것을 주장합니다."[17]

실제로 북한은 1981년 일본사회당과 동북아지역 비핵, 평화지대 창설에 관한 공동선언을 발표하였고, 1984년 그리스 아테네 비핵지대창설을 위한 회의에도 참여하였다. 당시 북한의 한반도 비핵화 주장은 박정희 정부의 핵개발 시도에 대한 대응으로 분석된다. 북한 역시 핵개발에 관심을 가지고 노력하고 있었으나, 남한이 먼저 이에 대한 적극적 활동을 벌이자 이에 대한 우려에서 나온 인식이라고 생각된다. 그러나 남한 역시 미국의 반대로 핵개발을 성공하지 못했다. 하지만 이에 대한 대가로 남한은 미국으로부터 강한 안전보장을 받을 수 있는 계기가 되었다. 북한은 이러한 미국의 남한 군사력 증강을 위협으로 인식하였다.

---

17) 위의 책, pp. 74~75.

Ⅲ. 7차 당 대회의 배경과 내용(1994-2016)

1. 7차 당 대회 개최의 배경

가. 김일성 시대의 북한 외교

1980년 6차 당 대회 이후 2016년까지 북한 당 대회가 개최되지 않았기 때문에 북한의 다른 문헌들로부터 대외정책을 살펴보고자 한다. 먼저 김일성은 1982년 4월 당 중앙위원회 합동회의에서 '온 사회를 주체사상화하기 위한 인민정권의 과업'이라는 연설을 통해 "현시대는 자주성의 시대"라고 주장하면서 '온 세계의 자주화'라는 표현을 자주 사용함으로써 북한 외교정책의 기조를 나타낸 것을 볼 수 있다. 또한 여기에서 김일성은 자주성을 옹호하는 나라들과 굳게 단결하고 친선협조관계를 발전시켜나갈 것을 주장하며 비동맹운동의 발전을 강조하였다.[18]

이러한 입장에서 1980년대 국제적으로 신냉전의 영향으로 북한은 사회주의국가 및 제3세계 국가들과의 관계를 강화하였다. 1970년대 대서방외교의 일정한 성과가 있었으나 1970년대 말 북한 경제의 디폴트 상황으로 서방과의 경제 교류가 어려워진 상황에서 필연적인 선택이었다. 1980년대 전반 이탈리아, 포르투갈, 스페인, 프랑스, 오스트리아, 벨기에, 네덜란드 등에 대표단을 파견하였으나 1980년대 중반부터는 서방국가와의 교류가 거의 없었다.

북한은 먼저 중국 및 소련과의 관계를 강화하였는데, 1982년 9월 김일성은 중국을 방문하여 베이징을 비롯하여 청두, 시안 등을 참관하였다. 그리고 1983년 6월에는 김정일이 비공식으로 중국을 방문하는 등

18) 정규섭, 『북한 외교의 어제와 오늘』 (서울: 일신사, 1997), p. 171.

후계자로서의 첫 외국 방문지로 중국을 택하였으며, 중국 지도자들과의 교류 기반을 마련하였다.

1980년대 중반에는 소련 및 동유럽 사회주의 국가들의 변화를 실감하면서 김일성이 대대적인 동유럽 순방을 나섰다. 1984년 5월 김일성은 소련 및 폴란드와 독일을 방문하였고, 6월에는 체코, 헝가리, 유고슬라비아, 불가리아, 루마니아 등을 방문하여 동유럽 사회주의 국가들의 개혁 상황을 확인한 이후 그해 9월 외국인의 직접투자, 합작투자를 유치하기 위한 '합영법'을 제정하여 경제 개방을 시도하기도 하였다. 그러나 북한의 대외 개방은 실질적인 성과가 크지 않았다. 합영법에 의한 합작실적은 1985년부터 1989년까지 총 53건으로 이중 절반인 27건이 조총련 계열에 의한 것이었다. 계획과 달리 북한은 대외무역 규모의 확대를 이루지 못하였고 계속 적자를 기록하였다. 1988년 말 북한의 외채는 52억 달러였고, 이 가운데 서방자본주의국가들에 대한 채무는 27억 3천만 달러였다. 1987년 8월 북한은 140개 서방 채권은행단에 의해 채무불이행국가라고 공식적으로 선언된 첫 국가가 되었다.[19]

이후 1980년대 후반부터 시작된 동유럽 사회주의 국가들의 체제 전환은 북한의 외교 입지를 축소시켰고, 소련의 해체는 북한의 경제뿐만 아니라 북한 외교에 큰 충격을 주었다. 체제 전환 과정의 사회주의 국가들이 국내 경제 문제에 집중하는 동안 북한은 체제 변화를 우려하여 스스로 문을 닫는 고립주의를 택하였다. 이러한 북한의 선택에는 1989년 중국 천안문 사태가 중요한 원인이 되었다고 분석된다. 사회주의 체제전환 과정을 목도한 중국 당국은 중국 인민들의 변화 요구를 묵살하고 시위를 무력으로 진압함으로써 동유럽과 다른 체제 개방의 길로 접어들었다. 이에 북한은 이러한 중국의 천안문 대응을 지지하면

---

19) 위의 책, p. 195.

서 대외개방의 경로를 봉쇄하였다.

이후 북한은 1990년대 초반 극심한 경제난을 겪게 되었다. 소련의 해체와 함께 북한 경제의 어려움을 가져온 것은 중국의 경화결제 요구였다. 한소수교에 뒤이은 한중수교는 중국 외교에서 실리주의가 확산되고 있음을 알리는 것이었다. 중국은 냉전 시기 북한과의 무역에서 우호가격과 물물교환 거래 방식을 유지하였으나, 경화결제를 요구하자 외화가 없는 북한은 중국과의 거래가 제한될 수밖에 없었다.

물론 북한도 탈냉전의 흐름에서 1990년대 초 미국과의 관계 개선에 집중하고 남한과 '남북기본합의서'에 서명함으로써 남북대화의 길을 모색하였다. 1994년 10월 미국과의 제네바합의에 서명함으로써 핵동결 대가로 경수로 및 중유 지원을 확보하고 대미관계 개선의 발판을 확보하였다.

그러나 다른 한편으로는 체제 보존을 위한 핵개발에 집중하였기 때문에 대미관계 개선을 이루지 못하였다. 탈냉전의 세계 질서 속에서 유일 초강대국이 된 미국의 비확산정책에 반하는 북한의 선택은 제1차 북핵 위기를 일으켰다. 남북정상회담 합의로 출구를 모색하던 북한은 1994년 김일성 주석의 사망 이후 더욱 심각한 식량난을 겪었고, 이 시기는 '고난의 행군' 시기로 접어들었다.

나. 김정일 시대의 북한 외교

사회주의권 붕괴와 탈냉전으로 인한 대외 환경의 악화는 김정일에 대한 김일성의 권력 이양을 서두르게 만들었다. 특히, 김일성은 군 권력을 김정일에게 본격적으로 이양하기 시작했다. 1990년 5월 최고인민회의 제9기 제1차 회의에서 김일성은 중앙인민위원회 산하 국방위원회를 확대 · 개편함으로써 중앙인민위원회와 동등한 위상으로 격상시켰다. 이때 김정일은 국방위원회 제1부위원장으로 임명되었다. 이후 1991년 12월 24일 제6기 제19차 전원회의에서 김정일은 조선인민군 최고사령관직에 추대됨으로써 인민군 통수권자가 되었다. 그리고 1992년 4월 김일성은 헌법을 개정하여 국가주석 밑에 국방위원회를 독립된 기관으로 위치시켰고, 최고인민회의의 별도 선거를 통해 국방위원장을 선출하도록 개정했다. 또한 국방위원장이 '일체의 무력'을 지휘 통솔할 수 있는 권한을 부여하였고, 정무원이 가지고 있던 인민무력부 사업권을 국방위원회로 이전시켰다. 1993년 최고인민회의 제9기 제5차 회의에서 국방위원회는 군사주권의 최고지도기관으로 격상되었고, 김정일은 위원장직에 추대되었다.[20] 이러한 가운데 1994년 7월 8일 김일성 주석이 사망했고, 김정일은 3년의 유훈통치 기간을 설정함으로써 권력 안정화를 위해 노력했다.

3년의 대내 안정화시기를 거쳐, 1997년 10월 김정일은 당 총비서에 취임했다. 이후 1998년 9월 5일 김정일은 최고인민회의 제10기 제1차 회의에서 헌법을 개정함으로써 주석직을 폐지하고, 국방위원회를 국가의 최고직책으로 격상시킴으로써 국방위원장의 권한을 강화시켰다. 이 회의에서 김정일은 국방위원장에 재추대됨으로써 정치, 경제, 군사를 통솔하는 공식적인 지도자로 등극하였다. 그리고 북한은 선군정치와 강성대국 건설을 주창하면서 공식적인 김정일 시대를 선포하였다. 때문에 이 글에서는 1997년을 김정일 시대의 시작으로 본다.[21]

김정일 시대의 북한 외교정책은 대미관계를 중심으로 전개되었고, 이는 김정은 시대에도 지속되고 있다. 1996년 2월 북한은 미국에게 정전협정을 대신할 '잠정협정' 체결을 제의하였다. 같은 해 4월 북한은

---

20) 정성장, "김정일 시대 북한의 '선군정치'와 당·군 관계," 『국가전략』, 제7권 3호 (2001), pp. 51~71.

21) 학자마다 차이가 존재하나, 대체로 1997년을 유훈통치가 끝난 시점으로 본다.

조선인민군 판문점 대표부 담화를 통해 "정전협정에 규정된 군사분계선과 비무장지대의 유지 및 관리와 관련된 임무를 포기한다"고[22] 선언하여 군사적 긴장을 고조시킴으로써 간접적으로 북미평화협정 체결을 또 다시 주장하였다.

1996년 4월 정상회담을 통해 한미 양국은 한반도 평화체제 구축을 위한 남·북·미·중 4자 회담 개최를 제의하였다. 북한은 이에 반발하며 핵동결 파기를 간접적으로 표현하면서 긴장을 고조시켰다. 그러다가 1996년 12월 미국인 밀입국 사건을 계기로 북한은 1997년 12월 9일 제네바에서 개최된 제1차 회담에 참가하였다. 이 과정에서 북미관계는 다소 개선되는 듯 했다. 예를 들어, 미국은 곡물과 의약품을 북한에 지원했고, 북한은 카터재단 주최 농업기술세미나에 참석하는 등 대미관계 개선에 적극성을 보였었다.[23] 때문에 1997년 8월 북한은 "미국을 백년숙적으로 보려하지 않으며 조미관계가 정상화되기를 바라고 있다"고 밝히기도 하였다.[24] 그러나 4자 회담은 주한미군 철수와 북미평화협정 체결 문제를 둘러싸고 지루한 대립을 지속하다가 1998년 8월 5일~9일 6차 회담을 끝으로 종료되었다.[25] 게다가 1998년 8월 북한의 금창리 지하 핵시설 건설 의혹이 제기되었으며, 31일 북미 고위급회담이 개최되고 있는 가운데 북한은 다단계 로켓 추진 방식의 '대포동 1호'를 발사하였다. 이에 미국은 대북 중유지원을 전면 삭감했고, 북미 간 긴장은 더욱 고조되었다.[26]

한편, 이 시기 북한은 유럽 및 아시아 국가들과 활발히 교류함으로

22) 「연합뉴스」, 1996년 4월 4일.
23) 정규섭, "김정일 체제의 외교정책: 지속과 변화," 『북한연구학회보』, 제3권 제1호 (1999), p. 38.
24) 「로동신문」, 1997년 8월 20일.
25) 통일부 북한정보포털(http://nkinfo.unikorea.go.kr/nkp/main/portalMain.do).
26) 민족통일연구원, 『통일환경과 남북한 관계: 1998~1999』 (서울: 민족통일연구원, 1998), p. 49.

써 외교적 성과를 얻기도 하였다. 1996년 북한은 1월 17일 스웨덴과 '공업소유권부문 협조합의서'를 체결하였다. 그리고 9월 10일 북한은 덴마크와 '투자장려 및 호상보호에 관한 협정'을 체결하였다. 또한 1997년 1월 경제대표단을 스위스, 네덜란드, 오스트리아에 파견하였으며, 3월에는 외교부대표단이 스위스, 독일, 노르웨이, 덴마크를 순방하였다. 당시 북한 경제대표단은 이들 방문 국가에서 '나진·선봉 자유무역지대'에 대한 투자설명회를 개최하였다. 이러한 일련의 과정을 거쳐 1998년 12월 북한은 EU와 최초의 정치대화를 개최하였고,[27] 이후 2000년대 들어와 이탈리아, 호주, 영국, 네덜란드, 벨기에, 스페인, 독일, 룩셈부르크, 그리고, 캐나다 등과 정식 수교를 맺었다. 또한 2000년 7월 북한은 아세안지역안보포럼(ARF: ASEAN Regional Forum)에 가입했다.[28] 이 밖에도 북한은 태국, 인도네시아, 네팔, 파키스탄, 인도네시아, 싱가포르, 말레이시아, 인도, 베트남, 라오스, 미얀마 등 아시아 국가들과의 관계 개선에도 적극성을 보였는데, 주로 경제부문에 집중되었다.[29]

이러한 가운데 북미 고위급회담이 지속됨으로써, 마침내 1999년 9월 미사일 문제가 극적으로 타결되었다. 이에 2000년 10월 조명록 국방위원회 부위원장이 미국을 방문했고, 이어 올브라이트(Madeleine Albright) 미국무장관이 북한을 답방했다. 그러나 부시(George W. Bush) 행정부 출범과 2001년 9·11 테러 이후 미국 입장은 강경해지기 시작했고, 더불어 한·미·일 군사협력이 강화되면서 북한의 위협 인식은 고조되었다. 특히, 미국의 북한 테러국 지정과 핵 선제공격대상 포함은 북미관계를 최악으로 이끌었다. 미국의 아프가니스탄과 이라크 침공은 북한의 위

27) 정규섭, "김정일 체제의 외교정책: 지속과 변화," p. 42.
28) 김성주, "6·15 남북정상회담이후 남북한관계와 한반도평화체제 구축의 전제," 『국제정치논총』, 제42집 3호 (2002), p. 201.
29) 정규섭, "김정일 체제의 외교정책: 지속과 변화," p. 43.

협 인식을 고조시켰고, 결과적으로 이는 북한의 핵개발 의지를 더욱 강화시켰다.[30]

그러한 가운데 일본이 재무장화와 관련된 '후방지원허용법안'을 연구한 것이 알려지면서 북한의 피포위 의식은 심화되었다.[31] 사실 1998년 북한의 로켓 발사로 인해 일본의 대북 여론은 악화되었고, 이로 인해 북일관계도 경색되고 있었다. 당시 일본은 북한의 로켓 발사에 대한 대응으로 대북 경수로 지원금 10억 달러 제공을 취소하겠다고 발표했다. 그리고 일본은 대북 외교관계 수립을 위한 회담을 보류시켰으며, 식량 지원도 중단하겠다고 발표했었다.[32]

그럼에도 불구하고 1999년 12월 적십자회담을 시작으로 2000년 3월 수교회담 제9차 본회담, 8월 제10차 수교회담, 10월 제11차 수교회담이 연이어 성사되었다. 그리고 2002년 9월 고이즈미(小泉純一郎) 일본 총리 방북으로 최초의 북일 정상회담이 개최되었다. 2004년 5월에는 제2차 북일정상회담으로 경제지원이 도출되었다. 이 과정에서 북한은 일본을 지렛대로 하여 미국의 대북 강경입장 완화를 시도하였으나, 납치생존자 8명중 5명이 귀국하고 메구미(橫田惠) 유골의 진위 여부 문제가 발생하면서 북한의 목적뿐만 아니라 북일관계 개선도 좌절되었다.

반면, 북중관계는 그동안 부침은 있었으나 점점 개선되고 있었다. 2000년 남북정상회담 이전 북한은 중국을 방문했고, 이를 계기로 양국간 우호관계가 완전히 복원되었다. 2001년 1월 김정일의 방중(푸동지구 방문)과 9월 장쩌민(江澤民)의 방북이 이루어졌다. 그러는 가운데 2002년 10월 신의주 특구 양빈 구속으로 북중관계가 경색되는 듯하다

30) 문인철, "북한의 손실인식과 대남 적대적 군사행동 연구" (성균관대학교 정치외교학과 박사학위논문, 2015), pp. 187~188.

31) 히라이와 슌지 저, 이종국 역, 『북한 · 중국관계 60년』 (서울: 선인, 2013), p. 375.

32) Don Oberdorfer & Robert Carlin, *The Two Koreas: A Contemporary History*, Revised and update third edition (Basic Books, 2013) pp. 319~320.

가 2004년 4월 김정일의 중국 방문으로 관계가 다시 회복되어 2005년 10월 후진타오(胡錦濤) 주석이 방북하였다. 2006년 1월 김정일의 방중과 2008년 6월 시진핑(習近平) 부주석의 방북이 이어졌고, 2009년 10월 원자바오(溫家寶) 총리가 방북하면서 북한의 제2차 핵실험에도 불구하고 양국 경제 협력은 확대되었다.

특히 북핵 문제에 있어서 중국은 이전과 달리 적극적 역할을 모색하기 시작했다. 2002년 10월 중국은 APEC과 ASEAN+3에서 북핵 문제를 의제로 제시했고, 제2차 북핵 위기 당시에는 적극적으로 중재를 하였다. 특히, 중국은 2003년 의장국으로서 6자회담을 개최하였고, 이를 지속시키기 위해 노력했다.[33]

북러관계는 2000년 2월 이바노프(Ивано́в) 러시아 외무장관의 방북으로 '조러 친선선린 및 협조에 관한 조약'이 체결되면서 점차 회복되었다. 2003년 1월 로슈코프(Лосюко́в) 외무차관의 방북과 2004년 7월 라브로프 외무장관의 방북이 이어졌고, 2008년 10월 박의춘 외무상이 러시아를 방문하였다. 2009년 4월 라브로프(Лавро́в) 외무장관과 11월 미로노프(Миронов) 러시아연방 상원의장의 방북으로 양국 경제관계가 점차 회복되어 2007년 3월 북러 경제공동위원회가 개최되었고, 2008년 나진-두만강 철도와 나진항 현대화를 위한 북러 협조협정, 나진-두만강 철도 임대계약도 체결되었다. 그해 10월 나진-하산 철도 및 나진항 개건 착공식이 개최되어 경제관계가 발전하였다.

그러나 2003년 1월 북한이 NPT(Nuclear Non-Proliferation Treaty) 탈퇴를 선언함으로써 김정일 시대 외교는 '핵외교'에 집중되기 시작했다. 2003년 4월 북·미·중 3자회담 개최를 시작으로, 8월 27일 제1차 6자회담이 개최되었고, 북핵 문제 해결에 대한 관련국들의 기대감을 고조시켰다.

---

33) 문인철, "북한의 손실인식과 대남 적대적 군사행동 연구," pp. 191~192.

그러나 2005년 2월 북한은 6자회담 무기한 참가 중단과 핵무기 보유국 선언을 단행했다. 이에 미국은 군사적, 경제적 대북 압박 수위를 고조시켰다. 특히, 미국은 BDA(Banco Delta Asia)의 북한 계좌를 동결시킴으로써 김정일 정권을 직접적으로 압박하였다. 결국 2005년 7월 북한이 6자회담에 복귀함으로써 제4차 회담이 재개되었다. 이 회담을 통해 북한은 핵무기 파기와 NPT 복귀, 한반도 평화협정, 단계적 비핵화, 미국의 대북 핵공격 금지, 북미 신뢰 구축 등을 주요 내용으로 하는 '9 · 19 공동성명'이 채택되었다. 그러나 북한과 미국은 '9 · 19 공동성명'에도 불구하고, 행동과 보상에 대한 선후 문제를 둘러싸고 갈등을 지속했다. 이에 2005년 10월 21일 미국은 대량살상무기 확산과 관련되어 있다고 의심되는 북한의 8개 기업에 대한 제재조치를 발동시켰다.[34] 북한은 회담 복귀를 거부했고, 2006년 7월에는 미사일 발사를 실시하였다. 게다가 북한은 10월 9일 제1차 핵실험을 강행함으로써 대외적 고립을 더욱 심화시켰다. 이후 난항을 거듭하다, 2007년 2월 제5차 6자회담이 재개되었고, 제3단계 회의에서 '2 · 13 합의'가 도출되었다.

그러나 2008년 8월 북한은 북핵 신고 및 검증 문제의 미합의와 미국의 테러지원국 해제 연기에 반발하며 불능화 중단을 선언했다. 이어 북한은 핵시설 재가동을 선언했고, 2009년 4월 '은하 2호' 로켓을 발사했으며, 5월 25일에는 제2차 핵실험을 강행하였다. 6월 12일 유엔 안보리는 대북 제재 결의 제1874호를 채택했고, 중국과 러시아도 이에 동의하였다(만장일치). 그리고 일본은 대북 수출을 전면 금지시켜버렸다.[35] 그럼에도 불구하고 북한은 6월 13일 우라늄 농축작업에 착수했고, 7월 2일에서 4일 간 지대함 미사일, 스커드, 노동 미사일을 발사했

34) 배종렬, "김정일 체제의 개혁 · 개방 가능성: 최소치와 최대치," 『현대북한연구』, 제11권 1호 (2008), p. 65.

35) 「VOA」, 2015년 1월 21일.

다. 그리고 11월 3일 북한은 폐연료봉 재처리 완료를 발표했다.[36]

2011년 1월 북한은 신년공동사설에서 남북 간 갈등 해소를 말하면서도 한반도 전쟁 발발은 핵전쟁이 될 것이라고 협박했고, 3월 10일 제네바 군축회의에서는 핵보유국 지위를 주장했다. 당시 한국을 비롯한 미국, 러시아, 일본, 중국은 6자회담 재개 필요성을 피력했지만, 북한의 거부로 성사되지 않았다. 그럼에도 불구하고 7월 중순부터 남북 및 북미 간에 한반도 비핵화 논의가 진행되었다. 하지만 북한은 논의가 진행되는 가운데 "핵에너지의 평화적 이용은 주권국가의 합법적 권리이며, 실험용 경수로와 저농축 우라늄 생산이 빠른 속도로 추진 중"이라고 주장함으로써 한반도 비핵화 논의는 유의미한 결과를 도출해내지 못했다.[37]

다. 김정은 시대의 북한 외교

김정은 시대에 들어서 북한의 외교는 다소 경직된 모습을 보이고 있다. 2009년 제2차 핵실험으로 북한 핵문제가 악화되고 6자회담은 유명무실화되었다. 특히, 2008년 들어선 이명박 정부가 상호주의를 주창하면서 남북관계도 악화되었다. 이러한 상황에서 김정은 후계체제가 구축되었다. 김정일은 사망 직전 2년 동안 3차례 중국을 방문하는 등 북중 경제 협력 강화에 많은 노력을 기울였다. 그러나 두 차례 진행된 핵실험과 이에 대한 국제사회의 제재는 북한을 더욱더 고립시켰다.

김정일 사망 이전 김정은의 첫 해외 지도층과의 만남은 2010년 10월 저우융캉(周永康) 중국 정치국 상무위원 방북 시기이다. 이 때 저우융캉을 비롯한 중국 인사들은 후계자로 지명된 김정은과 첫 공식회동

36) 국방부, 『2010 국방백서』 (서울: 대한민국 국방부, 2010), p. 281.
37) 「프레시안」, 2011년 11월 30일.

을 가졌다. 이후 2011년 2월 후계자 지위의 공식 인정 이후 중국 멍젠주(孟建柱) 국무위원 겸 공안부장이 "김정은 동지께서 조선로동당 중앙위원회 부위원장으로 추대되심으로써 조선혁명의 계승문제가 빛나게 해결"되었다고 함으로써 후계자로서의 김정은에 대해 중국이 처음으로 공식 언급하였다. 이후 2011년 6월 김정은의 방중 시 북중 양당 전략대화가 격상되었다. 중국공산당 정치국위원인 리위앤차오(李源潮) 조직부장이 방북하여 당시 김정일 국방위원장과 김정은 당 중앙군사위 부위원장을 모두 면담하였다.[38]

이후 2012년 2월 29일 탄생한 지 얼마 안 된 김정은 정권은 미국과 관계 개선을 포함한 '2·29합의'를 도출하였다. 그러나 4월 13일 북한이 장거리 미사일 '광명성 3호'를 발사함으로써 이 합의는 무용지물이 되었다. 이를 계기로 오바마(Barack Obama) 행정부는 '전략적 인내(strategic patience)'를 선택하게 되었고, 이는 임기 내내 지속되었다.

2012년 4월 조선로동당 제4차 당대표자회에서 김정은 당 제1비서가 후계자로 공식화되었고, 이후 김영일 당 국제부장이 중국을 방문하였다. 당시 중국의 다이빙궈(戴秉国) 국무위원은 김정은의 리더십을 지지하는 발언을 하였다. 이후 북한의 '광명성 3호' 발사로 인해 양국 전략대화가 잠시 중단되었지만, 2012년 7월 김정은에게 조선민주주의인민공화국 원수 칭호가 수여되면서, 경색되었던 북중관계는 서서히 회복되기 시작했다.[39] 7월 24일 북한 이명수 인민보안부장이 중국을 방문하였고, 8월 왕자루이(王家瑞) 대외연락부장이 방북하여 김정은 위원장과 공식 회동하였다. 이에 따라 장성택 부장이 중국을 방문하여 양국

38) 이상숙, "시진핑-김정은 시대의 북중관계 전망," 『주요국제문제분석』, 2012년 가을호(서울: 외교안보연구원, 2013), pp. 220-221.
39) 이는 김정은 위원장이 공식적으로 군을 장악했다는 의미이기 때문에 중국이 전략적으로 움직인 것으로 분석된다.

경제 협력을 강화하는 조치가 취해졌다. 또한 '중 · 조 경제기술합작협정'과 나선경제무역지구항구 및 산업지구 투자협의에 서명하였고, 나선지구 중국 전력의 송전 방안에도 합의하였다. 평안북도 인민위원회와 중국 랴오닝성 인민정부가 황금평경제구관리위원회 설립에 대한 양해각서도 교환하였다.[40]

한편, 김정은 시대에 들어와 북러관계는 급격히 개선되기 시작했다. 우선, 북러관계의 최대 걸림돌이었던 냉전 시기 양국 간 채무 문제가 완전히 해결되었다. 사실 소련 붕괴 이후 북한과 러시아는 채무 문제 해결을 위해 협상을 계속해 왔었다. 그러나 양국 간 협상은 별다른 합의점을 찾지 못하고 2007년을 기점으로 중단되었는데,[41] 그것이 김정은 시대에 들어서면서 해결된 것이었다. 2012년 6월 1일 스토르착(Сторча́к) 러시아 재무차관은 평양을 방문하여 김영길 재정성 부상과 만나 약 110억 달러의 북러 채무문제 해결에 대해 합의하였고,[42] 이후 9월 17일 양국 정부는 채무탕감 협정에 최종 서명하였다.[43] 이 협정에서 특기할 점은 채무액의 90%를 탕감해주고, 나머지 10%는 20년에 걸쳐 분할 상환하기로 한 것인데, 러시아 브네슈에코놈방크(대외경제은행) 계좌로 송금된 채무 상환금을 다시 양국 합작 프로젝트(보건 · 교육 · 에너지 분야)에 재투자하는 데 합의했다는 것이다.[44] 이를 계기로 북한과 러시아의 경제협력은 더욱 활발해지기 시작했고, 굴곡은 있었지만 정치적 관계도 점차 회복되기 시작했다.

그러나 2012년 12월 '은하 3호' 발사와 2013년 2월 12일 3차 북핵 실

---

40) 이상숙, "시진핑-김정은 시대의 북중관계 전망," p. 222.
41) 윤익중, "신 러시아-북한 관계발전에 관한 고찰: 푸틴과 김정은 체제를 중심으로," 『국제지역연구』, 제19권 제3호 (2015), p. 129.
42) 「VOA」, 2012년 6월 25일.
43) 2014년 5월 푸틴 대통령은 협정 비준안에 최종 서명하였다.
44) 「연합뉴스」, 2014년 5월 5일.

험은 북중 및 북러관계 개선에 제동을 걸었다. 우선, 중국과 러시아는 북한의 미사일 발사와 핵실험에 대한 유엔 안보리 대북제재 결의 2087호와 2094호에 찬성했다. 당시 중국은 북한에 강한 불만을 제기했고, 북한도 중국을 비난했다. 특히 중국의 행동은 북중관계 경색의 정도를 잘 보여준다. 예를 들어, 2013년 2월 21일 중국 외교부는 결의안 2087호의 '철저한 이행'을 지시한 공문을 교통, 세관, 금융, 공안 및 변방부대 등 모든 관계 당국에 일제히 하달했다. 이는 중국이 처음으로 공문을 통해 전 부처와 산하 조직에 대북제재 이행을 지시 내린 것이었다.[45] 실제로 중국 정부는 다롄항의 대북 수출화물 검사를 강화했고, 중국의 4개 은행과 북한 조선무역은행과의 거래를 중단시켰다.

러시아도 장거리 로켓 발사에 대한 자제를 북한에 촉구했으며, 특히 핵실험은 절대 용인할 수 없다고 밝혔다. 나아가 러시아 외무부는 1718호, 1874호, 2987호 등에 규정된 기존 안보리 결의에 대한 이행을 북한에 촉구했다.[46] 그러나 러시아는 양국 간 경제 문제로 인해 중국과 달리 독자적 대북제재는 고려치 않음으로써 북러갈등을 최소화하고자 하였다. 실제로 김정은 시대가 들어선 2012년 상반기 북러 간 교역량은 2011년 상반기 대비 약 50% 정도 증가했다.[47]

미사일 발사와 3차 핵실험으로 인해 궁지에 몰린 북한은 중국, 러시아를 비롯한 주변국과의 관계 개선을 모색하기 시작했다. 대일관계의 경우, 2013년 5월 14일 북한은 일본 내각관방 참여(총리 자문역) 이지마(飯島勲)의 방북을 수용함으로써 북일관계 개선을 시도했다. 당시 이지마 참여는 김영남 최고인민회의 상임위원장과 김영일 조선노동당

45) 「연합뉴스」, 2013년 3월 8일.
46) 「연합뉴스」, 2013년 2월 8일.
47) 윤익중, "신 러시아-북한 관계발전에 관한 고찰: 푸틴과 김정은 체제를 중심으로," p. 136.

국제부장 등과 회담했다. 이후 일본 정부는 대북 제재를 일부 해제하기로 결정했다.[48]

대중관계의 경우, 2013년 5월 22일 최룡해 총정치국장, 6월 18일 김계관 외무성 제1부상이 중국을 방문하였다. 특히 북한은 2013년 7월 전승절 기념행사에서 리위앤차오 국가부주석을 주석단에 자리 배치했으며, 김정은의 행사일정에 동행하게 하는 등 중국 사절단을 최대한 예우했다.[49]

대미관계의 경우, 2013년 6월 16일 북한은 미국에게 고위급회담을 제의했다. 북한은 회담 장소 및 일시 등을 미국에 위임한다면서, 북미대화의 의지를 피력했고, 미국도 "항상 대화를 선호"한다며 긍정적으로 답변했다. 그러나 북한은 "핵보유국으로서의 우리의 당당한 지위는 그 누가 인정해주든 말든 조선반도 전역에 대한 비핵화가 실현되고 외부의 핵위협이 완전히 종식될 때까지 추호의 흔들림도 없이 유지될 것"이라며 "미국은 우리에 대한 핵위협과 공갈을 그만두고 제재를 포함한 모든 형태의 도발부터 중지해야 한다"고 주장함으로써 사실상 북미대화의 가능성을 스스로 제한했다, 이러한 북한의 주장에 미국도 "우리는 궁극적으로 한반도 비핵화에 다다를 수 있는 신뢰할 수 있는 협상을 원한다. 그러려면 북한이 유엔 안전보장이사회 결의안을 준수하는 것을 포함해 국제 의무를 지켜야 한다"고 함으로써 그동안 북미관계 개선의 장애물이었던 핵문제에 대한 양국 간 입장 차이를 다시 한 번 드러내었다.[50]

한편, 북러관계는 경제 문제를 넘어 정치적 관계로 확대되기 시작했다. 2014년 3월 러시아연방 공산당 대표단과 같은 해 4월 유리 트룻네

48) 「뉴시스」, 2013년 5월 19일; 「VOA」, 2014년 6월 27일.
49) 박종철 외, 『김정은 체제의 변화 전망과 우리의 대책』 (서울: 통일연구원, 2013), p. 56.
50) 「연합뉴스」, 2013년 6월 17일.

프(Трутнев) 러시아 부총리 겸 극동연방지구 대통령 전권대표가 북한을 방문했다. 그리고 갈루슈카(Галушка) 극동개발부 장관이 3월과 10월 두 차례에 걸쳐 평양에 방문했다. 그리고 2014년 9월 현영철 북한 인민무력부장은 푸틴(Пу́тин) 대통령과 군 고위 관계자들과 면담했다. 특히, 북한은 러시아와의 군사 관계 개선에도 심혈을 기울였는데, 2014년 11월 최룡해 노동당 비서와 노광철 북한 군 총참모부 부총참모장이 러시아를 방문해 카르타폴로프(Картаполов) 러시아군 총참모부 작전총국장을 만났다. 당시 최룡해는 귀국길에 러시아군 제5지휘부와 하바로프스크의 전투기 군수공장을 방문하여 러시아제 전투기 도입에 대한 김정은의 관심을 전하기도 하였다. 실제로 조선중앙통신에 따르면, "올해는 비행사들의 해라고 할 만큼 우리 비행사들이 정말 경애하는 최고 사령관 동지의 각별한 사랑과 은정을 받아 놨다고 말할 수 있습니다"라고 밝히고 있다. 여하튼 러시아도 북한과의 군사 관계 개선에 적극성을 보였는데, 2015년 1월 게라시모프(Гера́симов) 러시아군 총참모장이 북한과 대규모 군사회담을 갖고 총참모장 수준에서 접촉을 확대할 것이고, 또한 육·해·공 합동군사훈련도 실시할 계획이라고 국방부 고위급 회의에서 밝히기도 하였다.[51]

이러한 가운데 2013년 12월 12일 장성택 부장의 처형은 국제사회의 비난을 가중시켰고, 이는 특히 대중관계에도 영향을 미쳤다. 이러한 분위기를 반전시키고자 2014년 4월 최고인민회의 13기 1차 회의에서 리수용 외무상이 임명되고, 이와 동시에 내각 부총리로서 북한외교 업무를 총괄하던 강석주 전 부총리가 당비서로 이동하였다. 이러한 외교 엘리트의 교체 이후 북한은 외교관계 개선을 위한 적극적 노력을 기울였다. 리수용 외무상은 5월 비동맹운동(NAM) 외교장관회의 참석, 중

51) 「VOA」, 2015년 11월 13일.

동국가 방문, 8월 아세안 5개국 방문에 임하였고, 15년 만에 미국 유엔총회에 참석하여 회원국 대표 연설을 하는 등 적극적 UN외교에 나섰다. 북한 외교의 또 다른 축인 조선노동당 강석주 국제담당 비서도 9월 유럽, 몽골, 중국을 방문하였다.

그러나 이러한 외교적 노력에도 불구하고 북한 반인도범죄에 대한 책임자 처벌 조항을 담은 북한 인권결의안이 유엔에서 채택되면서 국제사회에서 인권문제에 대한 압박이 더욱 강화되었다. 또한 미국 소니 영화사의 북한 비판 영화에 대한 해킹의 주체로 북한이 지목되면서 북한의 사이버 테러 이미지가 부각되었다.

2015년 상반기 북한의 대외관계는 잠시 주춤되었다. 4월 반둥회의 60주년 기념 '아시아 · 아프리카 정상회의'와 5월 러시아 전승절 기념식이 있었으나, 최고지도자인 김정은 제1위원장은 참석하지 않았다. 두 행사 모두 정상들이 참석하는 다자회의인 만큼 김정은 제1위원장의 참석 여부에 관심이 모아졌었다. 그러나 김정은 제1위원장 대신 김영남 최고인민회의 상임위원장이 참석하였다. 특히 러시아 전승절 기념식에는 김정은 제1위원장이 행사 직전 불참을 통보하기도 하였다.

2015년 하반기에 들어서 남북한의 '8 · 25 합의'에 이어, 북한 당국이 중국 및 러시아와의 관계를 강화하면서 북한 외교도 점차 활기를 띠기 시작했다. 2015년 10월 조선노동당 창건 70주년 기념식을 계기로 북중관계가 회복되는 양상을 보였다. 중국공산당 류윈산 정치국 상무위원을 단장으로 하는 40여 명의 중국 대표단이 북한의 당 창건 70주년 행사에 참석하였다.[52] 그러나 2015년 12월 양국 관계 개선의 상징으로 보였던 북한 모란봉 악단의 중국 공연이 돌연 취소되었고, 2016

52) 이상숙, "북한 노동당 창건 70주년 기념식 평가와 대외정책전망," 『주요국제문제분석』, 2015년 가을호(서울: 외교안보연구원, 2015), p. 81.

년 북한의 제4차 핵실험은 북중관계를 또 다시 냉각시켰다.

한편, 2015년 북한의 당 창건 70주년 기념식에 러시아 고위 대표단이 참여하지는 않았으나, 북한과 러시아는 당 해 년도를 '북러 친선의 해'로 결정하고, 다양한 실무 수준의 협력을 진전시키기 시작했다. 양국은 2015년 10월 '경제 · 과학기술 협조 관련 회담록'에 조인하여 직교역 규모를 확대하고, 양국 무역 시 국가 통화 결제를 간소화하기로 합의하였으며, 2015년 11월 개최된 북러 간 군 대표단 회담에서 양국 군 대표단은 군사협력 관계 발전에 대해 의견을 교환하였다.

이 밖에도 2015년 북한은 미국과의 관계 정상화를 이룩한 쿠바와 관계 협력을 강화하였다. 2015년 3월과 6월에 각각 북한 외무상 리수용과 당 국제담당비서 강석주가 쿠바를 방문하였으며, 9월에는 양국 수교 55주년을 기념하여 쿠바의 차세대 지도자인 미겔 마리오 디아스 카넬 베르무데스(Miguel Mario Díaz-Canel Bermúdez) 국가평의회 수석부의장이 김정은 제1위원장과 회담하였다. 북한은 쿠바와 미국과의 관계 개선 이후 쿠바와의 관계를 더욱 강화하고 있는데, 양국 관계 개선을 미국에 대한 쿠바 인민의 승리로 인식하고 있다는 점을 확인할 수 있다.[53]

2. 7차 당 대회 평가와 북한 외교의 과제

가. 7차 당 대회 평가

2016년 5월 6일부터 9일까지 4일간 조선로동당 제7차 대회가 개최되었다. 김정은 집권 5년차에 열린 당 대회는 명실상부하게 '김정은 시

53) 쿠바를 통해 미국에 대한 소통을 활용하고 쿠바와 남한과의 수교를 경계하기 위하여 쿠바의 차세대 지도자를 환대하고 협력을 강화한 것으로 분석된다. 이상숙, 『미-쿠바 관계 정상화의 우리 외교에 대한 함의』(서울: 국립외교원, 2016), 참조.

대'가 개막되었음을 알리는 대회이며, '당-국가 체제'의 완벽한 복원을 천명한 대회였다.

7차 당 대회에서 대외관계 분야는 김정은의 사업총화보고 중에서 '세계의 자주화를 위하여'라는 주제로 명명되었고, 핵심 키워드는 '자주 적대'이다. '자주 외교'와 함께 '적대 외교'를 핵심으로 함으로써 대결국면의 입장을 나타낸 것으로 보인다. 그리고 외교의 기본 원칙을 '자주, 평화, 친선'으로 표현하여, 1980년 6차 당 대회에서 방침으로 정한 '자주, 친선, 평화'의 순서를 변경하였다. 이것은 탈냉전의 영향으로 북한의 대외 위협인식이 확대된 상황에서 적대국가와의 평화를 우위에 둔 것으로 이해할 수 있다.

또한, 지난 6차 당 대회 이후 총결기간 동안 66개 국가와 새로운 관계를 수립하였다고 하였는데, 이것은 제6차 당 대회에서 언급한 숫자와 동일하기 때문에 의미를 부여하기 어렵다. 또한 7차 당 대회에서 그동안의 국제 환경을 "매우 복잡다단"하다고 평가하고, 조선로동당은 "준엄한 환경과 복잡한 국제정세 속에서도 원칙적이며 적극적인 대외활동으로 조국의 존엄을 높이 떨치였으며 공화국의 국제적 지위와 영향력을 강화하였습니다"라고 어려운 시기를 극복해냈음을 강조하였다.[54]

여기에서 어려운 시기란 "세계 여러 나라들에서 사회주의가 좌절된 것"이며, 이로 인해 "사회주의의 종말"을 언급하고, "사회주의, 반제자주를 지향하는 나라들에 대한 침략과 내정간섭"을 강화하였다고 비판하였다. 북한은 사회주의의 몰락이 '사회주의 이념의 실패'가 아니라는 점을 들어 사회주의 나라들의 협조와 교류를 강조하고 있다. 이는 7차 당 대회가 6차 당 대회 이래로 36년 만에 열렸기 때문에 북한이 1980

---

54) 김정은, "조선로동당 제7차 대회에서 한 당중앙위원회 사업총화보고," 「노동신문」, 2016년 5월 8일자.

년대 말 사회주의권의 해체에 대해 정리를 할 필요가 있었던 것으로 보인다.

북한은 여전히 국제정세를 '자주역량과 지배주의 세력 사이의 대결'로 보고 있으며 '쁠럭불가담 운동의 강화'를 주장한다는 점에서 냉전 시기의 대외 인식과 지속성을 보이고 있다. 즉, 북한은 탈냉전의 변화된 상황을 오히려 자주 외교의 필요성이 증대된 것으로 평가하고 있다.

한편, 북한은 핵보유국 지위를 주장하는 등 '자위적 군사력'을 마련했다는 점에서 자신의 국제적 위상을 높아진 것으로 평가하고 있다. 이는 북한이 현실주의적 입장에서 '힘' 즉, 군사력으로 이해되는 '파워'를 여전히 국제관계의 핵심 요소로 간주하고 있음을 나타낸다. 그러한 점에서 북한은 핵전쟁의 위험을 언급하면서 전쟁 방지와 평화 수호라는 명분으로 핵개발의 당위성을 주장하고 있다.

특히, 7차 당 대회에서 주목할 대목은 '책임 있는 핵보유국'으로서 "자주권을 침해하지 않는 한 먼저 핵무기를 사용하지 않을 것"이라고 천명한 것과 '핵전파방지의무'를 성실히 이행하고 세계의 비핵화를 실현하기 위해 노력하겠다는 부분이다. 이는 북한이 핵보유에 대한 강한 의지를 표명한 것이자, 확산 방지를 명분으로 한 국제사회의 핵개발 비판을 약화시키려는 의도로 보인다.

최근 북한은 국제사회의 경제 제재를 의식한 듯, "그 어떤 봉쇄와 제재가 앞을 가로막아도" 자기 힘으로 지상낙원을 세우겠다는 주장을 하고 있다. 게다가 '인권옹호' 및 '세계화'에 대한 비판과 '반테러전'을 강하게 비판하고 있다. 또한 북한은 국제사회의 대북 제재 '결의' 채택을 미국의 의도를 반영한 것으로 간주하며 강력하게 비난하고 있다.

마지막으로 북한은 자본주의 국가들과의 다방면적 교류와 협력이 필요하다는 점을 인정하고 있다. 즉, 7차 당 대회에서 북한은 "지난날 우리와 적대관계에 있었다 하더라도 우리 나라의 자주권을 존중하고 우리를 우호적으로 대하는 나라들과는 관계를 개선하고 정상화해나갈 것"이라고 하여, 자본주의국가들과의 경제·사회 협력 여지를 열어두었다.

나. 7차 당 대회 이후 북한 외교의 과제

앞서 살펴본 바와 같이, 북한 당국은 국제 정세 변화에도 불구하고, 제7차 당 대회까지 기본적으로 '반제 자주'라는 변함없는 원칙을 견지했다. 그리고 현재 북한은 세계를 제국주의와 혁명자주 국가들의 대립적 정세로 판단하고 있으며, 여전히 비동맹외교의 강화를 주장하고 있다.

북한 외교의 어려움을 반영하듯이, 7차 당 대회 문건과 로동신문 및 조선중앙통신 등 관련 보도에서 러시아와 중국에 대한 구체적인 내용이 없었으며, 그밖에 다른 개별 국가에 대한 내용도 없다. 7차 당 대회가 외국 손님들 없이 대내적 행사로만 진행된 것도 그러한 사례의 방증이라 할 수 있다.

7차 당 대회 이후 북한 외교의 가장 큰 과제는 러시아 및 중국과의 관계를 어떻게 개선하느냐에 있다. 북한의 제6차 핵실험으로 인하여 러시아와 중국 역시 국제사회의 강력한 경제 제재에 참여하면서 이들 국가들과의 관계가 어려워진 것이 김정은 시대 외교의 가장 뼈아픈 점이다. 러시아는 서방 국가들로부터 우크라이나 사태로 인하여 경제 제재를 받고 있다는 점에서 협력의 동기가 있으나, 북한의 핵실험으로 인한 국제사회의 제재에는 동참하고 있기 때문에 이를 극복하고, 지난 2015년에 강화되었던 극동개발부와 북한의 경제협력을 확인하고 다시 확대할 것인지가 중요한 지점이다.

또한 중국과의 관계 개선은 북한 경제에 필수적이기 때문에 어떤 계기로 반전을 시켜야 하는지가 중요하다. 과거 제3차 핵실험으로 인한 양국 관계 악화에도 불구하고 중국은 2015년 북한의 당 창건 70주년 기념식에 류윈산 정치국 상무위원을 비롯한 대규모 대표단을 파견하여 북한과의 관계 개선의 신호를 보낸 바 있다. 당시 북한이 이에 화답함으로써 양국 관계 개선이 급물살을 타는 듯하였으나, 그해 연말에 있었던 북한 모란봉악단 베이징 공연이 무산됨으로써 양국 관계는 다시 급랭하였다. 당시 모란봉 악단의 공연은 양국 당국자 간의 만남으로 간주될 만큼 외교적 의미가 있었기 때문에 공연 취소는 양국 당국 간 공연 이후의 메시지가 합의가 되지 못했다는 것을 의미한다. 북한 무역의 대부분을 차지하고 있는 중국에 대한 관계 복원은 북한의 경제 제재 효과의 상쇄라는 의미가 있다.

다른 한편으로 핵개발의 지속으로 인한 국제사회의 대북 경제제재를 어떻게 해결하느냐가 북한 외교의 가장 시급한 문제일 것이다. 이에 대해서는 북한이 핵심적으로 안전보장을 요구하고 있는 미국과의 관계 개선과도 맥락을 같이 한다. 앞서 살펴본 바와 같이 미국 오바마 행정부 등장 이후 북한은 '2 · 29 합의'라는 북미 간의 주요 합의를 도출하였다. 하지만 북한의 장거리 미사일 발사로 오바마 대통령은 대북 정책의 유연성을 축소시켰다. 현재 미국 트럼프(Donald Trump) 행정부는 북한 핵폐기가 전제되지 않는 대화와 협력은 불가하다는 입장이다. 때문에 북한의 대외 환경은 북미관계 개선에 따라 달라질 것이다.

결국 북한이 이러한 어려운 대외 환경을 개선하기 위해서는 핵문제의 일정한 진전을 매개로 중국과의 관계를 개선시키고, 남한과 대화에 나서는 것이다. 중국과의 관계 회복을 통해 경제적 이익을 증대시키고, 남북대화에 나옴으로써 미국과의 관계 개선을 꾀하는 것이 북한 외교의 핵심 과제이다.

Ⅳ. 결론

지금까지 북한의 역대 당 대회를 중심으로 북한 외교의 어제와 오늘을 검토하였다. 이에 본 연구는 북한 외교가 변화보다는 지속성이 크다는 점을 확인하였다. 즉, 6차 당 대회와 7차 당 대회 사이에 사회주의권 붕괴와 냉전 해체라는 국제적으로 큰 변화를 겪었기 때문에 이 두 당 대회의 외교 언급에 대한 인식의 유사성은 결국 전체 당 대회에 걸쳐 지속되고 있다는 것을 알 수 있다.

먼저 북한 외교의 '지속성'을 살펴보면 다음과 같다. 첫째, 현실주의적 관점에서 힘의 논리를 가지고 국제정세를 바라보고 있다는 점이다. 둘째, 국제사회를 제국주의와 반제국주의의 대결로 인식하고 있으며, 이를 가르는 핵심은 '자주'라는 점이다. 셋째, 탈냉전의 변화에도 불구하고 여전히 비동맹 외교의 중요성을 강조하고 있다는 점이다. 마지막으로 제국주의와의 대결을 위해서 '자주세력'의 협력을 주장하고 있다는 점이다.

다음으로 북한 외교의 '변화'를 살펴보면 다음과 같다. 첫째, 북한 스스로 자주성이 점점 강화되고 있다고 주장하는 점이다. 즉, 7차 당 대회에서 스스로의 위상을 핵보유국으로 규정했기 때문에 북한은 자주 혁명 세력 국가들 중 독보적 위치를 차지하게 되었다고 주장하고 있다. 둘째, 북한은 진영 외교의 논리에서 점차 벗어나 그 대상을 확대하고 있다는 점이다. 사회주의 진영에서 비동맹 외교로 확대되었고, 점차 자본주의 국가들로 대상을 확대하였다. 셋째, 사회주의 승리에 대한 확신이 점차 감소하는 경향을 보인다는 점이다. 냉전 시기에는 사회주의 체제의 우월성에 대해 강한 자신감을 보였으나, 탈냉전을 기점으로 수세적 논리를 펴고 있다. 김정일 사망 이후 국제사회의 우려에도 불구하고 현재 북한이 안정적이라는 점에서 김정은이 어느 정도 확고한 권력을 구축하고 있다고 볼 수 있다. 그러나 김정일에 비해 후계 승계가 짧았다는 점에서 김정일에 대한 정치적 권위는 부족할 수 있다. 또한 북한의 경제 사정은 김정은의 권위를 약화시키는 요소가 될 수 있다. 실제로 『북한주민 통일의식 2015』에 따르면 핵보유라는 차원에서 김정은에 대한 북한 주민의 지지도가 높게 조사되고 있다. 반면, 경제적 차원에서는 북한 주민의 불만이 높게 조사되고 있다.[55] 때문에 김정일 시대에도 그랬던 것처럼 김정은에게 있어 자신의 권위를 구축하고, 또한 정권 존립의 정당성을 확보하는 유일한, 그리고 유용한 가용자원은 핵무기 밖에 없다고 할 수 있다. 따라서 북한은 오로지 핵을 전제로 하여 자주성 증대, 그리고 사회주의 승리를 주장하지만, 이는 사실상 감소된 사회주의 승리에 대한 북한의 인식을 역설적으로 드러내고 있다.

이를 바탕으로 7차 당 대회의 외교 특징을 분석하면 다음과 같다. 첫째, 7차 당 대회의 대외관계 키워드는 '자주'와 '적대'라는 표현으로 북한의 핵보유를 적대시하는 적대세력과의 대결을 강조하고 있다는 점이다. 기본적으로 북한이 원하는 조건이 충족되기 전까지는 적대정책을 지속할 것이며, 일정 조건이 충족되어야 대화의 장으로 나올 것으로 분석된다. 둘째, 핵보유를 기정사실화하여 이전 당 대회에서 '한반도 비핵화'를 주장한 것과는 달리, 7차 당 대회에서는 핵의 비확산에 방점을 두었다는 점이다. 향후 북한은 핵보유의 지위를 인정받는 상황에서 비확산을 목적으로 하는 협상에는 나설 가능성이 있다는 것이다. 셋째, 냉전 시기의 비동맹 또는 제3세계 외교 강화의 의지가 지속적으로 나타나고 있는 것이다. 북한은 여전히 제국주의와 대항하기 위한 제3세계 외교 강화를 중시하고 있으며 이에 대한 외교 강화를

---

55) 정은미 외, 『북한주민 통일의식 2015』 (서울: 서울대학교 통일평화연구소, 2016), pp. 129~130.

지속화하고 있다는 점이다. 넷째, 인권 정책에 대한 비판을 강화하였다는 점이다. 국제사회의 인권 문제 제시에 대하여 강한 반발을 지속하겠다는 것이고, 북한과 유사한 인권 정책을 가진 국가들과의 협력도 강화할 것이다. 다섯째, 중국과 러시아 등의 개별 국가와의 관계에 대한 언급이 전혀 없다는 점이다. 이전 당 대회에는 각 국가들과의 협력에 대한 부분이 나타나기도 하였으나, 대외적 성과가 부족한 상황에서 각 개별국가와의 교류나 협력 부분이 없는 것이 특징이다. 그러나 기본적으로 국제사회의 대북 제재가 강화되는 상황에서 이들 국가들과의 관계 협력은 지속적으로 노력할 것이다. 마지막으로 기존 미국에 대한 비판 강도가 약화되었다는 점이다. 당 대회 보고 내용 속에 미국에 대한 비판이 포함되어 있기는 하지만, 높은 강도의 비판은 아니라는 점에서 향후 협상의 가능성을 열어 둔 것으로 평가할 수 있다.

참고문헌

1. 국내문헌

김성주. “6 · 15 남북정상회담 이후 남북한관계와 한반도평화체제 구축의 전제.” 『국제정치논총』, 제42집 3호 (2002).

국방부. 『2010 국방백서』. 서울: 대한민국 국방부.

국토통일원. 『조선노동당 대회 자료집(제1집)』. 서울: 국토통일원, 1980.

국토통일원. 『조선노동당 대회 자료집(제2집)』. 서울: 국토통일원, 1980.

문인철. “북한의 손실인식과 대남 적대적 군사행동 연구.” 성균관대학교 정치외교학과 박사학위논문, 2015.

민족통일연구원. 『통일환경과 남북한 관계: 1998~1999』. 서울: 민족통일연구원, 1998.

박종철 외. 『김정은 체제의 변화 전망과 우리의 대책』. 서울: 통일연구원, 2013.

배종렬. “김정일 체제의 개혁 · 개방 가능성: 최소치와 최대치.” 『현대북한연구』, 제11권 1호 (2008).

윤익중. “신 러시아-북한 관계발전에 관한 고찰: 푸틴과 김정은 체제를 중심으로.” 『국제지역연구』, 제19권 제3호 (2015).

이상숙. “북한 노동당 창건 70주년 기념식 평가와 대외정책 전망,” 『주요국제문제분석』, 2015년 가을호(서울: 외교안보연구원, 2015).

이상숙. “시진핑-김정은 시대의 북중관계 전망,” 『주요국제문제분석』, 2012년 가을호(서울: 외교안보연구원, 2013).

정규섭. 『북한 외교의 어제와 오늘』. 서울: 일신사, 1997.

정은미 외. 『북한주민 통일의식 2015』. 서울: 서울대학교 통일평화연구소, 2016.

정성장. “김정일 시대 북한의 ‘선군정치’와 당 · 군 관계.” 『국가전략』, 제7권 3호 (2001).

정규섭. “김정일 체제의 외교정책: 지속과 변화.” 『북한연구학회보』, 제3권 제1호 (1999).

히라이와 순지 저, 이종국 역. 『북한 · 중국관계 60년』. 서울: 선인, 2013.

2. 국외문헌

Oberdorfer, Don & Carlin, Robert. *The Two Koreas: A Contemporary History*, Revised and update third edition. Basic Books, 2013.

3. 기타

〈노동신문〉
〈연합뉴스〉
〈VOA〉.

[제3장]

제7차 당 대회와 북한 대외안보정책의 지속성과 변화

신대진, 임상순

Ⅰ. 서론: 대외 안보정책의 정의와 이론적 배경

북한은 외교를 '무력이 담보된 말싸움'이라고 하며, 특히, 안보와 관련된 외교는 총포소리 없는 하나의 전쟁이라고 주장한다.[1] 이러한 관점에서 북한의 대외 안보정책은 "외부의 위협으로부터 국가, 체제, 정권을 지키기 위하여 북한 지도부가 실행하는 외교정책"이라고 정의될 수 있다. 무정부상태인 국제사회에서 자신의 생존과 이익을 지켜 나가야 하는 약소국가인 북한의 대외 안보정책은 외부의 실질적인 위협과 이에 대한 지도부의 위기인식의 복합적 결과물이다. 따라서 북한의 대외 안보정책을 이해하기 위해서는 대외적 환경과 지도부의 인식을 종합적으로 고찰할 필요가 있다.

이런 맥락에서 북한 지도부의 대외적 상황에 대한 인식이 가장 공식적이고 공개적으로 표출된 '당 대회'를 중심으로 북한의 대외 안보정책을 연구하는 것은 매우 적절하다. 왜냐하면 당 대회에서 행해진 북한 지도부의 주요 발언들과 결정들은 북한이 당면한 시대적 상황의

1) 장용순, "미국 견제, 중국 안타깝게 만들고, 남조선은 주무른다," 『월간중앙』, 7월호 (2007), p. 119.

대응물이기 때문이다.

본 연구는 당 대회 문헌분석을 바탕으로 북한의 대외 안보정책을 확인하고, 이러한 안보정책이 산출되는 데 영향을 미친 주요변수들을 분석할 것이다. 이러한 변수 분석에 기초하여 7차 당 대회를 설명함과 동시에, 김정은 정권의 대외안보정책 방향을 전망해 보는 것이 본 연구의 핵심 목표이다. 이를 위해 본 연구에서는 한 국가의 대외정책에 영향을 미치는 주요 변수를 체계적으로 정리한 로즈노(James N. Rosenau)의 예비이론(Pre-theory)을 활용하고자 한다.[2)]

로즈노는 국제적인 사례 분석에 기초하여 개별국가의 대외 정책 결정에 영향을 미치는 5가지 변수를 제시하였다. 이 5가지 변수에는 개인변수, 역할변수, 정부변수, 사회변수, 체계변수가 있다. 로즈노는 이 변수들 중에서 북한처럼 국가의 크기가 작고, 경제가 발전하지 못했고, 정체가 폐쇄적인 국가에서는 개인변수와 체계변수[3)]가 대외정책 결정에 가장 중요한 영향을 미친다고 주장한다.

즉, 저개발 폐쇄국가인 북한의 대외정책은 주로 국제적인 환경변화와 이에 대한 최고지도자의 인식에 의해서 결정된다. '당 우위' 국가체제를 구축하고 있는 북한에서 최고지도자의 대외 인식이 가장 분명하게 드러나는 것이 바로 '당 대회' 발언과 결정이다. 따라서 본 연구는 대외 안보정책과 관련된 김일성, 김정은의 '당 대회' 발언과 결정을 구체적으로 분석할 것이며, 이 발언과 결정에 영향을 미친 체계변수를 각 당 대회가 개최된 시대적 배경에 근거하여 네 시기로 나누어 정리할 것이다.

---

2) James N. Rosenau, *The Scientific Study of Foreign Policy* (New York: The Free Press, 1971), pp. 108~112.

3) 체계변수란 외부 환경의 비인간적 측면 또는 정책결정자들의 결정에 영향을 미치는 사건들 중 외부에서 발생한 것 또는 외부에서 기인한 것을 의미한다. James N. Rosenau, Ibid, p. 108.

첫 번째 시기는 '소련의존형 대외 안보정책' 시기로서 1, 2차 당 대회가 여기에 해당하고, 두 번째 시기는 '소련과 중국 의존형 대외 안보정책' 시기로서 3, 4차 당 대회가 여기에 포함되며, 세 번째 시기는 '자주적 동맹형 안보정책' 시기로서 5, 6차 당 대회시기이고, 마지막 네 번째 시기는 '자주형 안보정책' 시기로서 7차 당 대회 시기이다.

II. 1~6차 당 대회 정리 및 평가

1. 소련의존형 대외 안보정책 시기(1, 2차 당 대회)

가. 1차 당 대회 주요 내용 및 주요 체계 변수

(1) 대외 안보정책 관련 주요 발언과 결정

1차 당 대회에서 나온 대외 안보와 관련된 발언과 결정은 다음의 2가지로 요약된다. 첫째, 북한 안보와 관련하여 국제사회는 소련 중심의 민주진영과 미국 중심의 제국주의 진영으로 구분된다. 둘째, 소련군에 의해서 북한이 해방되었을 뿐만 아니라 안보가 유지되고 있다.

먼저, 북한은 소련의 결정적인 역할로 2차 대전이 끝난 후에, 세계는 두 진영으로 나누어졌는데, 그 하나는 소련동맹을 중심으로 한 진보적인 민주주의 세력이고, 다른 하나는 미영제국주의를 주동으로 하는 반동세력이라고 주장한다. 조선로동당은 강령을 통해, 북한의 안보를 유지하기 위해 이 두 진영 중에서 소련을 중심으로 한 평화애호국가, 민족들과 튼튼한 친선을 도모해야 한다는 점을 분명히 하였다.[4)]

4) 국토통일원, 『조선로동당 대회 자료집 제 1집』 (서울: 국토통일원, 1988), p. 42, 59.

둘째, 당 대회 1일차에 '스탈린 원수에게 드리는 편지'가 채택되었는데, 여기에서, "해방군인 소련군대는 북조선에 진주하여 북한의 자주독립과 민주주의 발전을 위한 위대한 후원자의 역할을 하고 있다. 소련군대는 조선인민의 총의와 이익을 대표하는 인민 정권 수립을 보장해 주었으며 언론, 출판, 집회, 신앙, 선거의 자유와 민주주의 정당과 사회단체의 자유로운 발전의 길을 닦아 주었으며, 일제에 짓밟힌 산업, 운수, 농촌경제 및 민족 문화의 급속한 부흥의 조건을 조성해 주었다. 북한의 해방과 발전은 오로지 스탈린의 두터운 고려와 붉은 군대의 원조로 말미암아 이루어졌음을 조선인민은 깊이 인식하고 스탈린에게 최대의 경의와 감격의 뜻을 올린다"[5]고 하였다.

(2) 1차 당 대회 대외 안보정책 관련 주요 체계 변수

2차 세계대전의 막바지인 1945년 8월 9일, 소련은 일본에 대한 공격을 개시했다. 소련군이 일본군의 저항을 제압하면서 한반도 북부지방에 지상군을 진주시키기 시작하던 1945년 8월 13일, 미국 트루먼 대통령은 '국무성, 육군성, 해군성 조정위원회'가 제안한 38도선 안을 즉시 승인하고, '일반명령 제1호'로 문서화하여 연합동맹군에 통지하였다. 소련은 아무런 반대 없이 그것을 수용하였다. '일반명령 제1호'의 내용은 패망한 일본군의 무장해제를 위한 '분단선'으로, 북위 38도선을 경계선으로 하여 남과 북, 두 지역을 소련군과 미군이 분할 점령한다는 것이었다.[6]

결국, 소련과 일본 간의 전쟁은 일왕의 항복 선언으로 소련의 승리로 막을 내렸고, 1945년 8월 26일 오후 소련군이 평양에 입성했다. 소련은 1945년 8월 말까지 2개의 보병여단, 1개의 포병여단, 그리고 약간

5) 위의 책, pp. 18~19.
6) 김광운, 『북한정치사연구 1』 (서울: 선인, 2003), p. 48.

의 보병대대로 구성된 12만 5천명의 병력을 북한 전역에 주둔시켰다.[7)]

북한에 대한 군정을 책임지게 된 소련 25군 사령관 치스차코프 대장은, 소련군이 정복자가 아니라 해방자로 북한에 왔으며, 모든 권력을 북한 주민에게 돌려줄 것이라고 밝혔다.[8)] 하지만, 소련은 1945년 10월 소련군 사령부 내에 '소련 민정국'이라는 특별기구를 설치하였고, 북한지역 6개 도, 85개 군 그리고 7개 시 단위에 군경무사령부를 설립함으로써 소련에 우호적인 국가를 북한지역에 건설하기 위한 작업을 시작했다.[9)]

나. 2차 당 대회 주요 내용 및 주요 체계 변수

(1) 대외 안보정책 관련 주요 발언과 결정

2차 당 대회에서 나온 대외 안보와 관련된 발언과 결정을 통해 다음의 2가지를 확인할 수 있다. 첫째는, 북한지도부가 남한에 주둔하고 있는 미군을 북한 안보의 심각한 위협으로 인식하고 있다는 것이고, 둘째는, 북한 안보를 지켜주고 있는 소련군대를 신뢰하고 있다는 것이다.

먼저 주한미군의 대북 안보위협과 관련해서 김일성은 당 대회 2일차에 진행된 '중앙위원회 사업결산보고'를 통해, "미국사람들은 한반도에 통일정부가 수립되는 것을 근본적으로 원하지 않는다. 그것은 미국사람들이 한반도에 대하여 최초부터 딴 욕심을 품고 있었기 때문이다. 미국사람들은 그들이 점령하고 있는 남조선을 완전히 자기네의 식민지로 만들어 현재와 같이 남조선에서 나오는 모든 자원을 약탈해 가는 것을 영원히 계속하며, 남조선에 자기네의 물품을 가져다 팔아 먹

---

7) 이완범, "북한 점령 소련군의 성격," 『국사관논총』, 25집 (1991), p. 170.
8) 김국후, 『비록 평양의 소련군정』 (서울: 한울, 2008), p. 37.
9) 김광운, 『북한정치사 연구 1』, p. 740.

으며 한반도를 완전히 점령하여 한반도를 동방침략의 군사기지로 변화시키려고 시도하고 있다."고 주장했다. 즉, 미군이 남한에 단독정부를 수립하여 민족을 분열시키고, 남한을 미국의 식민지와 군사기지로 만들어서, 한반도의 완전한 점령을 위한 전초기지로 활용하려고 한다는 것이다.[10)]

둘째, '스탈린 대원수에게 올리는 메시지'에서 확인할 수 있듯이, 북한 지도부는 소련군대에 대한 무한한 신뢰를 가지고 있었다. 이 메시지에서 당 대회 참석자들은, "조선인민들은 소련군대의 끊임없는 방조와 협력을 받으면서 조선인민의 세기적 숙망인 자유와 독립을 쟁취하기 위하여 열성적으로 싸우고 있다. 영예로운 소련군대는 오랜 노예생활에서 신음하던 우리 민족을 일본 제국주의자들의 기반으로부터 해방시켰으며, 또 북한 민주건설 사업에 있어서나 통일적 민주주의 국가를 수립하기 위한 우리 인민의 투쟁에 있어서 우리를 진정으로 돕고 있다."[11)]고 하였다.

(2) 2차 당 대회 대외 안보정책 관련 주요 체계 변수

1945년 12월 16일부터 26일까지 미국, 영국, 소련 3개국 외무장관들은 모스크바에 모여 회의를 열고, 일본에서 분리된 극동지역의 관리와 한국의 독립문제 등에 대해 토의하였다. 이 회의에서 3국 외무장관은 한반도 처리 문제와 관련하여 4개 항에 합의하였다. 그 4개항은, 한국을 독립국으로 재건 발전시키기 위하여 임시정부를 수립한다, 한국 임시정부의 수립을 돕기 위하여 미소 공동위원회를 구성한다, 한국 임시정부의 수립과 완전독립을 목적으로 미, 영, 중, 소 4개국에 의한 최고 5년 기간의 신탁통치를 실시하며 미소공동위원회가 구체안을 건의한

10) 국토통일원, 『조선로동당 대회 자료집 제1집』, pp. 131; p. 178.
11) 위의 책, p. 111.

다, 한반도 주둔 미소 양군 사령부의 대표 간 회의를 2주 이내에 소집한다[12]는 것이었다.

이 합의에 따라 1946년 1월 16일부터 2월 5일까지 미소공동위원회 예비회의가 한반도 주둔 미소 양군 대표 사이에 열렸으며, 이 예비회의에서 미소공동위원회 개최가 결정되었고, 1946년 3월 20일 서울에서 1차 미소공동위원회가 열렸다. 이날 토론과 협상의 핵심적인 주제는, '한국 임시정부' 수립에 어느 정당과 단체를 참가시키느냐의 문제였다. 미국은 자신의 관할 하에 만들어진 민주의원을 중심으로 협의 위원회를 구성했음을 보고하면서, 이 협의회에 북한의 정당, 사회단체 대표 몇 사람을 보충할 것을 제의했다. 소련은 이에 반대하면서, 모스크바 3상회의 결정에 동의하는 조선민주주의 제정당과 사회단체와 협의 할 것이라고 밝히면서 논의는 난관에 부딪혔고, 결국 5월 8일 1차 미소공동위원회는 무기한 휴회에 들어갔다.[13]

1947년 5월 21일에 2차 미소공동위원회가 재개되었지만, '한국 임시정부'에 참여할 남북한의 정당 및 사회단체의 선정 문제가 해결되지 못하면서, 결국 유엔에서 한반도 문제가 다루어지게 되었다.[14] 1947년 11월 14일 유엔은 2차 총회 결의를 통해 '유엔 임시한국위원단(UNTCOK)'을 설치하고, 그 위원단 참가국가로 호주, 캐나다, 중국, 엘살바도르, 프랑스, 인도, 필리핀, 시리아, 우크라이나를 지정하였다. 이 위원단은 1948년 3월 31일 이전에 한반도에서 보통선거를 실시하여 의회와 정부를 구성하는 임무를 부여받았다.[15]

---

12) "모스크바 3상회의," 『통일부 북한정보포털』. 〈http://nkinfo.unikorea.go.kr/nkp/term/viewKnwldgDicary.do?pageIndex=7&dicaryId=125&searchCnd=0&searchWrd=〉

13) 이주철, "북한의 정부 수립과 열강에 대한 인식," 『사총』, 67권 (2008), pp. 33~34.

14) "한민족 독립운동사," 『국사편찬위원회 한국사 데이터베이스』. 〈http://db.history.go.kr/item/level.do?levelId=hdsr_011_0100_0050〉

15) "The problem of the independence of Korea," 〈http://research.un.org/en/docs/ga/

2. 소련과 중국 의존형 대외 안보정책 시기(3, 4차 당 대회)

가. 3차 당 대회 주요 내용 및 주요 체계 변수

(1) 대외 안보정책 관련 주요 발언과 결정

대외 안보정책과 관련하여 3차 당 대회에서 나온 주요 발언과 결정을 통해 다음의 2가지 주장을 확인할 수 있다. 첫째, 6·25전쟁 때 북한을 지원해 준 중국, 소련과의 안보협력을 강조하는 것이고, 둘째, 미국이 한국, 일본과 군사동맹을 맺고 북한의 안보를 위협하고 있다는 것이다.

먼저, 김일성은 '중앙위원회 사업총결 보고'를 통해, "형제적 국가들의 국제주의적 원조는 우리의 승리를 결정한 중요한 요인의 하나였다. 우리 인민의 조국해방전쟁에 있어서 소련과 중국을 비롯한 인민 민주주의 제 국가들이 조선인민에게 보여준 사심 없는 원조는 이 진영의 국가들 간에 그리고, 그 인민들 간에 맺어진 새로운 친선관계의 명백한 시위였다."고 밝혔으며, 당 대회 결정서를 통해, "소련과 중국을 비롯한 인민 민주주의 제 국가 인민들과의 국제주의적 친선 단결을 더욱 강화하며 이 나라들과의 정치, 경제, 문화적 협조를 가일층 확대 발전시킬 것이다."고 강조했다.[16)]

둘째, 미국의 위협과 관련하여, 김일성은 미국이 일본과 군사조약을 체결하고 일본을 재무장시킴으로써 '아시아인은 아시아인끼리 싸우게 하는' 정책을 노골적으로 진행하고 있다고 비난하였고, 남북 조선의 어느 한 부분도 외국과의 군사동맹에 가담하지 말아야 하며 남조선 정부와 미국 정부 간에 체결된 단독 군사조약은 반드시 폐기되어야 할 것이라고 하였다.[17)]

---

quick/regular/2〉.

16) 국토통일원, 『조선로동당 대회 자료집 제1집』, p. 301; p. 489.

(2) 3차 당 대회 대외 안보정책 관련 주요 체계 변수

1949년 10월 1일 중국 국공내전에서 공산군이 승리를 거둠으로써 사회주의 중국이 건국되었다. 중국 혁명의 성공은 한반도 공산화 통일을 갈망하던 김일성에게 자신감을 불어넣어 주었다. 1950년 3월 30일부터 4월 25일까지 거의 한 달간 김일성과 박헌영은 모스크바에 머물면서 스탈린과 남침전쟁에 대하여 의논했다. 이 자리에서 스탈린은 남침전쟁에 조건부로 동의했다. 그 조건은 6·25전쟁에서 북한이 위태로워질 경우 중국이 지원한다는 약속을 모택동으로부터 받는 것이었다. 1950년 5월 13일 모택동이 이에 동의하면서 본격적인 전쟁 준비가 시작되었다.[18]

1950년 6월 25일 북한 지도부는 38선 전역에서 남침을 개시하여, 3일 만에 서울을 함락하였고, 8월초에는 낙동강까지 밀고 내려갔다. 하지만, 1950년 9월 15일 유엔군은 인천상륙작전으로 전세를 일거에 역전시켰다. 유엔군의 진격으로 반으로 분리된 북한군은 급속히 붕괴되었다. 유엔군이 평양을 점령하고 북쪽으로 빠르게 진격함에 따라 북한은 패배에 직면했다. 이런 절박한 상황에서 중국 인민지원군이 참전하여 북한군과 함께 유엔군을 북한 지역에서 밀어냈다. 1951년 가을부터 교착상태에 들어간 전쟁은 1953년 7월 27일 휴전으로 일단락되었다.[19] 6·25전쟁기간 동안 소련은 12개 비행사단과 2개 고사포사단, 1개 항공기술 사단을 중국 영내에 주둔시키면서 6·25전쟁에 순환 참전시켰다. 참전한 소련군인은 연인원 7만 2천명이었으며, 소련공군은 1300대의 미군기를 격추시켰다.[20]

---

17) 위의 책, p. 291; p. 339; p. 500.
18) 김성보, 『북한의 역사 1』 (서울: 역사비평사, 2011), p. 146.
19) 캐스린 웨더스비, 강규형, "북중소 삼각관계가 6·25전쟁 과정과 전후 북한외교 행태에 미친 영향," 『정신문화연구』, 33권 3호 (2010), pp. 131~133.
20) 이종석, 『북한-중국관계』 (서울: 중심, 2000), pp. 168~177.

휴전 직후인 1953년 10월 1일 한국과 미국은 '한미상호방위조약'을 체결하였다. 이 조약의 핵심내용은, 당사국 중 어느 일방이 무력침공에 의하여 위협을 받고 있는 경우 당사국은 서로 협의하며, 공통한 위험에 대처하기 위하여 행동한다는 것이다. 이와 함께, 미군의 한국 내 주둔을 한국정부가 허락한다는 내용도 포함되어 있다.[21]

나. 4차 당 대회 주요 내용 및 주요 체계 변수

(1) 대외 안보정책 관련 주요 발언과 결정

4차 당 대회에서 나온 대외 안보 정책과 관련된 주요 발언과 결정을 통해 다음의 2가지를 확인할 수 있다. 첫째는, 북한과 군사동맹조약을 체결한 중국, 소련과의 안보협력을 더욱 강화해야 한다는 것이고, 둘째는, 남한에서 5·16군사정변으로 정권을 획득한 박정희 군부세력과 미국의 군사적 협력 강화에 대하여 경계해야 한다는 것이다.

먼저 김일성은, 사업총화보고를 통해서, 소련인민은 북한 인민의 해방자이며 가장 친근한 벗이고, 중국인민은 장기간의 혁명 투쟁에서 북한주민과 생사고락을 같이하여 온 전우라고 소개하면서, 북한과 소련, 북한과 중국 간에 우호, 협조 및 상호 원조에 관한 조약들이 체결된 것은 북소 친선과 북중 친선을 높은 단계에로 발전시키는 획기적인 사변이라고 강조하였다.[22]

둘째, 4차 당 대회 결정서에서 남한의 4·19혁명, 5·16군사정변과 미국의 위협에 관하여, "남조선 정세에 커다란 변화가 일어났다. 조국의 평화적 통일과 민주주의를 지향하는 혁명 세력이 날로 더욱 강화

21) "한미상호방위조약," 『국가기록원』.
〈http://www.archives.go.kr/next/search/listSubjectDescription.do?id=005139〉.

22) 국토통일원, 『조선로동당 대회 자료집 제2집』 (서울: 국토통일원, 1988), pp. 96~97.

되고 있으며, 인민 대중으로부터 고립된 반혁명 세력이 군사테러의 모험적 수단에서 출로를 찾으려고 발악하고 있는 것이 오늘 남조선에서의 정세 발전의 주요 추세로서 미국 침략자들은 남조선을 미 제국주의의 군사적 부속물로 전락시켰다"[23]고 하였다.

(2) 4차 당 대회 대외 안보정책 관련 주요 체계 변수

1953년 7월 27일 정전협정이 체결될 당시 북한지역에는 34개 사단의 중국 인민지원군이 주둔하고 있었다. 이 34개 사단 중 19개 사단은 1954년~1955년에 걸쳐 철수했으나, 나머지 부대들은 1958년까지 북한에 남아서 전쟁의 재발을 방지하는 동시에 전후 복구 사업에 적극적으로 참여했다.[24]

중국인민지원군 철수논의는 1957년 말부터 시작되었다. 김일성과 모택동은 1957년 11월 모스크바에서 열린 10월 러시아 혁명 40주년 기념식에서 만나 한반도에서 중국인민지원군을 철수시키는 문제를 논의했다. 1958년 2월 5일 북한 정부는 성명을 통해 외국군대의 한반도 철수를 공식 제안하였고, 2일 후인 2월 7일 중국정부는 북한의 제안을 지지한다는 성명을 발표했다.[25] 1주일 후 평양을 방문한 주은래는 북한 지도부와 연내 중국인민지원군을 3차에 걸쳐 철수를 완료하는 데 합의했으며, 1958년 2월 20일 중국인민지원군 사령부는 1958년 말까지 중국인민지원군이 북한으로부터 전부 철수한다는 성명을 발표했다. 이후, 중국인민지원군은 1958년 10월 26일까지 3단계에 걸쳐 철수를 완료했다.[26]

23) 위의 책, p. 113.
24) 이종석, 『북한-중국관계』, p. 202.
25) 박영실, "정전이후 중국인민지원군의 대북한 지원과 철수," 『정신문화연구』, 29권 4호 (2006), pp. 277~279.
26) 이상숙, "1958년 북한주둔 중국인민지원군 철수의 원인과 영향," 『북한연구학

1961년 5월 16일 남한에서는 반공을 국시로 하는 군사쿠데타가 발생했다. 북한은 5·16쿠데타 직후 이 쿠데타를 일종의 '진보세력 독자거사'라고 주장하다가, 얼마 후 '미 제국주의 사주'로 입장을 급선회했다. 그리고 새로 등장한 군사정부의 발표와 조치를 살펴본 후, 이 군사정부가 반공을 기치로 미군과 협력할 경우, 북한에 대한 커다란 위협이 될 수 있다는 인식을 하게 되었다. 이러한 위협인식 속에서 1961년 7월 6일 소련과 1961년 7월 11일 중국과 각각 '우호협력상호원조조약'을 체결하였다.[27)]

3. 자주적 동맹형 안보정책 시기 (5, 6차 당 대회)

가. 5차 당 대회 주요 내용 및 주요 체계 변수

(1) 대외 안보정책 관련 주요 발언과 결정

5차 당 대회에서는 대외 안보정책과 관련하여 첫째, 대외적 지원 없이 그 어떠한 불의의 침공도 능히 물리치고 북한의 안전을 자체적으로 지킬 수 있도록 튼튼한 국방력을 갖추어야 나가야 한다는 점과, 둘째, 국제혁명역량을 강화하여 미국의 군사적 위협에 직면하고 있는 주변국가들과 협력을 지속적으로 추구해 나가야 한다는 것이 강조되었다.

먼저, 당 대회에서 제1부수상 김일은 '인민경제발전 6개년 계획'을 총평하면서, 1966년 10월에 열렸던 당 대표자회의를 통하여, 북한을 둘러싸고 조성된 정세의 요구에 맞게 국방력을 더욱 강화하기 위해

회보』, 13권 1호 (2009), p. 91.

27) 신종대, "5·16 쿠데타에 대한 북한의 인식과 대응," 『정신문화연구』, 33권 1호 (2010), p. 89.

경제건설과 국방건설을 병진시킬 데 대한 새로운 전략적 방침을 제시하였고, 이에 따라 7개년 계획 수행이 3년 동안 연장[28]되었다. 이 병진노선을 통해, 당 대회 결정서에 나와 있듯이, 당의 전군간부화, 전군현대화 방침이 훌륭히 관철됨으로서 인민군대는 정치사상적으로 그리고, 군사기술적으로 더욱 단련된 일당백의 간부군대로 변화되었다.[29]

둘째, 김일성은, "조선혁명이 세계혁명의 한 부분이며 조선로동당과 조선인민의 혁명투쟁의 승리는 국제혁명력량과의 단결에 달려 있다"고 하면서,[30] "미제의 범죄적인 베트남 침략을 반대하는 반전운동을 전세계적인 범위에서 힘 있게 벌리며, 모든 반제국주의 국가들이 인도차이나 인민들을 비롯하여, 미국과 싸우고 있는 모든 나라 국민들을 더욱 적극적으로 지원하여야 한다"[31]고 주장하였다.

(2) 5차 당 대회 대외 안보정책 관련 주요 체계 변수

1957년 21차 소련 공산당 대회를 계기로 평화공존과 스탈린 격하 문제를 두고 중국과 소련 사이에 갈등이 감지되기 시작하였다. 이 중소갈등은 1961년 10월 17일부터 31일까지 모스크바에서 개최된 소련공산당 22차 대회에서 절정에 이르렀다. 흐루시초프는 22차 대회에서 자본주의 진영과의 평화공존 그리고, 스탈린 개인숭배 문제를 지적하면서 비스탈린화의 필요성을 선전하였다. 이와 함께 중국과 긴밀한 관계에 있는 알바니아 노동당 지도부를 강력히 비난하는 방식을 통해 중국을 간접적으로 비판했다.[32]

---

28) 국토통일원, 『조선로동당 대회 자료집 제3집』 (서울: 국토통일원, 1988), p. 97.
29) 위의 책, p. 230.
30) 국토통일원, 『조선로동당 대회 자료집 제3집』, p. 71.
31) 위의 책, p. 66.
32) 김보미, "북한 4대 군사노선의 완성에 중소분쟁이 미친 영향," 『국제정치논총』, 54권 3호 (2014), p. 216.

중국과 소련 사이의 이론적, 경제적 갈등은 1969년 3월 2일 진바우섬을 둘러싼 군사적 충돌로 악화되었다. 군사충돌 직후인 1969년 3월 15일, 소련은 중국어 라디오 방송을 통해 중국에 핵전쟁을 위협했다. 그리고 1969년 8월 18일 소련대사관 직원이 미 국무부 관리에게 '만약에 소련이 중국 핵시설을 공격하여 파괴한다면 미국은 무엇을 할 것인가' 문의하기도 하였다. 이에 대해 중국지도부는 중국인민군에 총경계령을 내림과 동시에, 베이징을 떠나 중국 각지로 흩어졌다.

1969년 겨울 동안 중소 국경에서 더 이상의 군사충돌이 일어나지 않자, 그제서야 중국지도부는 최악의 상황이 지나갔음을 확신했다. 소련과의 핵전쟁 공포를 경험한 중국은 외교적 고립과 소련의 위협으로부터 벗어나기 위해서 미국과의 화해를 선택하게 되었다.[33]

한편, 1955년 10월 26일 미국은 베트남 남부지역에 베트남공화국이 건설되는 데 지원을 제공하기 시작했다. 이에 따라 베트남은 북위 17도선을 경계로 남북 분단체제가 형성되었다. 그런데, 베트남공화국 지엠 정부는 독재정치를 실시하면서 부정부패가 심각한 수준으로 악화되었다. 이런 상황에서 1964년 8월 4일 '통킹만 사건'이 발생하였고, 이를 계기로 미국은 8월 5일 항공모함 등을 사용하여 북베트남 항구시설을 포격했다. 그리고 다음 해인 1965년 3월 미 지상군이 베트남에서 작전을 시작하면서 베트남전쟁이 본격화되었다.[34]

---

33) Lorenz M.Lutti, Restoring Chaos to History : Sino-Soviet-American Relations 1969, *The China Quarterly*, vol.210 (2012), pp. 390~398.

34) 박민형, "파병 50주년 시점에서 재평가한 베트남전쟁의 현대 전략적 함의," 『국방정책연구』, 103권 (2014), p. 207.

나. 6차 당 대회 주요 내용 및 주요 체계 변수

(1) 대외 안보정책 관련 주요 발언과 결정

6차 당 대회에서 나온 발언과 결정들을 통해 북한 지도부가 대외 안보정책과 관련하여 보다 공세적이고, 다각적인 접근을 하고 있음을 확인할 수 있다. 그 구체적인 내용을 정리하면 다음과 같다.

먼저, 공세적인 대외 안보정책과 관련하여, 김일성은 '중앙위원회 사업총화보고'에서, "조선과 미국 사이의 대화를 실현하고 평화협정을 체결할 데 대하여 미국에 이미 여러 차례 제의한 바 있고, 조선정전협정을 평화협정으로 바꿀데 대한 문제를 가지고 협상할 것을 미국에 다시 한 번 제의한다."고 밝혔다. 그는, "미국당국자들이 우리의 이 제의를 받아들이는가 하는 것은 전쟁이냐 평화냐 하는 문제에 대한 그들의 명백한 대답으로 될 것이다. 미국 당국자들은 이에 대하여 심사숙고하여야 할 것이며 진지하고 성실한 태도로 우리의 정당한 제의를 받아들이며 남조선에서 자기의 군대를 하루빨리 철거함으로써 미국인민을 포함한 세계인민들의 일치한 념원과 의사에 맞게 행동하여야 할 것이다."[35]고 주장했다.

둘째, 북한은 국제적 안보협력의 대상을 기존의 사회주의 국가에서 비동맹국가로 그 범위를 확장시키고자 했다. 즉, "블록불가담 운동의 원칙과 이념을 확고히 지키며 블록불가담 운동을 확대발전시키기 위하여 노력할 것"[36]이라고 하면서, "지리적으로 가까이 있는 아시아 나라들과의 선린관계를 발전시키기 위하여 노력할 것이며, 아시아 인민들과 굳게 단결하여 아시아의 모든 지역에서 외래 침략자들을 몰아내고 자주적인 새 아시아를 건설하기 위하여 힘차게 투쟁할 것이다."[37]

---

35) 국토통일원,『조선로동당 대회 자료집 제4집』(서울: 국토통일원, 1988), p. 58.
36) 위의 책, p. 73.

라고 강조하였다. 더 나아가, “우리 당은 사회주의 나라 인민들과 블록불가담나라 인민들, 세계의 모든 진보적 인민들과 굳게 단결하여 제국주의를 반대하고 민족적 독립과 사회주의, 공산주의 위업의 승리를 위하여 힘차게 싸워 나갈 것이다. 조선로동당은 자유와 독립을 위한 아시아, 아프리카, 라틴 아메리카 인민들의 투쟁을 적극 지지하며 세계 모든 피압박 인민들의 해방투쟁에 굳은 연대성을 표시한다”[38]고 주장하였다.

(2) 6차 당 대회 대외 안보정책 관련 주요 체계 변수

미군과 연합군의 개입으로 국제전 성격을 띤 베트남전쟁은, 1968년 5월 10일 북베트남과 미국의 파리회담을 시작으로 1969년 8월 4일에 있었던 키신저와 레둑토의 비밀회담을 거쳐 1973년 1월 30일 파리평화협정에 의하여 휴전에 들어갔다.[39] 이후 남베트남은 세계 4위에 해당하는 공군력 등 막강한 군사력을 보유하고 있었음에도 불구하고, 지도층의 부정부패, 국민들의 반정부 인식 등에 시달리다가 1975년 4월 10일 북베트남의 춘기공세를 막아내지 못하고 공산화되었다.[40] 베트남이 공산화된 직후 중국을 방문한 김일성은 환영만찬에서, “남한에서 혁명이 일어나면 하나의 민족으로서 그것을 보고만 있을 수 없을 것이며, 남한 인민들을 적극 지원할 것이다. 이 전쟁에서 북한이 잃을 것은 군사분계선이고 얻을 것은 조국의 통일일 것”[41]이라고 강조하면서 무력통일을 주장했다. 김일성의 무력통일 주장에 대해 주은래 총리

37) 위의 책, p. 76.
38) 위의 책, p. 90.
39) 김기태, “외교사적으로 본 베트남과 태국의 분쟁,” 『한국과 국제정치』, 2권 2호 (1986), p. 170.
40) 박민형, “파병 50주년 시점에서 재평가한 베트남전쟁의 현대 전략적 함의,” p. 211.
41) 『로동신문』, 1975년 4월 19일.

를 비롯한 중국 지도층은 반대 입장을 분명히 했다.42)

한편, 1960년대에 국제무대에서 3세계의 영향력이 확대되기 시작했다. 특히 1960년 15차 유엔총회에서 17개 신생국이 유엔에 가입하면서 유엔의 중심문제가 동서문제에서 남북문제로 전환되었다. 1970년대에 북한은 3세계와의 관계 강화를 바탕으로 외교의 '국제화'를 달성했다. 즉, 3세계 지원 하에 1973년 5월에 세계보건기구(WHO)의 정식회원국으로 받아들여지면서 유엔 영구 업저버 지위를 확보했고, 1975년에 '비동맹운동'에 가입했다.43)

Ⅲ. 6차 당 대회 이후 안보정책 전개 양상과 7차 당 대회 정리와 평가

현실주의 관점에서 보면 국가안보정책은 국가생존을 위한 균형력 제고로 정의할 수 있다. 여기에는 자강 및 동맹 등 두 가지 방식이 있다. 또한 최근 북한 안보연구에서 정권안보라는 개념을 사용하기 시작하였다. 이런 연구흐름은 김일성 사후 부자세습의 권력승계로 인하여 김정일 및 김정은 시기는 정권안보가 국가안보 보다 우선하는 경향과 맥을 같이 한다.

이를 위해서 본장은 두 가지를 분석하고자 한다. 첫째, 북한의 국가안보 관점에서 안보정책의 역사적 전개과정의 지속성과 변화를 살펴보고자 한다. 이미 앞에서 언급한 바대로 1, 2차 당 대회에서 소련 동맹의존형, 3, 4차 당 대회에서 소련과 중국 동맹의존형, 5, 6차 당 대회에서 자주적 동맹형으로 변화하여왔음을 살펴보았다. 이에 대하여 7

42) 돈 오버도퍼 저, 뉴스위크 한국판 뉴스팀 역, 『두 개의 코리아』, (서울: 중앙일보, 1998), p. 70.

43) Samuel S. Kim, Pyongyang, the Third World, and Global Politics, *Korea & World Affairs,* Vol.3 No.4 (1979), pp. 440~453.

차 당 대회에서는 '세계자주화'란 사업총화에서 상징적으로 드러나듯이 '자주형' 안보정책을 선택한 것으로 규정하고자 한다. 이러한 북한의 대외 안보정책 전환도 역시 대외환경(국제체제요인)에 대하여 대응전략으로서 일관된 태도를 유지하고 있음을 보여줄 것이다.

둘째, 6차 당 대회가 김정일이 공식적으로 후계자로 등극한 자리라면 7차 당 대회는 김정은이 권력승계의 정치적 정당성 제고를 위한 절차로서 의미를 부여할 수 있다. 특히 7차 당 대회는 권력승계와 직접적으로 연결되어 있으며 이는 당 대회가 정권안보를 위한 수단으로서 작동되었음을 알 수 있다. 따라서 7차 당 대회에서 나타난 안보정책에 대한 정리와 평가는 국가안보 뿐만 아니라 정권안보라는 관점에서도 이해되어야만 한다. 안보정책이 어떻게 정권안보를 위한 핵심수단으로 변화하였는지를 살펴보고자 한다. 여기서는 김정은 정권시기 7차 당 대회 기준으로 대내적 요인(정권의 정치적 정당성)에 의한 핵, 광명성(장거리 미사일)등이 안보정책의 중심이 되고 이런 안보수단이 사상강국, 과학기술강국, 경제강국, 자주적 통일, 세계평화의 주도 등과 어떻게 연결되어 있는지를 살펴보고자 한다.

1. 안보정책 전개 양상

가. 김일성 시기: 1980년 당 대회 이후 1994년 사망 시까지

북한의 동맹정책과 안보중심의 대외정책을 살펴보겠다. 먼저 동맹정책이다. 북한이 중소 양국과의 관계 변화를 위한 시도를 보다 구체화하게 된 계기는 중소 양국으로부터 공공연한 내정간섭을 경험했던 1956년 8월 종파사건이다.[44] 이후 북한은 중국과 소련에 대하여 부침은 있었지만 실리적 차원에서는 양국으로부터 군사원조 등 동맹의 필요성에 의해서 대체적으로 우호적 관계를 유지하였다.

북한은 북중관계에서 중국이 베트남전 기간 동안 사회주의 진영의 분열적 태도를 보였으며, 1965년에는 한국전쟁 당시 원조의 대가로 백두산 부근의 북한영토를 요구하였다고 불편한 관계를 드러냈다. 마침내 1967년에서 1969년 사이 북한은 중국과 영유권 분쟁을 일으켜[45] 관계는 소원해졌다. 그러나 1970년 주은래 수상이 북한을 방문하여 중조우호협력상호원조 조약 10주년 기념행사와 함께 군사원조를 약속하고, 78년에는 화국봉 총리, 등소평 부총리의 방북 그리고 1980년대에는 김일성이 중국방문을 81, 82, 83, 84, 87년에 공식 또는 비밀회담을 할 정도로 가까워졌다.[46]

북한은 소련과의 관계에서 흐루시쵸프 등장 후 중국편향이었다가 1965년 브레즈네프의 등장으로 소련과 가까워졌으며 1984년 5월 김일성은 23년 만에 소련을 방문하고 체르넨코와 공동성명을 발표한 후 소련제 최신형 전투기 제공을 확약 받고 양국 간의 군사동맹관계를 전략적인 차원으로 격상 강화한다. 1985년 고르바쵸프 등장 이후 소련과 북한 간의 군사 밀착은 더욱 강화된다. 이후 1986년과 1987년에는 일본근해에서 대규모 해군 합동훈련이 실시되기도 하였다. 그러나 1990년 군부 쿠데타에 의해 고르바쵸프가 실각된 이후 소련은 본격적인 체제변화를 통해 공산체제가 무너졌고 1990년에는 한국과 적대관계를 청산하고 국교를 정상화함으로써 1961년 조소동맹조약이 무효화되었음을 공언하기도 하였다.[47]

---

44) 이미경 "국제환경의 변화와 북한의 자주노선 정립: 1960년대 시기를 중심으로", 『국제정치논총』, 제43집 2호 (2003), p. 283.

45) 위의 글, p. 279.

46) 최영관 "북중 군사협력 실태와 전망 그리고 대책," 『한국동북아논총』, 제5권 (1997), p. 15.

47) 위의 글, pp. 12~13.

김일성 시기 핵과 미사일 관련 대외정책은 다음과 같다. 1980년대 중반에 각각 635MW 용량의 세 블록의 소련 핵원자로를 건설할 계획이었으나 재정문제로 결실을 맺지 못하였다.[48] 1986년에는 5MW급 원자로를 가동하기 시작하였으며 1989년 11월 200MW 원자로를 착공하는 등 원자력 발전에 대한 관심이 높았다. 또한 북한은 핵무기에도 관심을 가지고 있었는데 러시아 국방부 소식통은 북한의 핵개발계획을 동결시켰던 미국과의 제네바 합의 1994년까지 70회 이상 실험을 하였다고 발표했다. 북한은 미사일 개발에도 관심이 있었으며 이는 군사적, 경제적 이유 모두에서 그러했다. 북한은 1984년 스커드 미사일 B형, 1986년 스커드 C형을 각각 실험발사를 성공하였다. 1987년경 스커드 미사일 B형을 배치하고 100기 정도 이란에 수출하였으며 1991년에는 스커드 미사일 C형을 이라크와 시리아에 수출하였다. 1996년까지 북한은 600여기 미사일을 생산하였고 그 중 500기를 중동에 수출했고 100기를 북한 자체 무장력으로 활용하였다.[49]

이와 관련하여 북한은 1994년 미국과 제네바 합의 이후 1996년부터 미사일 회담을 실시하였으며 1997년 6월 뉴욕회담에서 북한은 보상받을시 수출을 금지하는 대가로 상당한 금액을 요구하였다. 그러나 북한은 이 당시 회담에서 미사일의 개발 및 생산은 협상이 될 수 없다고 하였다.

김일성 시기 특히, 6차 당 대회 이후 안보정책은 소련과 중국 사이 군사원조 및 경제적 교류의 필요에 따라 양국과 우호적인 관계를 유지하였으며 핵·미사일 관련해서는 원자력 발전과 핵무기 등에 관심

---

48) 블라디미르 안드리아노프, “북한 핵 개발의 경제적 측면,” 알렉산드르 만소로프·제임스 클레이 몰츠 편저, 『북학 핵 프로그램』 (서울: 사군자, 2000), p. 81.

49) 에브게뉴 바즈하노프 “북한 핵 프로그램의 군사전략적 측면,” 알렉산드르 만소로프·제임스 클레이 몰츠 편저 『북학 핵 프로그램』 (서울: 사군자, 2000), pp. 158~159.

을 가지고 있었으며 미사일은 개발, 생산, 수출 등의 군사적, 경제적 이유로 인해서 지속적인 관심을 가진 것으로 보인다.

나. 김정일 시기: 1991~2011

김정일은 1991년 최고사령관으로서, 1993년 국방위원장으로서 안보정책의 책임자로서 역할을 수행하였다. 그러나 김일성은 당중앙군사위원장으로서 안보정책의 고문의 역할을 하였다는 점에서 1991년부터 1994년 김일성 사망 사이 기간은 김일성·김정일 공동의 안보정책 책임자로서 볼 수 있다. 따라서 김정일 시기를 1991년부터 2011년 사망 시기까지로 설정하였다.

(1) 안보차원의 위협요인: 국가안보 및 정권안보

김정일 시기 대외 안보환경은 동유럽 몰락 및 소련의 해체라는 사건과 북러, 북중동맹의 위기, 북미간 적대적 관계의 악화 등에 의하여 대외적으로 국가안보의 위협요인이 구성되었으며 대내적으로는 부자세습에 따른 정치적 정당성 위기, 경제적 빈곤에 따른 정권안보의 위협요인이 구성되었다.

먼저 국가안보 환경을 살펴보면 다음과 같다. 첫째, 동유럽과 구소련이 북한에게 주는 위협요인이다. 1989년 동독의 몰락으로서 사실상 동유럽 사회주의 체제는 완전한 몰락으로 넘어갔다. 이는 냉전시절 사회주의 대 자본주의라는 체제 경쟁구도에서 자본주의 체제의 승리로서 역사적 판결은 종결된 것으로 볼 수 있다. 이에 따라 북한은 개혁개방을 거부한 국가로서 사회주의 체제 정당성 위기에 직면하게 된다. 1990년 한소 국교정상화, 1991년 소련이 해체됨으로써 북한에게 안전보장의 핵심 동맹국을 상실했다는 의미를 가진다. 이는 동맹국의 상실에 의미를 더하여 선진무기체계 공급원의 상실을 포함한다. 이는 대외환경(체제요인)에서 북한에게 자강에 의한, 특히 비대칭 무기체계에 의한 세력균형의 필요성이 커졌음을 의미하며 최종적으로 북한의 안보정책은 자강에 의한 자주형 안보정책의 필요성이 커졌음을 의미한다.

둘째, 미중관계와 북중동맹이다. 북한의 입장에서 미중관계가 우호적일수록 중국은 북한에 대하여 핵실험 등의 도발을 억제하도록 힘을 행사하고 미국과 중국의 공동보조에 따라 북한은 안보정책의 자율성을 제약받는다. 반대로 미중관계가 경쟁적, 비우호적 관계로 발전할수록 중국은 북한의 지정학적 가치를 크게 인식함으로써 북한의 생존(북한문제)에 민감하며 북핵문제는 부차적 문제로 밀려난다. 미중관계는 1989년 천안문 사태에 대한 강경진압, 1995~6년 대만해협 위기 등으로 중국에 대하여 일시적인 갈등이 조성되었으나 구조적으로 협력관계에서 경쟁관계로 전환하게 된 계기는 2008년 미국의 금융위기, 2009년 중국의 공세적인 외교가 시작되면서부터이다. 마침내 미국은 2010년 대중국에 대한 견제전략을 본격적으로 강화한다. 즉, 동아시아 국가들에 대한 동맹 및 파트너 국가들과의 안보협력 강화와 '환태평양경제동반자협정(TPP) 등 중국에 대한 견제를 강화하였다.[50] 2008년 미국의 금융위기 이후 미중 간 경쟁적 관계가 지속되고 있다는 점은 곧 북한에게는 행위의 자율성이 커진 대외적 환경요인을 제공한다. 이는 북한이 자주형 안보정책으로 갈 수 있는 대외환경이 조성되었음을 의미한다.

셋째, 북미관계이다. 미국의 북한에 대한 공세적 태도는 북한에게는 주요 위협요인이다. 이는 2001년 부시정권의 등장 이후 2002년 부시 미 대통령이 연두교서에서 '악의 축'발언, 동년 미 국방부가 핵태세보

50) 박병철, "제4장 정권교체기 미중관계와 한미동맹: 변화와 지속성," 『통일전략』, 제15권 제2호 (2015), p. 108.

고서(NPR)에서 핵선제공격 가능 대상국가에 북한을 포함함으로써 2차 북핵위기가 발생한다.

북한의 대외 안보환경은 북방삼각동맹의 해체 또는 이완되고 북미간 적대관계가 발전한다는 점에서 대외 안보환경에 의해서 자강에 의한 균형능력의 제고가 필요하였으며 이는 1993년 1차, 2003년 2차 북핵위기 및 2006년 1차 핵실험에 대한 명분을 제공하였다. 문제는 이후 2, 3, 4차 핵실험은 대외 안보환경에 대한 대응전략으로서 실행하였다는 논리는 제한적 의미만을 가진다는 점이다. 중국의 부상 및 북중동맹의 복원, 미중관계에서 경쟁구도의 심화, 상대적 온건파인 오바마 미 행정부의 등장 등 대외 안보환경에서 상대적 우호적 조건에서도 북한은 반복적으로 핵과 미사일 실험을 하였다.

따라서 대내적으로 정권안보의 고찰도 필요하며 그 이유는 다음과 같다.[51] 첫째, 부자세습에 따른 절차적 정당성의 위기이다. 북한이 봉건제적 잔재를 청산하고 사회주의로의 완전한 승리를 지향한다면 왕정시대나 있을 법한 부자세습은 사회주의 체제 내에서도 절차적 정당성을 인정받기 어려운 상황이다. 둘째, 경제적 빈곤이다. 자본주의든, 사회주의든 모든 정권은 대중들에게 보상(물질적)을 제공함으로써 정치적 정당성을 인정받을 수 있다. 북한 정권은 남한으로의 '흡수통일(제도통일)'을 가장 두려워하여 중국식 개혁개방도 선택하지 못하고 있다. 이는 1989년 동유럽의 몰락과정과 직접적으로 연결되며 북한은 '우리식 사회주의'라는 명목 하에 북한식 개혁개방을 추진하였으나 그 성과가 미약하다. 따라서 정권안보 차원에서 김정일은 눈에 보이는 보상을 제공하여 정권안보의 위기를 벗어날 필요성이 커져만 갔다.

51) 김정일 시기 안보정책의 국내정치성과 관련해서는 졸고인 신대진, "김정일 시기 대외정책의 국내정치성: 사회적 강제, 자유활동공간, 순응적 태도" 『통일문제연구』, 제29권 1호 (2017), 참조.

(2) 안보환경과 안보정책의 특징

김정일 시기 북한의 핵과 미사일 개발과정에서 나타난 중요한 안보정책의 특징은 다음과 같다. 첫째, 미사일 개발은 김일성 시기부터 김정일 시기에서 지속되었다. 이는 1998년 국방위원장으로서 최고지도자로 등극하는 해에 인공위성(대포동 1호/광명성 1호)을 쏘아올림으로써 시작되고 이후 미사일 개발의 정책 지속성은 김정일 시기 내내 관철된다. 그러나 미사일(광명성)은 단순히 국방의 의미뿐만 아니라 새로운 상징적 의미(경제적 의미)가 첨가된다. 광명성과 장거리발사체는 김정일 시기 강성대국건설을 위한 첨단기술의 상징적 의미를 가진다. 특이하게도 2006년 장거리발사체 실험에서는 광명성이라는 인공위성을 쏘아 올리지 않았다. 이는 당시 부시정권의 안보위협에 대하여 적극적인 대응이 필요했으며 장거리 미사일 능력을 부각할 필요가 있었기 때문으로 추정된다. 그러나 이후 발사는 모두 광명성이라는 위성과 은하라는 장거리 발사체의 이름을 달기 시작한다. 둘째, 광명성 발사, 국제사회의 제재, 북한의 강대강 태도로서 핵실험의 순서가 반복적으로 나타난다. 이는 광명성 1, 2, 3, 4호는 우주강국으로 가기 위한 조건이며 이를 제재하는 국제사회가 정당성이 결여되어 있으며 북한은 이에 정당한 대응차원에서 핵실험을 진행하였다는 대외적 명분과 연결시킨다.

김정일 시기 대외 안보환경이 자강에 의한 균형능력 제고가 필요하다는 점은 인정되나 동맹관계가 개선되는 시기에도 미국과의 적대적 관계가 상대적으로 나아지는 시기에도 지속적으로 핵·미사일 실험을 하였다는 점에서 이런 명분[52]은 상황에 따라 달라졌다. 김정일 시기 정치적 정당성을 인정받기 위한 전략 하에 인민경제에서 성과를 내지

52) 위의 글, 참조.

못한 것에 대하여 안보적 차원에서 성과를 내기 위한 정권안보 차원의 의미가 시간이 지날수록 커져가고 있음을 알 수 있다. 이에 따라 김정일은 핵·미사일(광명성 및 장거리발사체)이라는 국가안보 수단을 정권안보 수단으로 활용하는 전략을 선택한 것으로 보인다. 이런 안보정책의 지속성은 김정은 집권 시기에도 유사하게 나타난다.

다. 김정은 시기: 2011.12.31~현재

김정은 정권은 국가안보와 정권안보의 관점에서 보면 정권안보에 상대적으로 더 취약한 상황이다. 김정일 시기에서 지적하였듯이 미중간 경쟁관계의 지속, 2009년 2차 핵실험 이후 중국에서 한반도 관련 논쟁에서 전통적인 입장이 고수[53]되었다. 이는 북핵문제보다 북한의 생존과 관련된 문제가 정책 우선순위로 올라온 것이다. 따라서 김정은 시기 국가안보 관점에서 대외 안보환경은 김정일 시기보다 상대적으로 우호적이었다.

그러나 김정은 정권은 정권안보 관련하여 권력승계 과정에서 두 가지 위협요인에 노출되어 있었다. 첫째, 2008년 김정일의 갑작스런 건강악화와 그에 따른 짧은 권력승계 준비기간과 북한주민으로부터 김정은의 어린 나이에 따른 최고지도자로서의 능력평판에 대한 의구심이다. 둘째, 김정일 시기 강성대국론 중 경제강성대국은 2012년 기한이 지났지만 인민경제 부문이 개선되지 못한 점이다.

김정은으로의 권력승계는 2010년 3차 당대표자회에서 당중앙군사위원회 부위원장에 임명됨으로써 대내외적으로 공식화되었다. 중국과 비교하면 당 중앙군사위원회는 당과 군을 연결하는 역할을 하며 최고지

53) 김태경, "자주와 동맹 사이에서: 북한의 핵보유와 북중 결박동맹," 『사회과학연구』, 제28집 1호 (2012), p. 19.

도자는 군의 지지(또는 군에 대한 통제)를 절대적으로 필요하다는 점에서 당 중앙군사위원회는 중요한 권력조직이 된다. 중국에서도 2010년 시진핑이 국가부주석 이후 당중앙군사위원회 부주석이 됨으로써 사실상 후계자로 확정되었다.

그러나 이는 김정일이 당의 조직비서를 통해서 군부에 대하여 간접적으로 장악하는 과정을 거쳐서 이후 1991년 군지휘(최고사령관)와 1993년 국방정책(국방위원장)에 대한 권력을 승계 받았다는 점과 비교하면 차이가 있다. 김정은의 당 중앙군사위원회 부위원장으로의 임명은 후계자 김정은이 김정일의 권위에 의하여 짧은 시간 내에 군을 장악하도록 전략적 선택을 한 것으로 볼 수 있다. 다만 이런 전략적 선택에도 불구하고 후계자 김정은이 충분한 군의 지지(또는 군에 대한 통제)를 획득한 것으로 평가하기 어렵다. 또한 군으로부터 어린 나이에 권력승계를 받음으로써 최고지도자로서의 능력평판을 인정받을 필요가 있다.

이러한 군의 지지를 얻는 확실한 방법은 후계자 김정은이 아버지 김정일 정권의 선군정치를 계승하는 전략이다. 이를 극명하게 보여주는 것이 바로 핵실험과 장거리미사일 발사이다. 김정은 정권은 2012년 두 번의 장거리발사체(광명성)를 쏘아 올렸다. 이후 2013년 2월 12일에 이어서 3차 핵실험을 단행하였다. 이는 군사우선의 정치로서 최고지도자로서의 역할을 수행한 것으로 볼 수 있으며 김정은 정권도 이전 정권과 같이 군우선 정치를 지속할 것이라는 메시지를 군부와 대내외로 천명한 것으로 볼 수 있다.

또한 김정은 정권은 인민경제에 대한 회복을 통하여 대중들에게 경제적 보상을 통하여 정치적 정당성을 인정받아야만 했다. 그러나 김정은 정권이 들어서자마자 바로 핵과 미사일 도발은 국제사회로부터 외부자원을 동원하는 것을 어렵게 했다(안보리 결의 2087호, 2094호).

2013년 3월 당 중앙위원회 전원회의에서 김정은은 '새로운 경제-핵 병진노선'을 채택하고 경제개발구를 발전시켜야 한다고 지적하였으며 동년 11월 최고인민회의 상임위원회에서 13개 경제개발구를 지정하는 정령을 발표하였다. 이는 김정은 정권이 대중들에게 지지를 받기 위한 전략적 선택으로 볼 수 있다. 즉, 선군정치는 지속하지만 인민경제도 병행해서 발전시키겠다는 새로운 정치적 비전을 제시한 것이다. 이는 1998년 김정일이 국방위원장에 등극하면서 강성대국론이라는 비전을 제시한 것과 동일한 유형으로 이해될 수 있다.

그러나 국제사회의 제재에 따라 북한의 경제개발구는 원산지구에 대한 중앙정부의 투자, 북중접경 지역에서 관광특구에 대한 소규모 투자이외에는 별다른 진척이 없었다. 이는 곧 김정은식 경제개발의 실패를 의미하며 2016년 7차 당 대회를 예고한 상황에서 김정은의 인민경제 부문에 대한 뚜렷한 업적을 내세울 수 없는 상황이었다. 김정은 정권은 2016년 1월 6일 4차 핵실험(수소탄)과 동년 2월 7일 장거리미사일(광명성 4호)를 발사하고 이후 2월 23일 노동당 중앙위원회에서 '70일 전투'를 호소하는 편지를 발표한다. 이는 최고지도자 김정은이 핵과 장거리미사일 실험을 통해 선군모범을 실현하고 내각과 인민대중이 '70일전투'를 통해서 확산하자는 방식의 노력동원을 통한 발전전략으로 이전 정권과 유사하다.

2. 자주형 안보정책 (7차 당 대회)[54]

7차 당 대회에서 나타난 안보정책 분석은 먼저 안보환경과 관련된

54) 이하 직접인용 출처는 모두 7차 당 대회 사업총화보고이며 이후 출처표기는 생략하겠습니다. 김정은, "조선로동당 제7차대회에서 한 당중앙위원회 사업총화보고," 『노동신문』, 2016년 5월 8일.

상황에 대한 규정을 어떻게 하고 있는가, 핵과 광명성이 어떤 의미로 구성되어 있는가, 즉, 위에서 객관적으로 노출된 안보환경에 대하여 어떠한 전략 하에 당 대회에서 대응하고 있는가를 살펴보고자 한다.

가. 7차 당 대회에서 나타난 안보환경 규정

북한은 이전의 당 대회와 마찬가지로 전체적인 상황규정은 변함없이 "제국주의를 비롯한 온갖 반혁명세력과의 치렬한 투쟁 속"에 놓여 있음을 명시한다. 특히, 탈냉전이후 상황규정은 더욱 엄혹한 상황 속에서 선군정치가 정당한 것으로 규정하고 있다. 1989년 동유럽의 몰락에 대한 원인을 제국주의자들과 사회주의 배신자들에 의한 것으로 규정하고 있다. "국제무대에서 제국주의자들과 사회주의 배신자들의 책동으로 여러 나라들에서 사회주의가 련이어 무너지는 비극적인 사태가 빚어 졌"다. 이러한 상황속에서 북한의 안보환경은 더욱 악화되었음을 강조한다. "이를 기화로 제국주의자들의 반사회주의 공세는 사회주의의 보루인 우리 나라에 집중하게 되었습니다."

또한 "조선로동당의 령도밑에 우리군대와 인민이 미제를 우두머리로 하는 제국주의련합세력과 단독으로 맞서 사회주의를 수호"하고 있음을 강조한다. 또한 "현시기 국제정세의 특징은 지배권확보를 위한 렬강들 사이의 갈등과 대립이 더욱더 심화"되고 있다. 이런 세계적 차원의 경쟁관계는 동아시아에서 미국과 중국 간의 경쟁으로, 유럽에서 미국과 러시아 간의 경쟁으로 나타나고 있음을 지적하면서도 제국주의 연합세력에 단독으로 맞서는 북한의 안보환경에 대하여 자강에 의한 안전보장은 가장 최우선적인 과제임을 강조한다. 따라서 이러한 상황속에서 북한주민에게는 "자주적 인민으로 존엄 있게 사느냐, 또다시 제국주의의 노예가 되느냐의 사생결단의 (상황)"으로 위기에 처해 있음을 강조하며 이런 위기의 돌파를 위한 대응전략으로 김정일이 '총대중시', '군사선행'의 원칙이 적용되는 '선군정치'를 사회주의 기본 정치 방식으로 하고 '자력자강', '국방위주의 국가기구체계'를 만든 것을 정당한 것으로 규정하고 있다.

김정일 사후 대외 안보환경과 관련된 상황규정과 관련해서 "민족의 대국상후 우리를 압살하려는 제국주의자들과 그 추종세력들의 정치군사적 압력과 전쟁 도발 책동, 경제적 봉쇄는 극도로 이르렀"음을 지적한다. 김정은 시기에도 대외 안보환경을 제국주의 세력이 적대적 태도를 지속하고 있는 것으로 규정한다. 따라서 이러한 안보환경으로 결정서에서 "우리는 제국주의의 핵위협과 전횡이 계속되는 한 경제건설과 핵무력건설을 병진시킬데 대한 전략적로선을 항구적으로 틀어쥐고 자위적인 핵무력을 질량적으로 더욱 강화해 나갈 것이다"고 규정하였다.

나. 핵과 광명성의 안보적, 안보외적 가치

당 대회에서 나타난 핵과 장거리미사일(광명성)은 국가안보를 위한 안보적 가치뿐만 아니라 정권안보를 위한 가치가 내포되어 있다.

첫째, 핵과 미사일을 중심으로 한 군사력은 '안전과 평화의 담보물'이다. "지난 수십 년 동안 전쟁의 포성이 한 번도 울리지 않았으며 우리 인민들은 비록 생활이 유족하지는 못해도 전쟁을 모르는 속에 평화롭고 안정된 생활을 누려왔습니다." 단순히 평화뿐만 아니라 제국주의와의 전쟁에서도, 사회주의 건설의 승리를 위한 "강력한 정치군사력은 나라의 존엄과 힘의 상징이며 반제대결전과 사회주의 건설의 승리를 위한 결정적 담보입니다." 따라서 군사중시의 정책은 당연한 것으로 구성되며 앞으로도 지속되어야 함을 규정한다. "인민군대는 사회주의조국을 철벽으로 지키며 당의 전략적 의도에 맞게 전쟁준비완성에 총력을 집중하여야 합니다." 더욱이 핵과 미사일은 현대전에 적합하며 필요한 수단임을 강조한다. "세계적으로 무장장비가 비상히 현대화되어 전쟁양상이 달라지고 조선반도의 정세가 날로 첨예화되고 있는 현실은 무장장비 현대화에 더욱 박차를 가할 것을 요구하고 있습니다." 현재 북한에서 핵과 미사일은 반제국주의와의 대결구도에서 평화를 보장하기 위한 수단이며, 사회주의 건설을 위한 담보이자, 현대전의 요구에 부합한 수단으로서 핵심적 안보수단으로서 구성되어 있다.

둘째, 핵과 미사일은 남북한 간 '통일을 위한 담보물'이다. 핵과 미사일은 "선군정치로 공화국의 국력을 비상히 강화함으로써 내외 반통일세력의 새전쟁 도발 책동을 짓부셔 버리고 조국의 자주적 통일을 위한 확고한 담보" 물이다. 강력한 군사력은 제국주의와 남한 내 반통일세력(호전적 세력)로부터의 전쟁을 억지하고 통일과정에서 외세의 간섭을 제거하고 자주적으로 통일을 위한 수단으로서 가치를 부여하고 있다. 현재의 남북분단은 전쟁의 근원임을 강조한다. "나라의 분렬이 지속될수록 우리 겨레가 당하는 피해와 재난은 심해지고 조선반도의 전쟁위험은 커지게 될 것이며 민족적 참화를 면할 수 없게 될 것입니다." 이러한 전쟁의 위험은 미국에 있음을 지적한다. "미국은 정전협정체결이후 오늘에 이르는 60년 이상 남조선과 그 주변에 방대한 침략무력을 계속 끌어들이고 해마다 각종 북침핵전쟁연습을 광란적으로 벌리"고 있다. 미국이 핵전쟁을 위협하고 있는 현상을 타파하기 위한 북한의 핵보유는 정당화된다. "미국은 핵강국의 전렬에 들어선 우리 공화국의 전략적 지위와 대세의 흐름을 똑바로 보고 시대착오적인 대조선 적대정책을 철회하여야 하며 정전협정을 평화협정으로 바꾸고 남조선에서 침략군대와 전쟁장비들을 철수시켜야 합니다." 따라서 남한의 미제국주의 추종자들에 대한 군사적 도발과 전쟁연습을 중지할 것을 요구한다. "남조선당국은 미국에 추종하여 동족을 반대하고 조선반도의 평화와 안전을 위태롭게 하는 무분별한 정치군사적 도발과 전쟁연습을 전면중지하여야 합니다." 미국과 남한 내 미국에 추종하는 세력이 분단과 전쟁의 위험을 조장하고 있지만 북한의 핵보유를 통해서 분단세력을 제거하고 자주적 통일을 위한 담보물로서 가치를 부여하고 있다.

셋째, 핵과 장거리미사일(광명성)은 '첨단돌파전의 담보물'이다. "우리 식의 새로운 주체무기개발을 힘있게 벌려 국방공업발전에서 최첨단돌파의 전망을 열어놓았습니다." 이러한 기술적 쾌거는 제국주의자들의 봉쇄를 벗어나서 이겨낸 값진 승리임을 자랑한다. "제국주의자들의 경제기술적 봉쇄를 짓부시고 우리의 자강력을 급격히 증대시키며 모든 부문을 빨리 발전시키자면 과학기술을 생명선으로 틀어쥐고나가야 합니다. 따라서 "우주기술, 핵기술"의 승리의 역사는 경제강국으로 가는 담보물로서 의미를 가진다. 지금까지 핵과 장거리미사일 중심의 기술혁신은 국방공업 전반뿐만 아니라 인민경제 전영역으로 확산되어 미래에는 경제강국으로 가기 위한 의미를 가진다.

넷째, 핵과 장거리미사일(광명성)은 새로운 시대적 요구에 부응하는 '새로운 병진노선의 담보물'이다. 이미 "선군시대의 요구에 맞게 국방공업을 우선적으로 발전시키면서 경공업, 농업을 동시에 발전시킬데 대한 새로운 경제건설노선을 제시"하였다. 이러한 병진노선은 대중이 "강력한 국방력, 전쟁억제력의 보호를 받으며 삶에 대한 걱정없이 필승의 신심에 넘쳐 사회주의 건설에 떨쳐나"서기 위한 필요하다. 또한 강성대국의 마지막 관문인 경제강국은 "자립성과 주체성이 강하고 과학기술을 기본생산력으로 하여 발전"하는 것이다. 따라서 핵과 장거리미사일(광명성)의 기술혁신은 경제강국으로 가기 위한 이미 성취된 과학기술로서 앞으로 경제강국은 이러한 첨단기술의 혁신으로 도달 가능한 것으로 구성된다.

다섯째, 핵과 미사일은 핵보유국으로서 '대외관계에서 주도권과 세계평화를 위한 주도권의 담보물'이다. 현재에도 제국주의 세력에 의한 전쟁과 분쟁 등 국제적으로 안보위기는 진행되고 있음을 강조한다. "미국을 비롯한 제국주의, 지배주의세력의 침략과 간섭책동으로 하여 나라와 민족들의 자주권이 유린당하고 여러 나라들에서 전쟁과 분쟁이 그칠 사이 없이 일어나고 있습니다." 이러한 국제적 안보위기 상황에서 한미일 군사협력과 같은 군사블록과 주한미군과 같은 침략적인 군사기지가 철폐되어야 함을 강조한다. "군사적대결과 전쟁을 몰아오는 침략적인 군사뻘럭들을 해체하고 다른 나라들에 있는 침략적인 군사기지들을 철폐하기 위한 투쟁을 힘있게 벌려"나가야 할 당위를 구성한다. 이러한 현실적 상황과 요구에 맞게 북한은 핵보유국으로서 지위를 가지고 있으며 핵전쟁위험을 종식시키고 세계평화를 주도적으로 실천해 나갈 것임을 "자주의 강국, 핵보유국의 지위에 맞게 대외관계 발전에 새로운 장을 열어나가야 합니다. 시대는 달라지고 우리 나라의 지위도 달라졌습니다." "우리 당과 공화국 정부는 미국에 의하여 강요되고 있는 핵전쟁위험을 강위력한 핵억제력에 의거하여 근원적으로 종식시키고 지역과 세계의 평화를 수호하기 위한 투쟁을 힘있게 벌려나갈 것입니다." 따라서 북한 정권이 경제건설-핵무력건설의 병진노선은 국제적 평화를 위하여서도 당연한 것으로 규정한다. "우리는 제국주의의 핵위협과 전횡이 계속되는 한 경제건설과 핵무력건설을 병진시킬데 대한 전략적로선을 항구적으로 틀어쥐고 자위적인 핵무력을 질량적으로 더욱 강화해나갈 것입니다." 또한 북한 정권이 핵보유국으로서 지위에 걸맞게 국제사회에서 책임과 의무를 다할 것을 강조한다. "우리 공화국은 책임있는 핵보유국으로서 침략적인 적대세력이 핵으로 우리의 자주권을 침해하지 않는 한 이미 천명한대로 먼저 핵무기를 사용하지 않을 것이며 국제사회 앞에 지닌 핵전파방지 의무를 성실히 리행하고 세계의 비핵화를 실현하기 위하여 노력할 것입니다." 결국 대외관계에서 핵보유국으로 제국주의세력으로부터의 핵전쟁에 대한 억지와 함께 평화증진에 관한 역할을 주도적으로 할 것이며 핵보유국으로서 의무를 다할 것임을 천명하였다.

이상을 종합하면 북한은 핵과 장거리미사일(광명성)은 북한이라는 국가의 안보차원에서 안전의 담보물이자, 남한을 포함하는 한반도의 안전과 자주적 통일을 위한 담보물이며 과학기술 전반과 경제강국으로 가는 새로운 병진노선의 담보물이다. 또한 핵과 미사일은 북한이 대외관계에서 주도권을 위한 담보물이다. 따라서 이는 김정은 정권에게 있어 핵과 미사일은 단순히 안보적 수단뿐만 아니라 국가의 안보외적인 전영역에서 필요한 핵심적 수단으로서 가치를 부여하였다. 즉, 핵과 장거리미사일(광명성)이라는 선군정치의 승리의 역사는 앞으로서 전사회적 승리를 위한 담보물로서 미래에는 나아질 것이라는 희망을 북한 주민들에게 가지도록 유도하는 의미관계로 구성되어 있다.

Ⅳ. 결론: 당 대회에 나타난 안보정책의 지속과 변화

조선노동당 당 대회에서 나타난 안보정책의 큰 흐름은 1, 2차 당 대회에서 소련의존형 안보정책, 중국의 영향력 확대에 따른 3, 4차 당 대회에서 소련과 중국 의존형 안보정책, 중소분쟁 이후 5, 6차 당 대회에서 자주적 동맹형 안보정책으로 변화하였음을 알 수 있다. 1989년 이후 탈냉전과 동맹에 불신에 기반하여 자주형 안보정책으로 진화하여왔음을 알 수 있다. 북한의 안보정책이 대외적 안보환경(체제요인)에 대응하는 전략으로서 일환으로 수정되었음을 알 수 있다. 이는 당 대회에서 나타난 최고지도자의 사업총화에서 나타난 인식을 통해서도 드러난다. 다만 김일성 시기와는 달리 김정일, 김정은 시기는 부자세습과 경제적 빈곤에 따른 정권안보-정치적 정당성-위기가 추가되었다. 따라서 김정은 정권은 대내적으로 정권안보 위기에 대한 대응책으로서 핵·미사일 실험을 계승하였으며 이는 7차 당 대회에서 그 정당성을 공인한 것이다.

다음으로 안보정책의 지속성과 변화를 살펴보면 다음과 같다. 먼저 국가안보차원에서 안보정책의 지속성과 변화이다. 첫째, 국제정세, 즉 상황규정과 관련하여 김정은 정권도 이전과 동일하게 제국주의 세력에 포위되어 있으며 전쟁의 위험에 노출되어 있는 현실을 구성하여 군사중시를 강조하고 있다. 그러나 5차, 6차 당 대회부터 구소련(러시아)과 중국을 안보차원의 기여자로서의 의미는 생략되어 있고 7차 당 대회에서는 제국주의 연합세력에 대하여 단독으로 돌파해야 나가야 함을 강조함으로써 자강에 의한 균형능력의 제고를 더욱 강조하고 있다. 이는 핵과 장거리 미사일의 안보적 차원의 필요성을 대중들에게 인정받기 위함으로 보인다. 이와 관련하여 둘째, 6차 당 대회에서 한반도 비핵화를 선언적이지만 강조한 것과 달리 7차 당 대회에서 북한을 핵보유국으로 선포하며 핵문제는 이제 '한반도 비핵화'가 아니라 '세계적 차원의 비핵화'로서 주도적 역할을 하겠다고 주장하였다. 이는 모든 핵국가들이 비핵화를 실현하는 과정에서만 북한이 비핵화를 하겠다는 의지의 천명이다. 셋째, 이전과 동일하게 낙관적 국제정세를 제시하고 있다. "제국주의세력과 지배주의세력사이의 대결에서 미국을 우두머리로 하는 제국주의세력, 반동세력이 점차 쇠퇴몰락하고 있는 것입니다." 이는 현재의 어려움은 승리의 역사에 의해서 극복될 것임을 제시한다. 그러나 이러한 세계적 평화와 관련하여 '진보적 세력과의 유대와 연대'를 넘어서서 북한이 핵보유국으로서 주도적 역할을 하겠다는 의지를 표명하고 있다. 다음으로 정권안보차원에서 핵과 장거리미사일의 가치가 안보적 수단뿐만 아니라 안보외적 수단으로서 전사회적으로 확대되었음을 새롭게 규정하고 있다. 이전에는 군사력의 의미를 강조하였지만 군사력이 과학기술과 인민경제 부문까지 승리할 수 있는 담보물로서 의미가 확대된 것이다.

따라서 북한은 핵·미사일을 중심으로 한 자주형 안보정책은 전사회적으로 자가발전의 동력을 가진 것으로서 진화하고 있다고 볼 수 있다. 이는 어떤 외부의 압력만에 의해서 북한의 핵·미사일 정책을 수정하는 것이 매우 어려운 것을 의미한다. 적어도 북한 국내사회 내부적으로 핵·미사일 중심의 안보 경로가 작동되고 있다. 따라서 김정은 정권의 핵·미사일 중심의 대외안보정책은 대외요인(체제요인, 국가안보)과 대내요인(정권안보)을 모두 고려했을 때 변화를 유도할 수 있음을 시사한다.

참고문헌

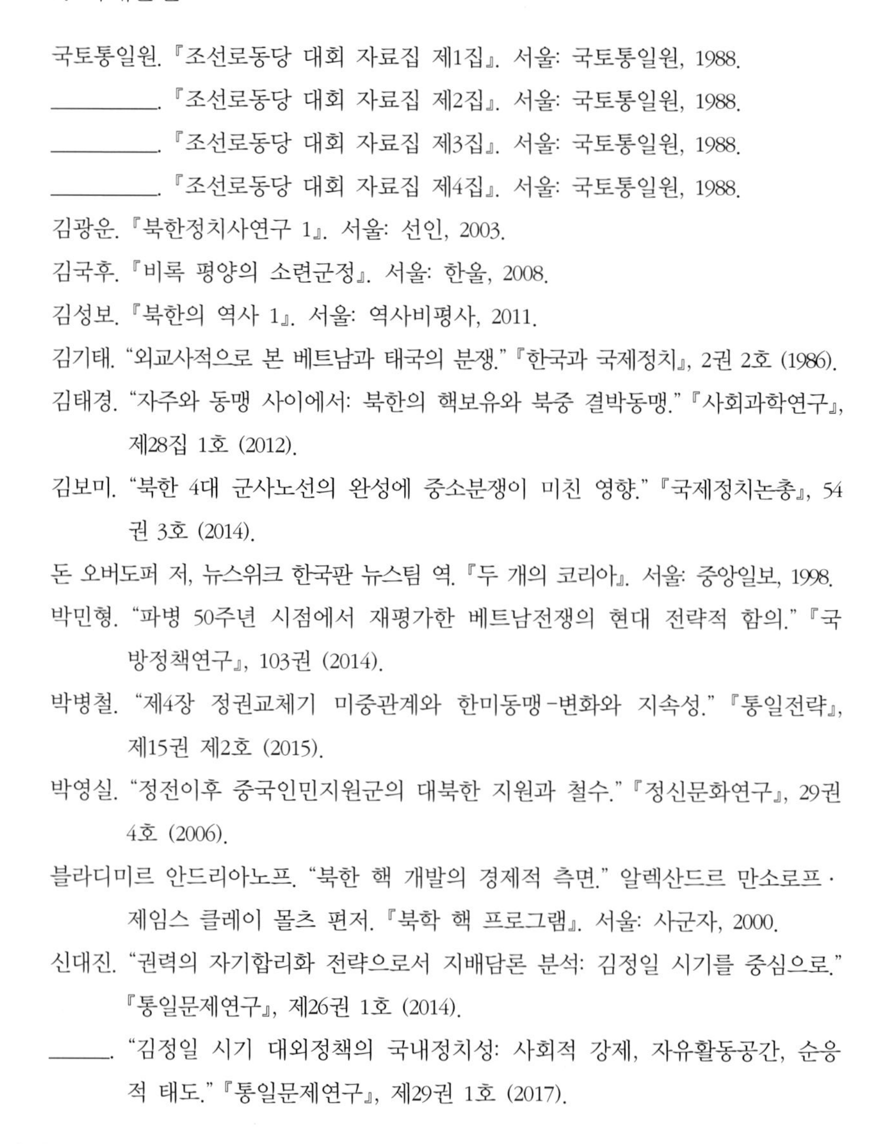

1. 국내문헌

국토통일원. 『조선로동당 대회 자료집 제1집』. 서울: 국토통일원, 1988.

__________. 『조선로동당 대회 자료집 제2집』. 서울: 국토통일원, 1988.

__________. 『조선로동당 대회 자료집 제3집』. 서울: 국토통일원, 1988.

__________. 『조선로동당 대회 자료집 제4집』. 서울: 국토통일원, 1988.

김광운. 『북한정치사연구 1』. 서울: 선인, 2003.

김국후. 『비록 평양의 소련군정』. 서울: 한울, 2008.

김성보. 『북한의 역사 1』. 서울: 역사비평사, 2011.

김기태. “외교사적으로 본 베트남과 태국의 분쟁.” 『한국과 국제정치』, 2권 2호 (1986).

김태경. “자주와 동맹 사이에서: 북한의 핵보유와 북중 결박동맹.” 『사회과학연구』, 제28집 1호 (2012).

김보미. “북한 4대 군사노선의 완성에 중소분쟁이 미친 영향.” 『국제정치논총』, 54권 3호 (2014).

돈 오버도퍼 저, 뉴스위크 한국판 뉴스팀 역. 『두 개의 코리아』. 서울: 중앙일보, 1998.

박민형. “파병 50주년 시점에서 재평가한 베트남전쟁의 현대 전략적 함의.” 『국방정책연구』, 103권 (2014).

박병철. “제4장 정권교체기 미중관계와 한미동맹-변화와 지속성.” 『통일전략』, 제15권 제2호 (2015).

박영실. “정전이후 중국인민지원군의 대북한 지원과 철수.” 『정신문화연구』, 29권 4호 (2006).

블라디미르 안드리아노프. “북한 핵 개발의 경제적 측면.” 알렉산드르 만소로프 · 제임스 클레이 몰츠 편저. 『북학 핵 프로그램』. 서울: 사군자, 2000.

신대진. “권력의 자기합리화 전략으로서 지배담론 분석: 김정일 시기를 중심으로.” 『통일문제연구』, 제26권 1호 (2014).

______. “김정일 시기 대외정책의 국내정치성: 사회적 강제, 자유활동공간, 순응적 태도.” 『통일문제연구』, 제29권 1호 (2017).

신종대. "5 · 16 쿠데타에 대한 북한의 인식과 대응," 『정신문화연구』, 33권 1호 (2010).

에브게뉴 바즈하노프. "북한 핵 프로그램의 군사전략적 측면." 알렉산드르 만소로프 · 제임스 클레이 몰츠 편저. 『북학 핵 프로그램』. 서울: 사군자, 2000.

이미경. "국제환경의 변화와 북한의 자주노선 정립-1960년대 시기를 중심으로." 『국제정치논총』, 제43집 2호 (2003).

이상숙. "1958년 북한주둔 중국인민지원군 철수의 원인과 영향." 『북한연구학회보』, 13권 1호 (2009).

이완범. "북한 점령 소련군의 성격." 『국사관논총』, 25집 (1991).

이주철. "북한의 정부 수립과 열강에 대한 인식." 『사총』, 67권 (2008).

장용순. "미국 견제, 중국 안타깝게 만들고, 남조선은 주무른다." 『월간중앙』, 7월호 (2007).

최영관. "북중 군사협력 실태와 전망 그리고 대책." 『한국동북아논총』, 5권 (1997).

캐스린 웨더스비 · 강규형. "북중소 삼각관계가 6 · 25전쟁 과정과 전후 북한외교 행태에 미친 영향." 『정신문화연구』, 33권 3호 (2010).

2. 국외문헌

Rosenau, James N. *The Scientific Study of Foreign Policy.* New York: The Free Press, 1971

Kim. Samuel S. "Pyongyang, the Third World, and Global Politics." *Korea & World Affairs,* Vol.3 No.4 (1979).

Lutti, Lorenz M. "Restoring Chaos to History: Sino-Soviet-American Relations 1969." *The China Quarterly,* vol.210 (2012).

3. 기타 자료

"모스크바 3상회의," 『통일부 북한정보포털』(온라인);
〈http://nkinfo.unikorea.go.kr/nkp/term/viewKnwldgDicary.do?pageIndex=7&dicaryId=125&searchCnd=0&searchWrd=〉.

"한민족 독립운동사," 『국사편찬위원회 한국사 데이터베이스』(온라인);

〈http://db.history.go.kr/item/level.do?levelId=hdsr_011_0100_0050〉.
"The problem of the independence of Korea,";
〈http://research.un.org/en/docs/ga/quick/regular/2〉.
이종석, 『북한-중국관계』 (서울: 중심, 2000), pp. 168~177.
"한미상호방위조약," 『국가기록원』(온라인);
〈http://www.archives.go.kr/next/search/listSubjectDescription.do?id=005139〉.
『로동신문』.

[제 4 장]

제7차 당 대회와 북한 경제정책의 지속성과 변화*

이창희

Ⅰ. 들어가며

제7차 조선로동당 대회에 세인들의 관심이 몰렸다. 36년 만에 열린 까닭도 있지만, 경제적으로 어려움을 겪고 있는 북한에서 어떤 경제정책이 나올 것인가에 대해 궁금증이 커진 것이다. 북한의 답변은 경제-핵 병진노선의 고수였다. 이는 조선로동당 규약의 개정에도 반영되었다. 많은 사람들은 과거로의 보수적 회귀[1]라며 비판하였다.

그러나 경제-핵 병진노선은 정치적으로 보수적이지만, 경제적 측면에서 살펴볼 때 결코 보수적이지 않다. 물론 경제-핵 병진노선 자체가 자본주의 경제의 관점에서 군사적으로 편향된, 경직된 정책이다. 하지만 기존 북한의 경제적 행보와 사회주의경제의 역사적 흐름으로 보면 분명히 개혁적이다. 국가경제발전에서 '계획'이 아닌 '전략'이라는 단어를 사용하며 전략적 관리를 실시하는 것과 '우리식 경제관리방법'의 전면적 확립, '사회주의기업책임관리제'에 따른 경영권 부여 등은 의미 있게 살펴봐야 할 지점이다.

---

* 본 논문은 이창희, "제7차 조선로동당 대회로 살펴본 북한 경제정책의 변화," 『현대북한연구』, 제19권 3호 (2016)를 수정 · 보완한 것이다.

1) "북한 7차 당 대회 의미, 두 글자로 평가하면 회귀(回歸)," 「뉴시스」, 2016년 5월 12일.

과거 선군정치와 시장화가 함께 진행되었을 때 모순된 이중적 전략은 북한의 체제전환을 야기할 것이라는 전망이 대세를 이루었다. 하지만 북한은 핵개발과 동시에, 시장을 활용하면서 낮은 수준이지만 점진적으로 경제를 회복시켰다. 이로 인해 적지 않은 사람들은 선군경제노선이 '선택과 집중', '계획과 시장의 공존'이라고 인식하기 시작하였다. 따라서 제7차 당 대회에서 더욱 강조된 '경제 건설과 핵무력 건설 병진노선'은 북한식 체제유지와 개혁적 발전전략의 새로운 버전, 즉 '계획과 시장의 공존 심화'일 수 있다. 우리는 제7차 당 대회를 둘러싼 북한의 새로운 경제개혁 흐름에 대해 파악하고, 어떻게 대응할 것인지를 고민해야 할 것이다.

II. 북한 당 대회의 경제정책 분석: 계획과 시장을 중심으로

북한 경제를 분석하는 연구는 대체로 코르나이(Kornai)의 관점에서 진행되었다. 코르나이의 이론에 따르면 북한을 공산당 독재와 인민적 소유, 계획경제 등 고전적 사회주의 체제를 고수하려는 나라로 바라보면서, 뒤늦은 북한의 시장화에 대해서 '부분개혁적 사회주의 체제'로의 변화로 파악하였다. 나아가 사회주의 체제변화의 경로의존성에 따라서 향후 북한은 개혁사회주의, 즉 시장사회주의로 진화할 것이라고 예측하였다.[2] 이속에서 당을 강화하려는 김정은의 독재정치와 점증하는 시장화의 충돌 속에서 북한의 체제가 전환될 것이라는 견해가 도출되었다.[3] 결국 일당 독재에 의한 계획경제와 시장경제의 마찰 속에서

2) 박형중, "'부분'개혁과 '시장도입형' 개혁의 구분: 북한과 소련의 비교를 중심으로," 『현대북한연구』, 제5권 2호 (2002), p. 44.

3) 빅터 차 저, 김용순 역, 『불가사의한 국가-북한의 과거와 미래』 (서울: 아산정책연구원, 2016), p. 9.

체제전환이 이루어질 것으로 전망하였다.

사회주의 국가의 체제전환을 가져오는 모순의 핵심은 시장화에 대해서 계획화의 지속 등 관료적 통제를 일삼는 공산당 독재이다. 하지만, 공산당 일당독재를 견지하면서도 경제개혁에 비교적 성공한 나라로 중국이 존재한다. 물론 중국에 대해 자본주의로 체제전환한 국가라고 분석하는 사람들이 많지만, 중국은 헌법을 통해 사회주의 국가라고 분명히 밝히고 있다.[4)]

사회주의 개혁을 계획과 시장 관계에서, 특히 가격 결정의 측면을 중심으로 살펴보면 중국과 구 소련은 차이점을 지닌다. 구 소련은 1987년 고르바초프의 개혁에 의해 가격 제정을 중앙 계획당국과 시장이 분담하는 '계획시장경제 메커니즘'을 창출하고자 하였다. 붕괴 직전의 소련은 사회주의 경제메커니즘에 대해서 "계획과 상품-화폐 관계의 변증법적 통일성"을 추구하고자 하였다. 국가는 과거처럼 상세하고 방대한 계획을 수립하지 않고, 주로 5개년 기간의 전략적인 과제를 규정하고 이를 지령적 계획의 성격보다는 총괄적인 지침의 성격으로 활용하고자 하였다. 이에 따라 기업은 자기활동의 계획화에서 광범위한 자립성을 획득한다. 하지만 제품의 가격 결정에서 주요 연료 및 원료, 대량적·표준적 기계류, 주요 생활물자 등은 국가가 결정하며, 그 외의 대다수 생산물은 시장의 수급관계를 고려하여 당사자들의 계약에 의해 결정된다. 나아가 계획 당국과 시장의 가격 결정 비율에 대해서 "경제관리방법의 습득과 경제생활의 민주화에 따라서 중앙집중적 가격의 비중은 감소되고 계약가격 및 자유가격의 비중은 증대된다"고 전망하

4) 중국은 헌법 1조에서 "중화인민공화국은 노동자계급이 영도하고 공농연맹을 기초로 하는 인민민주 전제정치의 사회주의 국가이며, 사회주의 제도는 중화인민공화국의 근본제도이다. 어떠한 조직 또는 개인도 사회주의 제도를 파괴하는 것을 금지한다."고 밝혔다.

였다.[5] 그러나 이는 1991년 구 소련의 붕괴로 실행되지 않았다.

이에 비해 중국은 1984년 중국공산당 제12기 3중전회에서 공산당 일당독재를 유지하면서도, 본질적으로 가격 제정을 시장에 맡기려는 '사회주의 상품경제'를 결정하였고, 단계적 진행을 거쳐서 1992년 시장가격에 의한 자원분배를 전면화하는 '사회주의 시장경제'로 발전시켰다. 현재 중국은 '사회주의 시장경제'를 표방하면서 국유제에 기초하여 시장 원리를 통한 자원분배를 추구한다. 중국의 거대기업은 대부분 국유기업이며, 국가의 주요 자원을 관리한다. 계획경제에 의한 행정식 가격 설정을 지양하고, 주요 자원에 대한 가격조차 수요와 공급의 시장원리에 따라 결정한다.[6] 인플레이션 등에 대해서 국가는 보유자원의 방출 등 경제적 방식으로 시장을 관리한다.

물론 중국이 계획을 완전히 포기한 것은 아니다. 주요산업 육성 등 전략부문과 농가소득 증대를 위한 농민 지원 등 유효수요 영역 등에 대해서 중앙 차원의 직접적인 계획을 통해 적극적으로 관리하고 있다. 또한 계획을 분권화시켜 지방 정부 차원에서 향진기업 등을 계획적으로 관리하였다.[7]

---

5) 소비에뜨연방과학아카데미 저, 이항제 역, 『정치경제학교과서 2』 (서울: 사상사, 1995), pp. 283~323.

6) 중국 국무원 개발연구센터, 중국 사회과학원 편, 유희문 역, 『중국 사회주의시장경제론』 (서울: 진명출판사, 1995), pp. 23~42.

7) "그렇다고 중국이 생산영역에서의 계획을 포기한 것은 아니었다. 중국 당국은 기존의 계획 부문을 유지하고 발전시킴은 물론이거니와, 민간 부문의 발전에도 지속적으로 개입했다. 대표적인 예가 향진기업의 발전이다. 향진기업은 중국 농촌 지역에 설립되어 성장한 기업으로, 개혁 · 개방 이전에는 지방정부가 소유하고 경영하고 있었다. 중국은 개혁정책의 일환으로 지방정부에 향진기업의 자율적 운영을 위임했는데, 일부 지역에서는 여전히 지방정부가 경영했고, 일부 지역에서는 민영화되었다. 이러한 차이에도 불구하고, 향진기업은 1980년대와 1990년대 중반까지 연평균 약 25%씩 성장하는 등 매우 빠르게 성장하여, 중국 경제 전체의 급속한 성장을 이끌었다. 이러한 성장을 이룬 데는, 그 소유구조와 경영주체의 다양성에도 불구하고, 계획의 역할이 매우 컸다.

이처럼 계획과 시장의 측면에서 사회주의 경제개혁을 살펴볼 때 이번 제7차 당 대회에서 나타난 북한의 경제적 입장은 중국의 사회주의 시장경제보다, 구 소련의 마지막 경제개혁 시도에 가깝다. 물론 현재 북한의 경제개혁이 구 소련의 경제개혁보다 국가적 통제를 더 강조하는 점에서 동일하지 않다. 북한은 1999년 제정되어 2010년까지 3차례 개정된 '인민경제계획법'에서 계획을 여전히 '국가 지령'으로 여긴다. 그러나 유사한 지점은 계획과 시장의 역할 분담을 통해서 사회주의 경제개혁을 진행하려는 것이다. 북한도 여전히 국가의 가격결정권을 유지하고 있지만, 1980년대 후반부터 8·3 인민소비품 등 계획외 물품에 대해서 이미 시장가격을 허용하였다.

> "직매점과 같은 류통망을 통하여 판매되는 소비품에 대한 가격은 생산자와 수요자와의 합의에 의하여 제정되는 가격이다. 직매점가격을 올바로 정하는데서 무엇보다 중요한 것은 직매점 가격제정대상을 정확히 규정하는 것이다. 직매점가격제정대상은 공장, 기업소의 생활필수품직장이나, 가내작업반, 부업반들에서 부산물과 폐설물, 지방의 유휴자재를 리용하여 계획외에 생산한 소비품이다."[8]

이렇듯 북한의 경제발전 과정과 사회주의 정치경제학적 관점으로 살펴볼 때 제7차 당 대회의 경제적 내용은 절대 과거로의 회귀가 아

개혁정책의 결정에 따라 향진기업의 이윤은 과거처럼 중앙정부에 전액 상납하는 것이 아니라 지방정부가 자율적으로 처분할 수 있었는데, 지방정부 대부분은 이를 활용하여 관할 지역 내에서 적극적인 산업정책을 실시했다. 예컨대 지방정부는 향진기업들이 창출한 유보이윤을 모아 특정 기업에 집중적으로 투자하는 등 재투자를 위한 자원 분배에 계획적으로 참여했다. … 관할 지역의 경제적 성과가 관료들의 평가와 승진에 결정적인 영향을 미쳤던 것이다." 전용복, "시장과 계획: 이론과 경험,"『사회경제 민주주의의 경제학』(파주: 돌베개, 2013), pp. 114~115.

8) 리동구, "가격의 일원화와 그 실현에서 나서는 몇가지 문제,"『경제연구』, 제2호 (1988), p. 33.

니다. 하지만, 왜 북한은 붕괴한 소련의 경제개혁정책과 유사하게 보이는 정책을 선택하려는 것일까? 그것이 아니라면 새로운 북한식 사회주의 경제개혁정책이 등장하는 것인가? 이러한 궁금증에 대한 해답을 역대 당 대회에서 제시된 경제정책과 전개과정, 그리고 당 대회가 열리지 않았던 36년간 경제정책의 변화와 제7차 당 대회의 경제정책을 비교하면서 찾고자 한다.

Ⅲ. 역대 조선로동당 대회에 나타난 경제정책 평가(1945~1994)

1. 제1차 조선로동당 대회: 국가 중심의 중공업 복원과 생필품 생산의 민간 영역 활용

1945년 10월 10일에 열린 제1차 당 대회에서 김일성은 "우리 나라에서의 맑스-레닌주의 당건설과 당의 당면과업에 대하여"라는 제목의 보고를 하였다.[9] 보고에는 3가지의 핵심적 경제정책이 담겨져 있는데, 첫째 토지개혁, 둘째 민주적인 노동법 실시, 셋째 민족산업을 부흥 발전시킬 것에 관한 것이다. 여기서 주목할 것은 첫 번째와 세 번째인데, 농업 발전을 위해서 토지개혁을 진행하며, 민족산업을 부흥시키기 위해서 산업국유화 및 산업 복구정책을 실시한다는 것이다.[10]

9) 본 연구는 최근 북한의 주장대로 1945년 10월 10일~13일 평양에서 비공개로 열린, 북한 당국이 '북조선공산당 중앙조직위원회 창립대회'라고 표현하는 조선공산당 '북조선 5도당책임자 및 열성자 대회'를 제1차 조선로동당 대회로 간주하였다. 이는 1946년 8월 북조선공산당과 조선신민당이 합당한 '북조선로동당 창립대회', 즉 기존의 제1차 조선로동당 대회에서 1945년 10월 10일에 발표된 경제정책의 실행을 점검하는 식의 보고가 발표되었기 때문이기도 하다.

10) 김일성, "우리 나라에서의 맑스-레닌주의 당건설과 당의 당면과업에 대하여(1945.10.10)," 『김일성 저작집 1』 (평양: 조선로동당출판사, 1979), pp. 323~324.

이에 따라 북한 당국은 1946년 2월에 설립된 북조선임시인민위원회를 통해서 3월 토지개혁령, 8월 산업국유화 조치, 10월 "개인소유권을 보호하며 산업 및 상업 활동에 있어서의 개인의 창발성을 발휘시키기 위한 대책"을 차례로 발표하였다. 이것들이 바로 북한의 "사회주의 경제건설"과 "중공업 우선발전과 경공업·농업 동시발전노선"의 기원이 되었다. 일제강점기 군사공업화의 유산으로서 기형적으로 조성된 북한 산업의 90%가 국유화되어, 사회주의 경제형태가 경제의 주요 형태로 부상하여 사회주의적 경제건설을 진행하는 호조건으로 작용하였다.

북한은 국유화된 중공업 및 대규모 경공업 공장의 복구에 우선적으로 국가의 자원을 투입하는 동시에, 당장 필요한 일용품을 생산하는 경공업 기업소를 민간인에게 임대 및 양도하여 생산의 증대를 유도하면서, 토지를 제한적이지만 농민의 소유로 제공하여 농업의 발전을 꾀하였다. 이러한 농업 및 경공업의 민간 생산에 기초하여 일제 강점기 말 전시경제로 위축된 시장의 활성화도 꾀하였다. 이러한 경제정책은 해방 이후 경제 혼란과 기근 상황에서 대중적 지지를 통해 점차 힘을 발휘하였다. 그러나 물자가 부족한 상황에서 국가의 중공업 우선 복구로 인해서 기아 등 식량문제가 쉽게 해결되지 않았다.

2. 제2차 조선로동당 대회: 사회주의로의 점진적 이행과 계획경제 가동

1948년 3월 제2차 당 대회가 열렸다. 보고에서는 민주개혁의 과정이 승리적으로 평가되었다. 경제적 측면에서 볼 때 주목해야 할 보고들이 있다. 우선 정세 보고에서 "중국 인민해방군은 만주 지역의 근 전부와 중국 령토의 광범위한 지역을 점령"[11]했다는 점이다. 당시에는 기밀이

11) 편집부 엮음,『북한 '조선로동당'대회 주요 문헌집』(서울: 돌베개, 1988), p. 43.

었지만, 1946년 6월 발발한 중국의 제2차 국공내전에 대해 소련과 북한의 중국공산당 지원정책으로 인해서 북한지역 내 군수공업적 성격의 중공업 및 방직공업의 빠른 복구가 이루어졌고, 그에 따라 북한의 경제적 상황이 조금씩 나아졌다. 일종의 전쟁특수가 발생하였다.[12)]

나아가 보고에서 "1947년 상업 총 판매고에 있어서 민영 판매고가 84.5%를 차지하며, … 지방산업에 있어서 민영이 87% 이상을 차지하며, 수산업에 있어서는 민영이 근 85%를 차지"[13)]하는 것으로 나타났다. 민간 기업이 생필품 보급에서 중요한 위치를 차지하였다. 일제 말기보다 시장도 증가하였다.[14)]

따라서 대회에서는 사회주의 경제건설의 방향을 제시하면서 "국영부문이 지배적 세력을 가지는 방향으로 민족 경제를 부흥"시키고, "민영 산업을 국가의 통제 하에서 조절"하자고 주장하였다.[15)] 또한 계획

---

12) "… 하얼빈 일대에 반거하고 있던 공산당은 지금 전 만주의 85%를 제압하여 북조선과 직접 연결되어 물자의 교류도 있게 되었다. 즉, 북조선의 경제적 조건이 훨씬 나아지게 되었으며 따라서 정치력의 강화도 촉진될 것으로 보인다. … 북한을 통해 수송된 물자는 1947년 첫 7개월에 21만 톤에 달했고 1948년 한 해 동안에는 약 30만 900톤가량 되었으며, 수만 명의 위원이 국경을 넘나들게 되었다. … 북한이 중국에 공급한 물자로는 무연탄, 수산물과 민수용 제품 외에 주로 군용물자로 쓰이는 유산, 초산, 다이너마이트와 피크린 산 등이었다. 동북에서 북한에 공급된 물자는 주로 식량, 석탄과 민수용 제품이었다." 김경일 저, 홍면기 역, 『중국의 한국전쟁 참전 기원: 한중관계의 역사적 · 지정학적 배경을 중심으로』 (서울: 논형, 2005), pp. 174~218.

13) 편집부 엮음, 『북한 '조선로동당'대회 주요 문헌집』, p. 58.

14) "1946년 말 시점에서 북한 전역에는 386개의 시장이 있었다. 1938년 당시 북한지역(북부 5개도 및 강원도-강원도는 반수 계산)의 총 시장수는 639개였다. 일제 말기 통제로 인해 약 반 정도로 축소된 규모이다. … 1946년 전체 상품유통에서 국가 및 협동단체 상업이 차지하는 비중은 3.5%에 불과했으며, 나머지 96.5%는 개인 상업이 차지하였다. 1949년에는 시장이 더욱 늘었다. 도시와 농촌에 정기시장이 382개소, 상설 시장이 93개소 설치되었다." 김성보, 『남북한 경제구조의 기원과 전개: 북한 농업체제의 형성을 중심으로』 (서울: 역사비평사, 2000), p. 261.

15) 편집부 엮음, 『북한 '조선로동당'대회 주요 문헌집』, pp. 56~57.

경제를 본격화하고자 1947년 북한의 '인민경제계획' 최초 도입과 승리적 수행을 자축하고, 1948년 인민경제계획의 완수를 결의하였다. 이러한 것들은 점진적인 사회주의로의 경제적 이행을 의미하였다.

당시 북한은 1947년 12월 화폐개혁을 실시했지만 1948년 커다란 경제적 혼란을 겪지 않았다. 그러나 대회에서 당시 중요한 식량문제에 대해 기아와 빈궁의 원인을 청산하고, "공업에 식료와 원료를 보장하는 기본문제를 해결했다"고 하였지만, 식량자급의 보고는 없었다.[16] 북한은 식량 자급을 1949년에 이루었으며, 남한에 비해 상대적 물가 안정을 실현하였다. 따라서 북한은 이 시기를 '황금시대'로 표현하였다.[17] 하지만 경제적 자신감이 1949년 중국혁명의 승리와 맞물려, 한국전쟁의 발발 요인으로 작용하였다.

3. 제3차 조선로동당 대회: 중공업 우선의 사회주의적 이행 강화와 계획경제 주관성 비판

북한은 1956년 4월에 열린 제3차 당 대회를 통해서 전후 인민경제의 복구와 발전을 위한 3개년 계획을 승리적으로 평가하였다. 전쟁 폐허에서도 사회주의권의 원조에 힘입어 중공업시설이 개건되기 시작하였다. 이러한 성과에 기초하여 전후복구노선으로 공식적으로 제기된 '중공업의 우선적 성장과 경공업과 농업의 동시발전전략'을 사회주의 경제건설의 총노선으로 제도화하였다. 따라서 처음으로 발표하는 중장기적 전망계획인 1956~1960년 제1차 5개년 계획에서 중공업 우선 발전 전략을 채택하였다.

---

16) 위의 책, p. 54.
17) "실로 전쟁전 시기의 5년간은 조선 인민들의 ≪황금시대≫를 이루었다." 김정일, "우리 나라 공업의 발전," 『우리 나라의 인민 경제 발전 1948~1958』 (평양: 국립출판사, 1958), pp. 117~118.

대회에서는 소비재 생산을 더욱 중시해야 한다는 반대 의견에 대해 '암둔한 상태'에 빠졌거나, '초보적인 경제 지식'도 모르는 사람들이라고 비판하며, "오직 중공업의 우선적 장성에 기초하여서만 경공업을 포함한 전체 인민경제를 급속히 발전시킬 수 있으며 인민 생활을 향상시킬 수 있다"고 강조하였다.[18] 당 대회 이후 사회주의 경제건설 논쟁이 1956년 8월 종파사건으로 커져가고, 사회주의권의 원조 감소로 나타나자, 북한은 1958년 3월 제1차 당대표자회를 열고 소련파와 연안파를 숙청하였다. 또한 자본주의권과 '평화공존'을 표방하는 소련의 흐루시초프에 대해 수정주의적 국제사조라고 비판하면서 당의 영도를 강조하였다.[19]

당시 중공업 우선 정책과 농업협동화 정책 등 사회주의적 개조사업이 정당화되는 것은 우선 한국전쟁에 의한 대규모 폐허와 버려진 토지 등에 대해 영세자영농 등 개인적 노력에 의한 복구가 불가능하였고, 농업협동화 등 집단적 노력에 의해서 복구가 가능했기 때문이었다. 둘째, 김일성의 반대세력을 지지할 수 있는 유산계급 출신들이 대부분 월남했기 때문이다. 이미 토지개혁 과정에서 지주세력, 한국전쟁 과정에서 대부분의 부농이나 자영업자들이 월남하였다. 셋째, 해방 이후 식량 자급이 늦어지는 과정에서도 중공업을 우선적으로 복구하면서 일구어낸 1949년 북한의 '황금시대' 경험, 즉 인민들의 근대화에 대한 열정이 존재했기 때문이다. 넷째, 전쟁을 통해 강화된 계급적 집단문화가 노력 동원 및 농업협동화 등을 가속화시켰다.

그러나 대회에서는 식량 부족을 충분히 고려하지 못한 전후복구 3개년 계획의 농업분야에 대해서 "전쟁 피해 정도와 기타 구체적 조건

18) 편집부 엮음, 『북한 '조선로동당'대회 주요 문헌집』, p. 158.
19) 김일성, "제1차5개년 계획을 성과적으로 수행하기 위하여(1958.3.6)," 『김일성 저작집 12』 (평양: 조선로동당출판사, 1981), pp. 131~133.

들을 심중히 타산함이 없이 주관적 욕망에 의하여 높은 계획 과제를 설정"하였다고 지적하였다.[20] 북한의 계획 당국이 중공업 위주의 전후 복구 노선이 낳은 농업생산력의 정체를 은폐하려 했던 것이다. 하지만, 김일성은 이것을 직접 비판하면서, 농업에 대한 투자를 증대시켰다. 이로 인해 농업협동화에 대한 실물적 지원이 더욱 강화되었다. 이는 농업협동화가 시기상조라는 반대 의견을 고려한 것이기도 하였다.

또한 북한은 계획경제를 원활히 실행하기 위해 기업소 내부의 '독립채산제'를 강조하면서 평균주의 해소 및 원가 절감, 내부 축적을 도모하였다.[21] 나아가 1958년 10월 지방기업의 거래세, 이익공제금 등을 지방예산으로 흡수시켰다. 그에 대한 사용권을 지방당국에 이전하여 지방 스스로 경공업 중심의 발전을 꾀하도록 하였다.[22]

4. 제4차 조선로동당 대회: 경제의 불균형 해소와 초중앙집권적 계획경제의 추구

1961년 9월 제4차 당 대회는 이른바 '승리자의 대회'로 열렸다. 적지 않은 반대와 논쟁 속에서도 사회주의 공업화의 기초가 다져지고, 1958년 농업협동화의 완료 등 사회주의적 개조가 성공적으로 실현되었으며, 1961년 식량자급을 실현하였다. 또한 1959년부터 진행된 천리마작업반운동에 의해 기술 습득과 노동규율 확립이 진척되었다.[23] 경제의 내포적 및 외연적 확장이 동시에 진행되었다.

이러한 것을 바탕으로 당 대회 이후 북한은 1961년 12월 '대안의 사업체계' 도입, 1962년 2월 '군협동농장경영위원회' 설치, 1962년 12월

---

20) 편집부 엮음, 『북한 '조선로동당'대회 주요 문헌집』, p. 96.
21) 위의 책, pp. 111~112.
22) 김영희, 『개인상공업의 사회주의적 개조경험』(평양: 사회과학출판사, 1987), p. 51.
23) "천리마작업반운동은 기술혁신 대중운동," 「통일뉴스」, 2006년 5월 26일.

'경제건설과 국방건설의 병진노선' 채택 등 북한 스스로 경제운영시스템을 제도화하려고 노력하였다. 즉, 자립적 민족경제노선의 제도화 과정이었다. 이는 국방력의 강화를 포함하는 고전적 발전국가노선에 기초한 것이었다.

제1차 5개년 계획의 성과는 농업 등 특정 부문에 대한 수탈이 아니라, 인민들의 전반적인 희생에 기초한 것이었다. 마지막 해 1960년을 완충기로 설정할 정도로 축적과 소비 사이의 경제적 불균형이 발생하였다.[24] 인민들은 1949년 잠시 안정감을 누렸지만, 한국전쟁을 경험하면서 10년이 지나서야 낮은 수준으로 의식주를 해결하게 되었다. 전쟁 이후 식민지적 편파성을 극복하고 기계공업 등 중공업이 신설 및 복구되었지만, 노동자들은 여벌도 없이 지냈으며[25], 농민들의 다수가 토굴과 초가집에서 생활하였다.[26]

따라서 대회에서 북한 당국은 1961년부터 1차 "7개년 계획의 첫 3년 동안에 근로자들의 복리를 향상시키는데 력량을 집중"하여 6~7년 후에는 전체 인민들이 유족한 생활을 할 수 있도록 하겠다고 발표하였다.[27] 당분간 중공업도 급속한 축적과 성장보다, 경제성장에서 발생한 부족한 부문을 메우는 방식의 발전을 추구하였다. 이러한 인민생활 향상의 노력에 힘입어, 1964년 10월 북한을 방문한 영국의 경제학자 조앤 로빈슨은 평양을 보고 '한국의 기적'을 이야기하게 되었다.[28]

---

24) 편집부 엮음, 『북한 '조선로동당'대회 주요 문헌집』, p. 195.

25) "공장에 나가면 로동자들이 메리야스가 없다고 말합니다." 김일성, "제1차5개년 계획을 성과적으로 수행하기 위하여(1958.3.6)," 『김일성 저작집 12』, p. 113.

26) "금후 수년 내에 농촌 주민의 절대 다수가 낡은 초가집을 버리고 새로운 문화 주택에 들게 될 것입니다." 편집부 엮음, 『북한 '조선로동당'대회 주요 문헌집』, p. 219.

27) 위의 책, p. 202.

28) "100만 명이 거주하는 도시는 넓은 강 양쪽에 펼쳐져 있다. 5층짜리 건물들이 있는 넓은 가로수 길과 공공건물, 운동장, 극장과 함께 초호화 호텔도 하나 있다. 빈민가가 없는 도시다. (중략) 1200만 명의 인구를 넉넉히 먹일 수 있는

그러나 이러한 기적은 일시적인 현상으로 존재하게 되었다. 1960년대 중반 월남전에서 안보 위기를 느낀 북한이 경제-국방 병진노선을 본격적으로 진행하였다. 1964년부터 단계적으로 도입되는 '계획의 일원화, 세부화 조치'를 통해 자원의 분배를 빈틈없이 진행하여 자원의 부족을 해결하려고 했다. 하지만, 오히려 위와 아래가 세부적으로 맞물리는 초중앙집권적 계획으로 인해서 물자 유통의 병목현상이 더욱 심화되었다. 서로 톱니처럼 연결되는 계획경제의 강화로 어느 한 기업소 단위의 문제가 전체 경제에 미치는 영향이 더욱 커졌고,[29] 기업소들은 할당된 계획량을 완수하기 위해서 저장강박에 시달렸기 때문이다. 이러한 문제를 사상적 접근으로 해결하려고 하면서 독립채산제 등의 물질적 자극이 약화되는 한편, 전시대비 물자축적의 증가로 경제성장이 급격히 침체되었다. 그럼에도 북한은 중소분쟁 때문에 스스로 안보 문제를 해결하고자, 1966년 10월 제2차 당대표자회를 진행하였다. 여기서 경제발전의 지연을 각오하면서[30] 베트남전쟁에 대한 지원까지 결의하였다.[31]

"… 많은 인적 및 물적 자원을 국방에 돌려야 할 것이며 이것은 우리 나라의 경제발전을 일정하게 지연시키지 않을 수 없을 것입니다. 그러나 우리는 인민 경제의 발전 속도를 좀 조절하더라도 조국 보위

500만 t의 곡식을 생산한다. 노동자와 종업원들을 위한 완벽한 사회보장 시스템도 있다. 빈곤이 없는 국가다." "무역규모 224 : 1 … 1인 소득 18 : 1 … 北경제 '잃어버린 60년'," 「동아일보」, 2010년 6월 23일.

29) 박후건, "북한 경제의 재구성-part 1: 근로자와 경제연구 등 북한 문헌들을 중심으로," 『현대북한연구』, 제16권 3호 (2013), pp. 229~238.

30) 김일성, "현정세와 우리 당의 과업(1966.10.5)," 『김일성 저작집 20』 (평양: 조선로동당출판사, 1982), pp. 418~419.

31) "… 많은 무기와 총탄, 200만벌의 군복을 비롯한 군수물자들을 우선적으로 생산하여 보내주었다." "北, 베트남전 참전 최초 공식 확인," 「통일뉴스」, 2001년 7월 7일.

의 완벽을 기하기 위하여 응당 국방력을 강화하는 데 더 큰 힘을 돌려야 합니다."[32]

이듬해 1967년 경제-국방 병진노선에 반대하며 중공업 우선 노선보다는 인민생활 향상을 강조하였던 갑산파가 숙청되었다. 결국 북한은 1960년대 후반 흥남비료공장이 일시적으로 가동이 중단되는 경제위기를 맞이하였다.[33] 이에 따라 중공업 우선 노선과 군의 현대화를 고집하면서 예산을 낭비하는 동시에, 청와대 기습침투사건, 푸에블로호 나포사건 등 각종 군사 분쟁을 일으킨 군부강경파가 책임을 지고 1969년 1월 숙청되었다. 1967년에 끝나야 할 제1차 7개년 계획은 3년간의 완충기를 거쳐서 1970년에 마쳤다. 3년의 완충기란 그만큼 조절해야 할 각 부문 간의 불균형이 심했다는 것을 의미하였다.

5. 제5차 조선로동당 대회: 부분적 경제개혁과 사회주의 공업국가로서의 경제발전 추진

1970년 11월 전례 없이 12일간 제5차 당 대회가 열렸다. 자립적 공업체계가 확립되었다고 평가하면서 북한이 명실상부한 사회주의 공업국가임을 선언하였다. 이는 추격발전전략에 따른 명확한 성과였다. 나아가 북한 당국은 안보적으로 어려운 상황에서 공업화를 실현했다며

32) 김일성, "현정세와 우리 당의 과업(1966.10.5)," pp. 418~419.
33) "그 결과 1968년 전반기에는 화학공업 및 제철공업의 기존 용량의 50~60%만이 가동될 수 있었다. 예컨대 함흥 비료공장은 일시적으로 완전히 가동이 중단되기도 했다. … 1968년 봄 군사교육, 초과근무, 일요일 근무, 빈번한 집회 등등으로 모든 주민층에게 쥐어짜낼 수 있는 만큼 짜낸 힘겨운 상황으로 인하여 주민들은 엄청난 부담을 받고 있으며, 부분적으로 육체적으로 더 이상 버티기 어려운 한계에까지 이르렀다." 통일연구원 편, 『독일지역 북한기밀문서집』(서울: 선인, 2006), pp. 239~245.

경제-국방 병진노선을 정당화시켰다.[34] 대회에서는 사회주의 공업국가의 실현에 맞추어 "온 사회의 혁명화, 노동계급화"를 당면 목표로 주장하며, 그것을 통해 향후 '사회주의 완전승리'로 이행할 것을 천명하였다. 그러나 경제-국방 병진노선의 후과로 북한은 완충기적인 6개년 계획(1971~1976년)을 실행해야만 하였다.

> "새로운 전망 기간에 무엇보다도 먼저 공업 부문들에서 부문 내부 구조를 완비하며 우리 공업의 주체성을 더욱 강화하도록 하여야 하겠습니다. 사회주의 공업화가 실시되어 우리의 공업은 부문 구조가 잘 조화되고 새 기술로 장비되었을 뿐 아니라 기본적으로 자체의 원료 자원에 의거하여 발전하는 공업으로 되었으며 그 잠재력은 매우 큽니다. 그러나 우리 공업은 아직 부분적으로 완비되지 못한 작고 부차적인 부문들과 생산 공정들이 제대로 갖추어지지 못하여 자기 위력을 다 내지 못하고 있습니다."[35]

이 또한 완충기 1년이 포함되어 1977년 완료되었다. 따라서 다음 중장기 전망계획이 제2차 7개년 계획(1978~1984년)으로 명명되었다. 대회에서 식량문제가 완전히 해결되었다고 했지만, 이례적으로 곡물생산량을 발표하지 않았다. 또한 사회주의경제관리체계로 대안의 사업체계, 군협동농장경영위원회, 계획의 일원화 및 세부화 조치 등을 전면적으로 제시하였지만, 그들의 주장대로 좌우편향[36]을 극복하면서 제도화시켜야 하는 과제가 여전히 제기되었다.

---

34) 편집부 엮음, 『북한 '조선로동당'대회 주요 문헌집』, pp. 272~273
35) 위의 책, p. 293.
36) "… 경제관리에서 사회주의 사회의 과도적 성격을 무시하는 좌경적 편향과 정치 도덕적 자극을 홀시하는 물질적 관심을 전면에 내세우면서 경제지도에서 지방분권화와 기업의 자유화 방향으로 나가려는 우경적 견해 …" 편집부 엮음(1988), p. 291.

그럼에도 1970년대 북한 경제가 사회주의 공업국가를 유지하면서 운영되었던 이유는 첫째, 사회주의경제관리를 부분적으로 개선하고자 하였기 때문이다. 1969년 '새로운 계획화체계'에서 기업소의 의견을 사전에 반영하는 '예비수자' 도입[37], 1973년 독립채산제 재강조[38], 1974년 '연합기업소' 시범실시 등을 실행하였다. 국방예산도 감소시켰고, 군수경제를 제2경제로 분리시켰다.

> "새로운 계획화체계에서 인민경제계획화사업은 먼저 공장, 기업소들에서 예비수자를 세우는것으로부터 시작하여야 할것입니다. 우리가 계획을 세우는데서 예비수자라는 것을 새로 받아들이려고 하는데 이것은 계획화사업에서 생산자들의 민주주의를 더 잘 발양할수 있게 하려는데 그 목적이 있습니다."[39]

> "한동안 가치법칙을 잘못 적용하기 때문에 되게 비판하였더니 독립채산제, 작업반도급제, 분조도급제가 다 없어졌다고 하시면서 그 원인의 하나는 생산계획을 자재보장보다 높이 주기 때문에 계획을 미달하는데 있으며 다른 하나는 물질적 자극을 무시하고 사회주의 분배원칙을 제대로 지키지 않았기 때문이라고 지적하시였다."[40]

둘째, 사회주의 공업화에 기초하여 곡물생산량을 증대시켜 식량 부족을 해결하였다. "농촌 경리 부분 앞에 나서는 중심과업은 농업생산을 고도로 집약화하는 것"이라며 농촌 경리의 화학화 등을 강조하면서, 중공업의 비료 생산과 농업의 비료 대량투입을 통해서 곡물 증산

---

37) 김일성, "일원화계획화체계를 더욱 심화발전시키기 위하여(1969.7.2)," 『김일성 저작집 24』 (평양: 조선로동당출판사, 1983), p. 120.
38) 조선로동당출판사, 『위대한 수령 김일성 동지의 불멸의 혁명 업적 15』, p. 249.
39) 김일성, "일원화계획화체계를 더욱 심화발전시키기 위하여(1969.7.2)," p. 120.
40) 조선로동당출판사, 『위대한 수령 김일성 동지의 불멸의 혁명 업적 15』 (평양: 조선로동당출판사, 1999), p. 249.

을 꾀했다. 이로 인해 인구폭발에 따른 식량부족을 경험한 개도국들과 달리, 북한은 늘어나는 인구에 대해 산아제한을 하는 동시에, 식량 공급의 안정성을 확보하였다.[41] 북한 공업화의 유지 및 발전에는 1970년대 초중반 서구 자본의 도입도 크게 기여하였다.

셋째, 조직적 사회주의로 위기상황을 돌파하고자 하였다. 대회에서 '중노동과 경노동의 차이', '도시노동과 농촌노동의 차이', '가사노동의 문제'를 극복하는 3대기술혁명이 강조되었다. 이는 사상, 기술, 문화의 3대혁명으로 상승되어, 1973년부터 청년 과학자·기술자 등 청년층과 열혈 당원으로 구성된 3대혁명소조운동이 제기되었다. 이러한 조직적 힘에 기초하여 1974년 '70일 전투', 1978년 '100일 전투' 등 대중적 동원운동을 진행하였다.

이를 통해 1970년대 북한은 낮은 수준의 복지였지만, 의식주가 실질적으로 해결된 사회를 실현하였다. 이로 인해 지금까지 북한 주민들은 1970년대를 북한 경제의 최전성기로 기억하고 있다. 따라서 최근 김정은도 1970년대의 시대정신으로 살아가자고 강조하는 것이다.[42]

41) "19세기 영국치하에서 산업화가 시작된 인도에서는 1950년대부터 70년대까지 인구가 급속히 증가하는 바람에 이 시기의 거의 모든 경제적 성과가 물거품이 되어버렸다. 국민의 압도적인 다수가 간신히 육체적 생존을 유지하는 지경이 된 것이다. … 생활수준이 나아지면서 출산율은 낮아지지만, 인구폭발로 대다수 인구의 빈곤이 악화되고 있다. … 가난한 나라들은 자체적으로 수요를 충족시킬 수도 없었고, 세계시장에서 충분한 식량을 사들일 수도 없었다. 많은 경우, 1960년대와 70년대에 저개발국가의 농업생산량은 줄어들기까지 했다." 보리스 까갈리쯔끼 저, 유희석·전신화 역, 『근대화의 신기루』 (서울: 창작과비평사, 2000), pp. 33~34.

42) "우리 인민은 이미 위대한 전환의 1970년대에 전 인민적인 집단적혁신운동으로 사회주의건설의 일대 전성기를 열어놓은 귀중한 경험을 가지고 있습니다. 혁명의 북소리, 속도전의 진공나팔소리가 높이 울리던 1970년대에 우리는 미제의 대규모전쟁연습에 군사적으로 대응하면서도 조국청사에 일찌기 없었던 거창한 창조와 변혁을 이룩하였습니다. 이 시기에 우리 나라는 세계에서 처음으로 세금제도를 폐지하고 전반적11년제의무교육을 실시하였으며 발전도상나라들과 싸우는 인민들에게 막대한 지원을 주었습니다. 우리 당은 경제강국,

6. 제6차 조선로동당 대회: '사회주의 완전승리'로의 당면 이행과 부분적 시장 활용의 현실

1980년 10월 제6차 당 대회가 열렸다. 1970년대 중반 이후 서방자본의 도입이 중단되고, 디폴트 상황에 처하는 등 문제점은 있었지만, 북한 경제의 최전성기 1970년대를 지나온 1980년의 북한은 희망에 찼었다. 대회에서 1979년 900만 톤의 알곡이 생산되었다고 발표하였다. 평균 수명은 해방 이후 35년이 향상되어 73살이 되었다. 이러한 성과에 기초하여 1980년대 온 사회의 인텔리화로 사람들의 지식 수준을 대학 졸업 정도로 하며, 전력의 원만한 공급을 위해서 원자력발전소를 건설해야 한다고 결정하였고, '사회주의경제건설 10대 전망목표'인 80년대 전망 목표를 제시하였다.[43]

〈표 1〉 1980년대 10대 전망목표와 제2차 7개년 계획(1978~1984년)

	80년대 10대 전망목표	제2차 7개년 계획		
		목표	실적	남한 추정
전력(연간)	1,000억 KWh	560~600억 KWh	498억 KWh	251억 KWh
2. 석탄(연간)	1억 2,000만 톤	7,000~8,000만 톤	7,500만 톤	3,750만 톤
3. 철강(연간)	1,500만 톤	740~800만 톤	740만 톤	446.9만 톤
4. 비철금속(연간)	150만 톤	100만 톤	-	-
5. 시멘트(연간)	2,000만 톤	1,200~1,300만 톤	1,424만 톤	-
6. 화학비료(연간)	700만 톤	500만 톤	468만 톤	-
7. 직물(연간)	15억 m	8억 m	8.7억 m	-
8. 수산물(연간)	500만 톤	350만 톤	350만 톤	178만 톤
9. 곡물(조곡 기준/연간)	1,500만 톤	1,000만 톤	1,000만 톤	419만 톤(알곡)
10. 간척지개간(10년간)	30만 ha	10만 ha	-	

* 출처: 북한연구소 편, 『북한총람(1983~1993)』 (서울: 북한연구소, 1994), p. 388.

문명국건설도 바로 1970년대처럼 사회주의위력, 집단주의위력을 발양시켜 본때있게 하자는것입니다." "김정은 사상일꾼대회 연설 전문," 「뉴포커스」, 2014년 2월 26일.

43) 편집부 엮음, 『북한 '조선로동당'대회 주요 문헌집』, p. 365~413.

나아가 북한 당국은 '온 사회를 주체사상화'하는 총적 목표를 이루기 위한 "당면 투쟁과업으로 사회주의의 완전한 승리를 이룩하는 것"이라며 원대한 포부를 밝혔다.[44] 북한에서 '사회주의의 완전한 승리'란 인민정권이 수립되는 사회주의 혁명기와 농업협동화 등 사회주의적 개조가 완료되는 사회주의 제도의 수립기에서 더 나아가, 사회주의 내의 계급적 차이를 극복한 무계급 사회로의 진입 시기를 의미한다. 따라서 사회주의가 완전히 승리한 사회의 특징은 협동적 소유의 전인민적 소유로의 전환, 도시와 농촌 간의 차이 해소, 온 사회의 노동계급화, 상품과 화폐 관계의 가치법칙 소멸 등이다. 물론 사회주의의 완전한 승리기에도 사회주의의 과도적 성격에 따라 정신노동과 육체노동의 차이가 있고, 생산력이 높게 발전하지 못해서 '필요에 따른 분배'가 아니라, '노동에 따른 분배'에 따른 물질적 생활수준의 차이도 존재한다.[45] 따라서 사회주의의 완전 승리란 발전한 사회주의 사회로의 진입을 의미하는 것이며, 공산주의 사회로의 진입을 뜻하는 것은 아니다.

그러나 대회에서 북한 당국이 '사회주의 완전승리'라는 당면 목표의 달성을 위해 제시한 경제적 방식은 추상적인 경제관리의 개선과 절약뿐이었다.[46] 80년대 전망 목표에 성과적으로 접근하기 위해서 김일성은 제한적 범위에서 독립채산제의 활용 등을 강조했을 뿐, 조직적 사회주의의 힘에 기초하여 대중동원식 증산·절약운동에 주력하였다.[47] 하지만 1980년대 북한 경제의 규모는 더욱 커졌고, 산업간 연계에서 병목현상이 심화되었다. 자립경제의 추진에 따라서 늘어나는 석탄 소비에 비해, 석탄 생산성의 자연적 저하는 전력과 비료 생산에 차질을

44) 위의 책, p. 368.
45) 최중극, "위대한 수령 김일성동지께서 밝히신 사회주의, 공산주의 건설의 합법칙적로정," 『경제연구』, 제2호 (1987), pp. 5~7.
46) 편집부 엮음, 『북한 '조선로동당'대회 주요 문헌집』, p. 384.
47) 박후건, 『북한 경제의 재구성』 (서울: 선인, 2015), p. 95.

가져왔고, 이는 전력화된 철도 운송, 화학화 및 수리화된 농업에도 악영향을 끼쳤다.[48] 이속에서 대중동원식 해결방식은 한계를 맞이하였다. 2년의 완충기를 통해서 제2차 7개년 계획의 목표를 달성했다고 발표하였지만, 그것은 80년대 전망 목표에 크게 못 미치는 것이었다.

북한 당국은 '사회주의 완전승리'라는 당면 목표의 실현이 어려워지자, 제7차 당 대회를 연기시켰다. 원래 김일성은 제2차 7개년 계획을 성과적으로 마친 후, 1986년 당 대회를 열려고 계획하였다.[49] 하지만 인민생활 및 과학기술의 향상 등 발전한 사회주의를 의미하는 '사회주의 완전승리'라는 목표 달성은 쉽지 않았다. 80년대 전망 목표는 사회주의의 완전한 승리와 함께 제3차 7개년 계획의 목표로 이월되었다. 하지만 연기된 목표도 실현되지 못했다. 결국 1980년대 거대한 전망목표는 북한에서 36년간 당 대회가 열리지 못한 이유가 되었다.

이러한 과정에서 1984년과 1985년은 북한 경제사에서 중요한 분기점이 되었다. 북한은 1980년대 중반 이후 제6차 당 대회의 '사회주의 완전승리'라는 당면 목표의 방향과 다르게 경제를 운영하였다. 가치법칙의 소멸보다는 가치법칙을 활용하면서 북한 경제의 목표와 수단의

---

48) 김진환, 『북한 위기론: 신화와 냉소를 넘어』 (서울: 선인, 2015), pp. 76~92.

49) "우리는 1985년까지 사회주의경제건설의 10대 전망목표 가운데서 중요한 고지들을 기본적으로 점령하고 1986년에 우리 당 제7차대회를 열려고 합니다." 김일성, "주체사상을 구현하기 위한 조선인민의 투쟁에 대하여(1983.6.30)," 『김일성 저작집 38』 (평양: 조선로동당출판사, 1992), p. 99; "우리는 봉사망과 상업망들을 잘 꾸리고 경공업혁명을 다그쳐 인민들의 물질문화생활수준을 한계단 높인 다음 당 제7차대회를 하려고 합니다." 김일성, "경공업혁명을 다그쳐 인민들의 물질문화생활을 더욱 높이자(1983.3.10)," 『김일성 저작집 37』 (평양: 조선로동당출판사, 1992), p. 391; "나는 오늘 당중앙위원회 총비서의 이름으로 과학원의 모든 과학자들이 외국어학습을 강화하여 우리 당 제7차대회가 열릴 때가지 한가지이상의 외국어를 완전히 소유할 것을 중요한 과정으로 제시합니다. … 과학자들의 외국어학습정형을 1985년 하반년에 가서 한번 총화하여 보려고 합니다." 김일성, "과학연구사업에서 새로운 전환을 일으킬데 대하여(1983.3.23)," 『김일성 저작집 37』 (평양: 조선로동당출판사, 1992), p. 407.

이중성이 본격적으로 나타나기 시작하였다. 대표적으로 1984년 8월 3일 인민소비품운동이 전개되었다. 이는 계획외의 부산물이나 폐기물을 이용하여 다양한 소비품을 만들어내는 운동을 말한다. '8.3인민소비품'은 수요와 공급에 의한 시장가격으로 거래되었다.

〈표 2〉 북한 농민시장의 시기별 변화

기간	명칭	개설 빈도
해방~1950년	인민시장	- 상설시장(도시), 3일 혹은 5일장(농촌)
1950~1958년	농민(촌)시장	- 매일장(도시), 3일장 혹은 5일장(농촌)
1958~1969년	농민시장	- 10일(매월 1, 11, 21일)
1969~1982년	농민시장	- 10일(농촌지역) - 주요도시 중심지 시장 폐쇄(변두리 이전)
1982~1987년	농민시장	- 상설시장화(1982년) - 1984년 5월부터 숫자 확대
1987~1990년초	농민시장 (장마당, 야시장)	- 주일장(매주 일요일) 전환(1987년) - 다시 10일장으로 전환
1993년~	농민시장 (장마당, 야시장, 자유시장)	- 매일장(상설장) 전환(1993년) - 농민시장 기능 급격히 확대

* 출처: 통일부 정보분석실, 「최근 북한 농민시장의 실태와 가격동향 분석」 (서울: 통일부, 1999), p. 16.

또한 1984년 12월 제2차 7개년 계획을 점검하는 조선로동당 중앙위원회 제6기 10차 전원회의에서 1985~1986년을 완충기로 설정하면서 생산의 정상화와 독립채산제의 실행을 강조하며, 농민시장의 활성화를 꾀하였다. 나아가 1985년 7월 독립채산제를 전제로 연합기업소가 전면적으로 도입되었다. 북한은 '사회주의 완전승리'를 당면 목표로 내걸었음에도, 생산력의 발전을 위해 사회주의 이행공간의 과도적 영역인 가치법칙과 시장의 활용을 모색하였다.

"군마다 부업반을 50개씩 내오면 농민시장이 흥성거리게 될 것이며 1~2년 사이에 지방예산수입이 쑥 늘어나고, 우리 인민들의 생활이 한계단 높아지게 될것입니다. … 사회주의사회에서는 독립채산제를 실시하는것밖에 다른 좋은 방법이 없습니다. … 이번 당중앙위원회 전원회의의 기본구호는 생산을 정상화하고 독립채산제를 바로 실시하자는 것입니다."[50]

그러나 시장의 부분적 활용에도 불구하고, 북한은 1993년 12월 조선로동당 중앙위원회 제6기 21차 전원회의에서 강성산 총리의 보고를 통해 경공업과 농업관련 생산 수치를 발표하지 않고, 3차 7개년 계획의 실패를 공식 선언하였다. 이를 극복하고자 북한 당국은 2~3년 간의 완충기를 선언하면서 중공업 우선투자정책에서 벗어나, '농업제일주의, 경공업제일주의, 무역제일주의' 등의 혁명적 경제전략을 실행하겠다고 발표하였다. 1990년대 초반 북한에서는 기존 누적된, 구조적인 경제위기가 심각하게 발생하던 것이다.

"여러 사회주의나라들과 세계사회주의시장의 붕괴로 이 나라들과 맺었던 장기 또는 단기 무역협정들이 헝클어지고 그 리행이 거의 중단되게 되였으며 우리 나라와 이 나라들 사이에 전통적으로 진행되어온 경제협조와 무역거래들이 부진하게 되었다. 이것은 우리의 경제건설에 큰 피해를 주었을뿐아니라 전반적경제발전의 속도와 조절하지 않을수 없게 하였으며 제3차 7개년 계획을 원래 예견한대로 수행할수 없게 하였다."[51]

이는 북한 경제의 내적 문제와 외적 난관에 의한 것이었다. 북한에서 산업 간 연계 지점의 병목현상이 극복되지 않았으며, 1980년대 중

50) 김일성, "조선로동당 중앙위원회 제6기 제10차전원회의에서 한 결론(1984.12.10)," 『김일성저작집 38』 (평양: 조선로동당출판사, 1992), pp. 401~415.
51) "제3차 7개년(1987~1993)계획 수행정형에 대한 조선로동당 중앙위원회 전원회의 보도," 「로동신문」, 1993년 12월 9일.

반 이후 고르바초프의 개혁·개방 정책에 따른 소련의 지원 중단 등 전통적인 외부의 생산요소 유입에 차질이 생겨서 병목현상이 더욱 크게 발생하고 있었다. 1991년 소련의 몰락, 1992년 중국의 경화 결제 요구 등에 의한 원유 및 코크스 수입의 중단은 에너지 및 원료 제공의 차질을 가져와서 산업 전체의 가동을 손상시켰다.

〈표 3〉 제3차 7개년 계획(1987~1993년) 목표와 실적

	제3차 7개년 계획 (1993년 현재)		
	목표	북한 실적 발표	남한 실적 추정
1. 전력(연간)	1,000억 kWh	676억 kWh/67.6%	221억 kWh/22.1%
2. 석탄(연간)	12,000만 톤	10,710만 톤/89.3%	2,710만 톤/22.6%
3. 철강(연간)	1,000만 톤	875만 톤/87.5%	186만 톤/18.6%
4. 비철금속(연간)	170만 톤	-	-
5. 시멘트(연간)	2,200만 톤	1,200만 톤 이상/54.5% 이상	389만 톤/18.1%
6. 화학비료(연간)	720만 톤	560만 톤 이상/77.7% 이상	160.9만 톤/22.3%
7. 직물(연간)	15억 m	-	1.9억m/12.7%
8. 수산물(연간)	1,100만 톤	-	109만 톤/9.9%
9. 곡물(조곡 기준/연간)	1,500만 톤	-	571만 톤/38.1%
10. 간척지개간(10년간)	10만 ha	-	-

* 출처: 통일부 편, 『2004 북한개요』(서울: 통일부, 2003), p. 233.

Ⅳ. 제7차 조선로동당 대회의 시대적 배경과 경제적 내용(1994~2016)

1. 제7차 조선로동당 대회 개최의 배경

가. 김정일 시대 북한의 경제적 변화: 계획과 시장의 병행

1994~1996년 완충기 동안 도입된 혁명적 경제전략은 1994년 7월 김일성 사망 이후 유훈으로 집행되었고, 1997년까지 연장되어 실행되었다. 혁명적 경제전략은 완충기의 의의에 맞게 "농업과 경공업에 대한 투자

를 늘려서 성장 속도를 높여 소비재생산부문과 생산수단생산부문 사이의 균형을 맞추려고 하였던 것"이다.[52] 북한은 혁명적 경제전략의 발표 전후로 1992년 '새로운 무역체계'를 통해 각 도와 부처마다 무역회사들을 설립하도록 허가하였고, 1996년 15~20명의 분조관리제 인원을 7~8명으로 축소시켰다.

하지만 1995년 북한에서 전례 없는 대홍수가 발생하여 농경지 침수에 의한 식량난뿐만 아니라, 탄광들까지 침수되면서 각종 공업의 연료 및 원료난이 발생했으며, 수십만 명이 사망하는 심각한 경제난, 즉 '고난의 행군'을 겪었다. 1980년대부터 점차적으로 늘어난 시장과 혁명적 경제전략으로 조성된 개혁적 흐름은 경제가 붕괴된 상황에서 지방과 부처마다 스스로 연명하는 것에 기여하였다. 그러나 경제적 어려움 속에서 1994년 핵문제 등 안보위기 상황까지 겪으며 체제유지에 대한 불안감이 커졌다. 대다수 사회주의 국가가 몰락한 현실에서 북한은 체제를 수호하기 위해 국방력을 증강시키는 동시에, 경제력을 회복해야 하는 힘든 길을 추구하였다.[53]

김정일은 체제 수호를 위해서 1995년 선군정치를 표방하였고, 김일성 3년상을 마친 1998년 6월 '주체성과 민족성의 고수'[54], 8월 '강성대

52) 박순성, "김정일 시대(1994~2004) 북한 경제정책의 변화와 전망," 『북한의 경제』 (서울: 경인문화사, 2006), p. 353.

53) "경제에서 심각한 문제들, 특히 기술발전의 낙후와 생산의 비효율 및 병목 현상은 사회주의 국가들의 군사력에 위협 요소가 된다. 소련이 자국의 동맹국들과 함께 이 분야에서 자본주의 세계에 뒤처지지 않아야 한다는 목표는 언제나 더 큰, 거의 견디기 힘든 희생을 요구한다. … 이 모든 상황들은 소비로 돌아가야 할 생산의 몫을 더욱더 갉아 먹고, 결국 삶의 질을 낮은 수준에 머무르게 한다." Kornai, J. The Socialist System (Princeton: Princeton University Press, 1992), p. 384.

54) "우리는 자립적민족경제의 위력과 자위적국방력을 강화하기 위한 투쟁을 계속 힘 있게 벌려 자주적인 국가사회생활의 물질적기초를 더욱 튼튼히 하고 나라의 안전과 인민들의 행복한 생활을 믿음직하게 지켜나가야 한다." 김정일, "혁명과 건설에서 주체성과 민족성을 고수할데 대하여(1997.6.19)," 『김정일 선

국' 건설[55], 9월 '자립적 민족경제 건설노선' 재강조[56] 등을 연달아 제시하면서 국방공업 위주의 중공업 우선전략인 '혁명적 경제대책'을 추진하였다.[57] 특이한 것은 자립적 민족경제 건설노선의 재강조와 함께 '실리'라는 단어가 처음으로 등장하였다는 점이다.[58] 이는 향후 실리사회주의의 성격을 지니면서 계획과 시장을 병행하는 선군경제건설노선의 기초가 되었다.

선군정치의 북한에서 김정일이 국방위원장 직책의 국가수반으로 등장하면서 혁명적 경제대책이 제시될 당시, 제4차 7개년 계획 등 중장기적인 국가발전전략이 공표되지 않았다. 이는 북한의 계획경제가 제대로 운영되지 않음을 나타냈다. 하지만 북한 당국은 농업, 에너지, 과학기술의 중요성을 강조하면서 1998년 3월 부문별 전망계획으로 제1차 과학기술발전 5개년 계획을 발표하였다. 이후 에너지문제해결 3개년 계획(2003~2005년), 기간산업 · 농업 3개년연속계획(2005~2007년) 등도 제시하였다. 전략적 부문에 대한 계획적 관리가 부분적으로 실시되었던 것이다. 과학기술발전 5개년 계획은 지속적으로 진행되어 현재

집 14』(평양: 조선로동당출판사, 2000), pp. 306~333.

55) "사상의 강국을 만드는것부터 시작하여 군대를 혁명의 기풍으로 튼튼히 세우고, 그 위력으로 경제건설의 눈부신 비약을 일으키는것이 … 주체적인 강성대국건설방식이다." "정론: 강성대국," 「로동신문」, 1998년 8월 22일.

56) "우리는 앞으로도 중공업을 우선적으로 발전시키면서 경공업과 농업을 동시에 발전시킬데 대한 사회주의경제건설의 기본로선을 튼튼히 틀어쥐고나감으로써 우리식 경제구조의 위력을 끊임없이 강화해나갈 것이다." "자립적민족경제건설로선을 끝까지 견지하자," 「로동신문」, 1998년 9월 17일.

57) '혁명적 경제대책'이라는 용어는 공식적으로 2000년 신년공동사설에서 등장하였다. 그러나 이태섭은 1998년부터 제기되었다고 주장한다. "1998년 김정일에 의해 '사회주의 강성대국 건설의 전투적 기치'로 제시된 혁명적 경제대책은 국방공업 중심의 중공업 우선 전략이었다." 이태섭, 『북한의 경제위기와 체제변화』(서울: 선인, 2009), p. 343.

58) "1998년 9월17일 〈로동신문〉과 〈근로자〉에 공동으로 게재된, '자립적 민족경제 건설 로선을 최후까지 관철하자'라는 논설에서 '실리'라는 말이 처음으로 등장했다." "7 · 1 조처는 치밀한 경제 정책," 「시사저널」, 2004년 11월 2일.

제4차(2013~2017년)까지 진행되고 있다.

이에 대한 성과는 군수기술의 발전으로 나타났으며, 공장가동률이 매우 낮은 상황에서 국방공업을 중심으로 중공업을 유지시키는 효과를 낳았다. 또한 농업에 대한 투자도 증대시켜 1998년 강원도를 시작으로 '토지정리사업'이 전개되었고, 1999년 평안남도 160km의 개천－태성 물길공사를 시작으로 '자연흐름식 물길공사'가 진행되었다. 토지정리사업과 물길공사는 대체로 2009년까지 10여 년에 걸쳐 마무리되었다. 북한의 농업인프라 재구축은 곡물 생산량 회복에 긍정적 영향을 미쳤다.

1998년 제기된 혁명적 경제대책은 2001년 10월 3일 담화 "강성대국 건설의 요구에 맞게 사회주의 경제관리를 개선강화할 데 대하여"를 거쳐서, 2002년 7·1조치와 함께 9월에 발표된 "국방공업 우선적 발전과 경공업과 농업 동시발전"이라는 선군경제노선으로 발전하였다.[59] 7·1 조치는 가격 현실화를 통해 토지사용료 등을 징수하고 각종 보조금 지급을 폐지하였다. 또한 기업과 협동농장에 자율성을 부여하여 종합시장이나 사회주의물자교류시장 등을 통해 생산물의 일부를 거래하게 하였다. 무역회사도 직접 시장에서 수입품 등을 판매할 수 있는 권한을 가지게 되었다. 사회협동단체는 이미 1998년 헌법 개정을 통해 무역권이 부여되었다. 나아가 개인이 국가기관에 등록하고, 일정액을 상납하는 것을 전제로 식당 등 소규모 서비스업의 개인 운영을 허용하

---

59) "2001년 10월 3일 김정일은 7·1조치와 선군경제노선의 청사진을 제시한 담화에서 "국가계획위원회는 경제건설에서 전략적 의의를 가지는 지표들, 그밖의 소소한 지표들과 세부규격지표들은 해당기관, 기업소들에서 계획화하도록 하여야 한다"면서, 동시에 "군수공업을 선차로 내세우고 전력공업, 석탄공업, 금속공업, 철도운수부문 그리고 먹는 문제 해결을 위한 농업생산에 힘을 집중"하라고 지시했다. 이러한 토대 위에서 마침내 김정일은 7·1조치 직후인 2002년 9월 "국방공업을 우선적으로 발전시키면서 경공업과 농업을 동시에 발전시키는 선군경제노선"을 정식화하여 공식 제시하였다." 임수호, "김정일 정권 10년의 대내 경제정책 평가: '선군경제노선'을 중심으로,"『수은북한경제』 여름호 (2009), p. 27.

였다. 결국 선군경제노선은 국방공업 중심의 전략부문에 대한 선택과 집중, 비전략부문에 대한 시장 허용 등으로 나타나 계획과 시장의 병행 정책으로 귀결되었다.

하지만 7·1조치 이후 시장화가 진전되고, 경제 상황이 점차 나아지는 가운데 북한 당국은 계획외 영역의 증대, 돈주의 증가 등 자본주의적 현상이 증가한다고 판단하자, 2005년부터 시장에 대한 통제정책을 강화하였다. 여기에는 2012년 주체 100년을 향한 생산 목표의 실현을 위해 국가 재정의 확보라는 의도가 함께 작용하였다. 대표적인 사례가 2009년 11월 화폐개혁이었다. 가격 현실화 등 시장화 속에서 통화량이 팽창되고 인플레이션이 잦아지는 가운데, 통화를 회수하기 위한 조치가 국가 재정 확보의 목적과 함께 취해졌던 것이다.[60] 하지만 화폐개혁은 근본적인 공급 부족에 따른 인플레이션의 재발로 실패하였다.

그러나 이것이 북한 경제정책의 보수화를 의미하지 않았다. 왜냐하면 같은 시기 2009년 4월 최고인민회의에서 헌법 개정을 통해 '공산주의' 조항을 삭제했기 때문이다. 또한 2010년 9월 44년 만에 열린, 그리고 6차 당 대회 이후 30년 만에 진행된 당의 최고의사결정기구인 제3차 당대표자회에서도 조선로동당 규약의 최대 강령인 '공산주의'를 삭제하였고, 당면 목표인 '사회주의 완전 승리'를 '사회주의 강성대국'으로 변경시켰다.[61] 이는 사회주의에서 공산주의로의 이행논쟁에서 비롯되는, 공산주의로 나아가는 급진적인 경제정책을 원천적으로 차단하

60) "먼저 지 소장은 "일반적으로 통화의 단위변경은 통화팽창을 막기 위한 수단으로 시행되는 것이지만 생산의 장성(성장)과 공급능력의 확대, 확보된 자금의 효율적 활용이 동반돼야만 그 실효를 낼 수 있다"는 전제하에 "(1990년대 후반이후 계속된) 비정상적인 통화팽창을 근절할 수 있는 물질적 토대가 마련되었다는 (북한 당국의) 분석이 (이번 조치의) 배후에 있다"고 보았다." "재일동포학자가 본 북한의 화폐개혁 성과," 「통일뉴스」, 2010년 3월 3일.

61) 이정철, "북한 제3차 당대표자회: 분석과 전망," 「KNSI 특별기획」, 제31호 (2010), p. 5.

는 것이었다. 결국 북한 당국은 계획과 시장의 병행 상황을 지속시키면서, 국가의 통제를 통해 양자의 관계를 사회주의 국가의 성격에 맞게 조절하고자 했던 것이다.

〈표 4〉 7·1 경제관리개선조치 이후 경제운용시스템의 변화

구분	과도적 성격의 정책 조치		본질적 성격의 정책조치
	7·1조치(2002년)	추가조치(2003년 이후)	2005년 이후 수정조치
계획 측면	• 중앙계획대상 축소, 현물지표 외 금액지표 허용	• 현물지표 축소, 금액지표 확대	• 지속
생산 측면	〈기업소〉 • 경영권 부분이양, 초과·계획 외생산물 처분권 부여, 가격결정권 부분 부여 • 기업간원자재거래 허용 • 번수입제 도입 • 사내유보, 임금차등지불 허용 〈협동농장〉 • 분조규모 축소	〈기업소〉 • 번수입 사용권한 확대, 임금 상한선 폐지 • 가격결정권 확대 • 국가납부금 정액제로 전환 • 현금보유 한도 확대 • 원자재자율수입 허용 • 인력운용권한 부여 〈협동농장〉 • 포전담당제 시범도입 • 개인경작지 확대	〈기업소〉 • 번수입 폐지→사회순소득 지표 도입 • 임금차등지불 폐지 • 기업소기금 번수입내 일정비율→임금에 대한 일정비율로 변경 〈협동농장〉 • 포전담당제 철폐, 개인밭단속
유통 측면	• 원자재거래(사회주의물자교류시장) 도입 • 이중가격제 허용	• 상설(종합)시장 도입 • 수입물자교류시장 도입 • 개인상업활동 허용 • 기관, 기업소, 무역회사 국영상점 임대운영 허용 • 지방정부 상설시장 개설 허용 • 유통가격의 다양화	• 상설시장 축소·폐지정책 • 개인상공업 활동 통제 • 국영상점 활성화정책 • 배급제시스템 복원 시도 • 화폐개혁 직후 외화거래 금지
대외 경제	• 개성공업지구법, 금강산관광특구법, 신의주행정특별법 제정	• 무역법 개정: 기업소, 기관 무역분권화 확대 • 기업, 무역회사 외화결제 단일화	• 북남경제협력법 제정 • 외국투자관련법 개정, 최저임금 하향, 내륙투자 허용, 외자기업 국내시장허용 • 외화예금제도 도입

* 출처: 권영경, "'2012년 체제' 구축전략과 북한경제의 변화," 『북한경제리뷰』, 2010년 3월호 (2010), p. 46.

하지만 제3차 조선로동당 대표자회에서도 구체적인 전망계획에 대한 발표는 없었다. 물론, 북한은 경제가 조금씩 개선되면서, '강성대국'이라는 목표를 지속적으로 강조해왔다. 1992년 이후 15년 만에 열린 2007년 전국지식인대회에서 최태복 조선로동당 비서는 목표의 수준을 낮추었지만, "김일성 탄생 100주년이 되는 2012년에서 강성대국의 문을 열겠다"고 선언하였다.[62] 구체적 목표의 수치에 대해서는 2009년 북한 경제학자 리기성이 "1980년대 중엽 생산수준"을 달성하는 것이라고 밝혔다.[63] 재일동포 지영일 교수도 "1980년대 말에 이룩한 최고 생산실적을 초과 달성하는 것을 강성대국 대문의 기본 징표의 하나"라고 하였다.[64]

이를 실현하기 위해서 북한에서 2008년부터 단계별 연차계획 방식으로, 강성대국건설 5개년 계획을 세워서 각 부문마다 과제를 수행하였다고 했지만 실패하였다.[65] 북한은 실패를 모면하기 위해서 목표의

62) "지난 2007년이다. 그해 11월 평양에서 열린 '전국지식인대회'에서 최태복 노동당 중앙위원회 비서는 "2012년은 김일성 동지의 탄생 100돌이 되는 뜻깊은 해"라며 "2012년까지는 강성대국의 문을 열어야 한다"고 주장했다." "'김정은 1년'의 민낯 실체?," 「주간현대」, 2012년 11월 6일.

63) "강성대국의 문어구에 이른 오늘 우리가 도달하여야 할 최고의 생산수준은 사회주의완전승리를 위한 물질기술적토대축성에서 커다란 전진이 이룩되였던 1980년대 중엽의 생산수준이라고 말할수 있다." 리기성, "현시기 사회주의경제강국건설의 주요과업," 『경제연구』, 제1호 (2009), p. 5.

64) "北, 1980년대말 최고실적 돌파 목표, 〈조선신보〉," 「연합뉴스」, 2009년 10월 7일.

65) "신문은 '2012년을 내다본 경제사업은 이미 작년부터 구체화되고 있다'며 '2012년까지의 단계별 년차계획이 각 부문마다 수립되여 구체적인 도달목표와 달성수치가 설정되여 있다'고 언급, 경제개발계획의 존재를 확인했다. 이어 신문은 '공장, 기업소를 비롯한 생산현장의 관계자들은 작년부터 그 전망계획에 따라 생산활동이 추진되고 있다'고 부연했다. 이 계획에 따르면 북한은 경공업부문에서는 방직공업에 집중, 평양과 사리원을 비롯한 5대 방직공장의 설비를 모두 일신해서 2012년까지 천의 생산량을 현재의 4배로 늘리게 된다. 또 북한은 석탄부문에서는 앞으로 몇 년 안에 생산량을 1980년대의 최전성기수준까지 끌어올리게 된다." "북, 경제개발 5개년 계획 추진중, 조선신보 '경제강국건설, 실적에 기초한 계획 추진중'," 「폴리뉴스」, 2009년 1월 6일.

수준을 높이거나, 낮추었다. 북한 당국은 3차 7개년 계획 이후 처음으로 대외적으로 2011년 1월 중장기적인 국가계획인 '국가경제개발 10개년 전략계획'을 발표하면서 2020년까지 시간을 연기하며, 목표를 더 높여서 달성할 것을 제시하였다.[66] 그리고 정작 2011년 8월에는 2012년 "목표를 달성할 수 있는 전망의 근거를 마련하는 것", 즉 강성대국의 문을 열 수 있는 기반을 갖추는 것이라며 목표의 수준을 낮추었다.[67] 일반적으로 사회주의 국가에서 만성적인 '약속의 지연'은 경제의 침체를 불러오는 요소로 작용하였다.

결국 북한은 1980년대 최고실적을 돌파하여 강성대국의 문을 열겠다는 2012년의 목표를 실현하지 못했다. 그 원인에는 핵실험 등으로

---

66) "'국가경제개발 10개년 전략계획'에 따라 하부구조 건설과 농업, 전력, 석탄, 연유, 금속 등 기초공업, 지역개발을 핵심으로 하는 국가경제개발의 전략적 목표가 확정됐다"며 이 계획이 수행되면 북한은 "당당한 강국으로서뿐 아니라 동북아시아와 국제경제관계에서 전략적 지위를 차지하게 된다"고 주장했다. … 12개 산업분야는 ▲농업개발 ▲5대 물류산업단지 조성(라선, 신의주, 원산, 함흥, 청진) ▲석유에너지 개발 ▲2천만t 원유가공 ▲전력 3천만㎾ 생산 ▲지하자원 개발 ▲고속도로 3천㎞ 건설 ▲철도 현대화 2천600㎞ ▲공항 · 항만 건설 ▲도시 개발 및 건설 ▲국가개발은행 설립 ▲제철 2천만t 생산이며 이 가운데 1차적 과제는 농업개발이라고 밝혔다." "北, '국가경제개발 10개년 전략계획' 수립," 「연합뉴스」, 2011년 1월 15일.

67) 2011년 8월 캐나다 벤쿠버의 브리티시 콜롬비아 대학에서 개최한 제10차 '코리아학 국제학술토론회'에서 "북한학자는 … 당초에 세웠던 강성대국의 목표를 2012년까지 완성한다는 것이 아니라, 그런 목표를 달성할 수 있다는 전망의 근거를 마련하는 것이 목표라고 수준을 낮추어 설명했다. 즉 실제로 목표를 성취해야 한다기보다는 강성대국을 실현할 수 있는 조건과 기반을 갖추는 것이 2012년의 목표라는 것이다." 김병로, "북한, 2012년 강성대국 실현의 목표를 낮추다," 「통일칼럼」, 9월 22일 (2011); 〈http://tongil.snu.ac.kr/xe/sub770/13157〉; 2009년 8월 상해 대회에서는 북한의 "리기성 교수가 '새로운 혁명적 대고조로 강성대국의 대문을 열어나가고 있는 조선경제'라는 주제로 발표를 하면서 최근 북한의 현대사를 6년 단위로 나눠 1995-2000년 고난의 행군시기, 2001-2006년 강성대국 여명이 밝아온 시기, 2007-2012년 강성대국의 문을 여는 시기로 설명"하였다. "北학자들, 8월말 '우라늄 기술 확보' 공개주장," 「연합뉴스」, 2009년 9월 9일.

인한 대북제재에 의해 대규모 외자유치에 실패한 것도 크게 작용하였다. 지속적으로 증가되는 북중교역과 시장화에 따라 그럭저럭 먹고 사는 수준의 경제적 회복은 가능했지만, 짧은 시장화의 역사와 작은 시장의 규모 등으로 대규모 자본 축적이 여의치 않아 생산력을 크게 발전시키지 못했다. 또한 체제수호를 위한 국방공업에 대한 지속적 투자도 크게 작용하여, 여타 공업의 생산 정상화를 실현하지 못하였다. 김정일은 목표를 실현하지 못하고, 2011년 12월 사망하였다.

〈표 5〉 2012년 강성대국 진입목표와 실적 추산

김정일 시대 2012년 달성 목표 : 1980년대 최고 생산력 수준 (북한『조선중앙연감』발표 기준)		2011년 실제 생산량 (한국은행 추산)	2020년 국가경제개발 10개년 전략계획
1. 전력	555억 kWh(1989년)	생산능력 692만 kW /실제 생산량 211억 kWh	3천만 kW
2. 석탄	8천500만 톤(1989년)	2,550만 톤	-
3. 철강	740만 톤(1987년)	122.5만 톤	2천만 t(제철)
4. 시멘트	1,350만 톤(1989년)	645.2만 톤	-
5. 화학비료	560만 t(1989년)	47.1만 톤	-
6. 직물	8억7천 m(1989년)	-	-
7. 알곡	1,000만 t(1987년)	425만 톤	-

* 2011년 북한의 실적은 제3차 7개년 계획의 마지막 해인 1993년에 대한 남한 추정 실적과 비교해보면 시멘트 생산량은 증가했고, 전력 및 석탄 생산량은 유사함.

나. 김정은 집권과 경제개혁: 계획과 시장의 공존 심화

2012년 4월 11일 제4차 당대표자회에서 김정은은 공식적으로 집권하였다. 당대표자회를 마친 후, 4월 15일 김일성 주석 탄생 100돌 경축 열병식에서 김정은은 “자주의 길, 선군의 길, 사회주의의 길을 따라 곧바로 나가는 여기에 우리 혁명의 백년대계의 전략이 있고 종국적 승리가 있다”고 선언하였다. 또한 그 자리에서 “일심단결과 불패의 군력에 새세기 산업혁명을 더하면 그것은 곧 사회주의강성대국"이라고 연설하였다. 북한에서 강성대국으로의 진입 논쟁은 김정일 사망 국면에서 사라지고, 선군을 통한 강성대국 건설로의 새로운 다짐만이 존재하였다.

20년 만에 열린 '조선로동당 중앙위원회 2013년 3월 전원회의'에서는 선군경제노선을 계승하여 '경제 건설과 핵무력 건설 병진노선'을 결정하였다. 회의에서는 "경제건설과 핵무력건설을 병진시킬 데 대한 전략적 노선은 자위적 핵무력을 강화 발전시켜 나라의 방위력을 철벽으로 다지면서 경제건설에 더 큰 힘을 넣어 사회주의강성국가를 건설하기 위한 가장 혁명적이며 인민적인 노선"이라며, "새로운 병진노선의 참다운 우월성은 국방비를 추가적으로 늘이지 않고도 전쟁억제력과 방위력의 효과를 결정적으로 높임으로써 경제건설과 인민생활향상에 힘을 집중할 수 있게 한다는 데 있다"고 강조하였다. 이는 핵무기 개발비용이 핵무기 유지·발전비용보다 크다는 전제 아래 국방예산의 추가적 증대가 필요치 않아서, 국방공업으로 증액되어야 할 자본이 기초중공업, 경공업과 농업 등에 사용될 수 있다는 것을 의미하였다. 이를 위해 당 경공업부 부장 박봉주를 정치국 위원으로 선출하였고, 연이어 열린 4월 1일 최고인민회의 제12기 7차 회의에서 그를 내각 총리로 재기용하여 내각의 권한을 강화하였다. 또한 회의에서는 경제-핵무력 병진노선을 위해서 "현실발전의 요구에 맞게 경제지도를 근본적으로 개선하며 주체사상을 구현한 우리식의 우월한 경제관리방법을 완성하여야 한다"고 강조하였다.[68]

---

68) "조선로동당 중앙위원회 2013년 3월 전원회의에 관한 보도,"「로동신문」, 2013년 4월 1일.

〈표 6〉 김정은 집권기 주요 경제개혁조치[69]

	내 용
2012년 6.28 농업개혁조치 (농업 부문)	* 분조관리제 전면 확대: 분조아래 포전담당제 도입(2~5명) * 초과생산물 자율처분권 대폭 확대 - 생산량의 70% 국가, 30% 분조 = 40%(국가: 영농비용), 30%(국가 수매: 현금 배분), 30%(현물 분배)
2012년 12.1 경제개선조치 (기업소 부문)	* '지배인 책임경영제' 전면 확대 * 차등임금제 전면도입: 성과급 중심 분배(최고 100배 차등)
2013년 5월 경제개발구법 (대외 부문)	* 지방정부 차원 경제개발구 설치의 법적 근거 마련 * 지역별 특색에 맞는 소규모 경제특구 설치 - 지방공업 개선과 자본 마련에 도움
2014년 5.30조치 (총괄적 내용)	* 농업 생산량의 40%(국가 납부), 60%(농민 자율) - 농가 단위 영농 허용(1,000평까지도 텃밭 허용) * 사회주의기업책임관리제 도입: 기업 자율권 부여 - 업종전환, 노력관리(고용과 해고), 임금 결정 자율 - 지방기업까지 무역권 허용

* 출처: "최근 북한 경제정책의 특징과 통일에의 시사점," 『VIP 리포트』, 제569호 (2014) 참조. "북한 농업개혁이 북한 GDP에 미치는 영향," 『현안과 과제』, 제36호 (2014) 참조.

이미 김정은이 집권하면서 2012년 '6·28 농업개혁조치'와 '12·1 경제개선조치' 등 각종 경제개혁이 도입되었다. 즉, 협동농장과 기업소에 경영의 자율성을 대폭 부여하여 생산의 정상화를 독려하였다. 2013년 5월 '경제개발구법'이 제정되어 지방 인민위원회가 스스로 무역에 나설 수 있는 권한이 부여되었고, 2013년 12월 최고인민회의 상임위원회 정령을 통해 지방급 경제개발구 13개를 각 도에 설치하였다. 이러한 조치들은 시장을 적극적으로 활용하는 등 계획과 시장의 공존이 심화되

69) 6·28방침이라고도 하는데, 북한 『조선말대사전(증보판)』(평양: 사회과학출판사, 2007)에서 방침은 "사업과 활동에서 견지하여야 할 원칙과 전략전술을 실현하기 위한 지도적이며 방향적인 지침", 조치는 "제기된 문제나 사태를 풀기 위하여 필요한 대책을 세우는 것 또는 그 대책"을 의미한다. 필자는 분명하게 내용을 확인할 수 없는 한계로 인해서, 대책을 뜻하는 '조치'라는 단어로 통일하였다.

는 것을 의미하였다.[70]

7·1조치처럼 총괄적인 경제관리개선조치로 2014년 5월 30일 김정은은 당·국가·군대기관의 책임일군들에게 "현실발전의 요구에 맞게 우리식 경제관리방법을 확립할데 대하여"라는 담화를 발표하였다. "경제관리방법을 개선하는 것은 현시기 경제건설과 핵무력건설을 병진시킬데 대한 당의 전략적로선을 관철하여 부강조국건설을 앞당기기 위한 절실한 요구"라고 하였다.[71] 따라서 선군경제노선과 7·1조치가 결합되어 실행된 것[72]처럼 경제-핵무력 병진노선과 5·30조치도 계획과 시장의 공존이 심화된 하나의 정책으로 간주해야 한다.

2014년 북한은 "전력, 식량문제를 비롯하여 경제건설과 인민생활향상에서 기초적인 문제들이 아직 원만히 풀리지 못하"는 상황을 솔직히 인정하였다. 이를 극복하기 위해 "인민경제의 계획적균형적발전법칙과 로동에 의한 분배법칙, 가치법칙과 같은 경제법칙들과 그와 관련한 경제적공간들을 효과적으로 리용"하여 "최대한의 경제적실리를 보장"하는 방도가 우리식 경제관리방법에 있어야 한다고 강조하였다.[73] 5·30조치에서 제시된 우리식 경제관리방법에서 핵심적으로 도출되는 것이 바로 '사회주의기업책임관리제'였다. 김정은이 직접 개념을 규정한 것

---

70) "시장에 대한 김정은 정권의 정책기조가 허용보다는 좀 더 높은 수준일 수 있음을 보다 선명하게 보여주는 사례가 '우리식 경제관리방법'이다. 5·30조치로도 불리는 이 조치는 농장 및 공장 운영에 있어서 시장과 관련된 제반 불법적 또는 반(半)합법적 활동의 상당 부분을 합법화하고, 이를 통해 '시장'을 보다 적극적으로 활용하고자 하는 것이다." 양문수, "2015년 평가와 2016년 전망," 『IFES현안진단』, No.36 (2015), 참조.

71) "김정은 '5·30담화'와 내각 상무조," 「통일뉴스」, 2015년 1월 6일.

72) "선군경제노선은 사실상 계획과 시장의 결합 내지 공존을 전제로 디자인된 것으로서 필요에 따라 계획, 즉 경제적 보수화와 시장, 즉 경제적 개혁노선을 유연하게 끄집어 낼 수 있는 매우 절충적인 노선이다." 임수호, "화폐개혁 이후 북한의 대내경제전략," 『북한경제리뷰』, 3월호 (2010), p. 18.

73) "우리식 경제관리의 우월성과 위력을 높이 발양시키자," 「로동신문」, 2014년 9월 3일.

으로 알려지는 사회주의기업책임관리제란 "공장, 기업소, 협동단체들이 생산수단에 대한 사회주의적소유에 기초하여 실제적인 경영권을 가지고 기업활동을 창발적으로 하여 당과 국가 앞에 지닌 임무를 수행하며 근로자들이 생산과 관리에서 주인으로서의 책임을 다하게 하는 기업관리방법"이다.[74]

〈표 7〉 2014년 김정은 집권기 주요 생산량 (자료: 통계청)

1.전력	생산능력 725만kW /실제 생산량 216억kWh	3.철강	122만톤	5.화학비료	50.1만톤	7.식량(알곡기준)	480만톤
2.석탄	2,709만톤	4.시멘트	667.5만톤	6.직물	-	8.수산물	84.2만톤

* 2014년 북한의 실적은 2011년과 비교해보면 시멘트, 석탄, 식량 생산량이 증가했지만, 북한이 발표한 1980년대 최고 실적의 절반에는 여전히 못 미침.

우리식 경제관리방법, 사회주의기업책임관리제 등이 확산되면서 북한의 시장화도 확대되었다. 북한의 시장은 2010년 약 200개에서 2015년 약 396개로 두 배 정도 늘어났다.[75] 평양에는 아침 6시부터 밤 12시까지 시장가격으로 운영하는 북한식 편의점[76] 등도 생겼다. 휴대폰 사용자도 2013년 5월 200만 명에서 약 2년 6개월 만에 가입자 수가 1.5배로 늘어나, 2015년 11월 약 300만 명이 되었다.[77] 2014년 심한 가뭄에도 불구하고, 포전담당제 등의 농업개혁에 힘입어 농업생산량이 크게 감소하지 않았다.[78] 김정은의 경제개혁으로 분명히 북한 경제는 지속

74) "김정은 '5·30담화'와 내각 상무조," 「통일뉴스」, 2015년 1월 6일.
75) "북한의 시장 '장마당', 400개 육박한다"는 분석 나와," 「경향신문」, 2015년 5월 21일.
76) "우리식 경제관리방법의 성공사례, 북한 편의점 '황금벌상점'," 「통일뉴스」, 2015년 2월 22일.
77) "북한 휴대폰 가입자 300만 명 돌파," 「뉴스타운」, 2015년 11월 20일.

적으로 점진적인 개선을 실현하였다. 하지만 그것이 1980년대 공업 최고 생산량의 재달성 등 북한 경제의 정상적 회복을 의미하지 않았다.

2. 제7차 조선로동당 대회의 경제적 내용: '우리식 경제관리방법'의 전면화로 경제개혁 확대

이미 2012년 김일성 주석 탄생 100년, 2014년 당 창건 70돌 등을 맞이하여 제7차 조선로동당 대회가 개최될 것이라고 회자되었다. 당 대회에서 차기 후계자가 등장하고, 구체적인 경제발전의 전망이 제시될 것이라 예상했다. 하지만 2010년 9월 3차 당대표자회에서 당 중앙군사위원회 부위원장으로 김정은의 등장을 공식화하였고, 김정일의 사망 이후 2012년 4월 4차 당대표자회에서 김정은의 집권을 공인했기 때문에 제7차 당 대회에 대해서 3대 세습을 정당화한 '셀프 대관식'이라는 일부 언론들의 판단은 적절치 않다.

또한 제7차 당 대회에서는 기대했던 북한 경제발전의 전망계획도 없었다. "국가경제발전 5개년전략"이라는 중장기적인 전망이 제시되었지만 구체적 수치가 없었기 때문이다. 그렇다면 "왜 열린 것일까?"라는 질문을 던지게 된다. 경제적으로 볼 때 이미 중장기적인 목표의 수치는 1980년대 최고실적으로의 복귀라는 '강성대국 대문으로의 진입'과 2020년까지의 '국가경제개발 10개년 전략계획' 등으로 제시되었다. 따라서 북한 당국은 또 다른 수치의 목표보다, 제시되었던 목표들을 어떻게 달성하는가에 주목하여, 그것을 위한 경제적 방식에 대해서 결정

78) "가뭄이 비교적 심했던 지난해 곡물 생산량도 480만t으로 전년 대비 1만t 감소하는 데 그쳤다. 과거 가뭄이 닥쳤을 때의 생산량은 연간 300만t에도 못 미쳤다. 북한의 농업 발전을 이끈 일등공신으로는 2013년 도입된 '포전담당제'가 지목된다." "100년 만의 가뭄... 시험대 오른 북한 농업개혁,"「연합마이더스」, 11월호 (2015); 〈http://www.yonhapmidas.com/print/151114134137_373542〉.

을 하였던 것이다. 즉, 지속적으로 확대된 계획과 시장과의 관계를 활용한 경제관리방식의 공식화를 꾀하였다. 이것이 제7차 조선로동당 대회에서 경제적으로 주목해야 할 지점이다.

가. 전략과 전략적 관리의 도입: 지령성 전망계획의 개선과 전체 경제의 실리 추구

> "사회주의경제강국을 성과적으로 건설하기 위하여서는 인민경제발전을 위한 단계별전략을 과학적으로 현실성있게 세우고 어김없이 집행해나가야 합니다. 당면하여 2016년부터 2020년까지의 국가경제발전 5개년전략을 철저히 수행해야 합니다. … 경제사업에 대한 국가의 통일적지도와 전략적관리를 책임적으로 하여야 합니다."[79]

2007년 『조선말대사전(증보판)』에서 계획은 "사회경제발전의 목표와 그 실현방도를 수자적으로 미리 예견해놓은 것, 전망계획과 현행계획, 국가계획과 기업소계획 등으로 작성되고 집행"되는 것이며, 전략은 "일정한 목적을 달성하기 위한 총적방향과 근본방도를 규정한 방침"이라고 한다.[80] 계획은 통제적 목표 달성의 의미가 강하며, 전략은 포괄적 방향이나 구상의 성격이 강하다. 제7차 당 대회에서 북한 당국이 구체적 수치가 제시되지 않은 '국가경제발전 5개년전략'을 발표한 것은 전체 경제에서의 경제적 실리에 대한 고려 없이, 자기 단위의 목표 달성에 매몰되는 계획경제의 문제점을 극복하고자 함이다.

고전적 사회주의계획경제의 문제는 중앙집권적인 관료적 지시와 조

79) "조선로동당 제7차대회에서 한 당중앙위원회 사업총화보고," 「로동신문」, 2016년 5월 8일.

80) 사회과학원 언어학연구소, 『조선말대사전(증보판)』 (평양, 사회과학출판사, 2007) 참조.

정에 있었다. 사회주의체제에서 관료적 조정의 결과는 계획에 대한 흥정과 연성예산제약, 물자가 유통되지 않는 '부족의 경제' 등에 기인한 경제발전의 정체였다. 중앙에서 주어진 자기 단위의 목표 달성을 위한 연간계획의 수행에 매몰되면서 저장강박이 심화되는 것이다. 이속에서 중장기적 계획을 통해 실현하려는 전체 경제의 조화와 효율성이 사라진다. 구 소련은 이를 극복하기 위해서 '페레스트로이카'를 주창하며, 국가가 세부적인 계획목표를 제시하기보다는 중장기적으로 전략적 부문의 과제를 제시하는 경제적 관리방식으로의 변화를 모색하였다.[81) 구 소련의 경제개혁은 현재 북한의 고민과 유사한 측면이 존재한다.

"그것은 우선 국가의 전략적경제관리방법에서는 지난 시기와는 달리 전략을 세우는 사업으로부터 경제관리가 실현된다는데 있다. 지난 시기 국가의 경제관리방법은 경제계획을 세우는 사업으로부터 경제관리를 실현하였다. 지난 시기에는 나라의 경제를 전망적으로 발전시키는 문제도 전략을 세우는 방법으로가 아니라 전망계획을 세우는 방법으로 해결하였다. … 그것은 또한 국가의 전략적경제관리방법에서는 나라의 전반적인 경제의 전망적발전을 중심에 놓는다면

81) "오늘날 상세하고 방대한 계획은 이제 필요하지 않다. 국민경제계획은 주로 전략적인 과제를 규정해야 하며, 그것은 비교적 소수의 총괄적인 지표에 의해 표현할 수 있다. 그 지표들은 일반적으로 지령적인 성격을 갖지 않으며, 중앙경제기관이나 각 부문의 행정부서 및 연방 구성공화국 국무회의의 행동에서 지침이 된다. … 행정적인 관리제도 하에서는 달성 수준에 기초한 계획화가 지배적이었다. 그것은 무엇보다도 먼저 현존하는 경향의 단순한 삽입에 기초하기 때문에, 과학기술진보의 전망이나 과제에 그다지 영향을 주지 않으며, 효율향상을 위한 깊이 있는 여력을 끌어내지 못하고, 커다란 사회변동을 예정하지 않는 것이다. 그러한 상황 하에서 가장 상세한 형태로 작성되는 것은 연간계획이었다. 5개년 계획은 계획화의 주요한 형태로서의 기능을 충분하게는 수행하지 못했다. 그것은 연간계획을 위한 하나의 출발점에 불과하며, 그것도 5개년 계획 기간의 최초의 1~2년만의 것이었다. 그후의 시기에는 연간계획은 당해연도에 대한 5개년 계획의 과제로부터 아주 크게 벗어나버렸다." 소비에뜨연방과학아카데미 저, 이항제 역, 『정치경제학교과서 2』, pp. 290~291.

> 지난 시기의 경제관리방법에서는 주로 현행경제사업에 힘을 넣는 방법이라는데 있다. 지난 시기의 국가경제관리방법은 주로 당면한 현행경제문제들을 푸는데 기본을 두고 진행하였다. 물론 지난 시기에도 전망계획을 세우고 그것을 집행하기 위한 경제관리를 하였지만 보다 중시한 것은 1년을 단위로 한 현행 인민경제발전계획을 세우고 집행하는데 힘을 넣는 것이였다."[82]

제7차 당 대회에서 북한 당국도 중장기적인 전망계획의 수치를 제시하기보다는 중장기적인 경제발전의 총적 방향과 방도가 담긴 전략을 제시한 것이다. 국가경제발전 5개년 전략의 목표를 "인민경제전반을 활성화하고 경제부문사이 균형을 보장하여 나라의 경제를 지속적으로 발전시킬 수 있는 토대를 마련하는 것"이라며, "에네르기문제를 해결하면서 인민경제 선행부문, 기초공업부문을 정상궤도에 올려세우고 농업과 경공업생산을 늘여 인민생활을 결정적으로 향상"시킬 것을 제안하였다.[83] 자기 단위의 목표 달성에만 급급해 흥정이 난무하고, 유통이 부족해지는 구체적인 숫자 중심의 '계획'을 다시 제안하기 보다는, 전체 경제의 목적을 고려하면서 기업소들의 실리를 추구하는 방도를 규정하는 '전략'을 새롭게 제시한 것이다.

또한 '전략적 관리'를 통해서 주어진 계획목표에 따른 자기 단위의 최고 실적 달성에 연연하는 것이 아니라, 중장기적으로 전체 경제에서 실리를 가져오는 전략적 사고와 그에 기초한 목표의 실현을 꾀하려는 것이다. 이미 북한에서는 1990년대 경제난 이후 국가가 자재 공급을 포함한 계획 과제를 제대로 아래 단위 기업소에 제시하지 못하는 상황이 빈번해지면서, 2000년대 이후 계획과 시장을 공식적으로 병행하여 기관 및 기업소 단위마다 전체적인 국가경제의 발전 방향을 고려

82) 송정남, "전략적경제관리방법의 본질적 특징," 『경제연구』, 제4호 (2015), p. 15.
83) 「로동신문」, 2016년 5월 8일.

하면서 스스로 자재를 조달하면서 생산을 정상화하는 전략적 사고를 강조하고 있었다. 이를 비교적 자유롭게 허용하기 위해서 중국처럼 완전한 유도성 계획경제로의 전환은 아니지만, '기업전략' 등을 통해서 인민경제계획이 지니는 지령적·법적 성격을 탈피하여 전체 경제에 실리를 가져오는 효율적인 목표의 실현을 추진하였다. 이는 장밋빛 약속을 다시 제시하며 목표를 연기시키는 것이 아니라, 약속을 보다 잘 지키기 위한 태도를 밝힌 것으로 해석될 수 있다.

> "경제단위들의 상대적독자성은 경제전략, 기업전략을 바로세우고 그에 따라 경제사업을 조직전개할것을 요구하는것만큼 옳은 경제전략, 기업전략을 가지고 경제문제를 주동적으로 전망성있게 풀어나갈 때 경제단위들이 당과 국가앞에 지닌 책임과 의무를 다하게 된다. 경제전략, 기업전략은 경제단위들의 상대적독자성을 전제로 하므로 인민경제계획에 비하여 법적성격, 법적구속력이 강하지 않다."[84]

나. 사회주의기업책임관리제의 공인: 계획의 분권화 확대와 적극적인 시장 활용

> "사회주의기업책임관리제를 바로 실시하여야 합니다. 공장, 기업소, 협동단체들은 사회주의기업책임관리제의 요구에 맞게 경영전략을 잘 세우고 기업활동을 주동적으로, 창발적으로 하여 생산을 정상화하고 확대발전시켜나가야 합니다. 국가적으로 기업체들이 부여된 경영권을 원활하게 활용할수 있도록 조건을 충분히 보장해주어야 합니다."[85]

---

84) 박홍규, "경제전략, 기업전략에 대한 옳은 리해에서 나서는 몇가지 문제," 『경제연구』, 제3호 (2008), pp. 13~14.
85) 「로동신문」, 2016년 5월 8일.

현재 북한 당국은 국가 차원의 전략적 경제관리와 기업 차원의 전략적 기업관리를 구분하면서, 기업의 자율성을 확대하는 동시에 국가적 관리를 실질적으로 진행하는 방식을 추구하고 있다. 과거처럼 계획의 일원화 및 세부화가 초중앙집권식으로 진행된다면 감독비용이 늘어나는 등 계획경제의 비효율성이 더욱 심화되기 때문이다. 이제 북한의 계획경제에서 일원화는 관리 및 감독의 성격을 띠는 국가의 권한으로, 세부화는 구체적 계획의 수립과 실행을 위한 기업의 영역으로 분화되어 나타나고 있다.

> "그것은 또한 국가의 전략적경제관리에서는 기업체들이 실질적인 경영권을 가지고 독자성과 창발성을 최대로 높이는데 맞게 경제조직사업을 진행한다면 지난 시기의 국가의 경제관리에서는 주로 기업체들의 경영활동의 세부에 이르기까지 국가가 책임지고 진행하였다는데 있다. 지난시기에는 기업체들이 경영상 상대적독자성을 가지고 관리운영되였지만 실제적인 경영권은 국가가 틀어쥐고 행사함으로써 기업체의 경영활동의 많은 측면들이 국가에 의하여 진행되게 되었으며 기업체의 국가의존도는 대단히 높았다. 기업체들은 국가가 모든 것을 대주어야 계획을 수행하였으며 국가가 대주지 못하면 아무런 책임도 지지 않게 되어있었다. … 국가의 전략적관리하에서는 기업체들이 계획권을 가지고 주문과 계약에 기초하여 기업소지표의 계획을 세우고 자체의 실정에 맞게 생산을 조직하게 된다. 여기서는 또한 국가가 정한 표준관리 기구와 표준로동정량에 기초하여 자체의 실정에 맞게 관리기구 및 로동정량을 재적용하게 된다."[86]

이미 북한은 각종 계획지표를 분담하는 등 계획의 분할을 꾀하면서 계획지표도 실제 생산수준에 맞게 대폭 낮추는 등 국가 계획의 현실화를 도모하였다. 기업들이 스스로 자재를 확보하도록 시장가격으로

86) 송정남, "전략적경제관리방법의 본질적 특징," pp. 15~16.

거래하는 '사회주의물자교류시장' 등이 확대되었다. 그리고 국가는 시장을 통해 예산수입을 보충하였다. 이속에서 북한의 시장화가 진전되었다.

> "공장, 기업소들이 자체계획지표를 설정하고 그것을 맡아 계획화하는 경우에는 자체로 수요를 찾아 그것을 계획에 맞물리고 수요자들에게 직접 공급하는 방법을 받아들일수 있다. 따라서 생산경영단위들에서는 자재공급사업도 계획에 맞물려 생산공급하는 것을 기본으로 하면서 보충적으로 사회주의물자교류시장을 합리적으로 리용하면 공장, 기업소들사이에 여유있거나 부족되는 일부 원료, 자재, 부속품 같은 것을 서로 유무상통하는 방법으로 해결할수 있다. 사회주의물자교류시장을 합리적으로 리용하도록 하자면 계획사업에서 교류에 리용할수 있는 대상과 몫을 바로 규정하고 그것으로 물자교류에 쓰도록 할수 있다. 이와같이 계획지표를 국가지표, 성지표, 지방지표, 기업소지표 등으로 분할하여 계획화하도록 하면 계획사업에서 국가의 중앙집권적지도를 강화하면서도 아래 단위의 독자성과 창발성을 높여 계획사업이 경제발전과 인민생활에 더 잘 복무하도록 할수 있다."[87]

> "지역시장이 지방예산수입을 보충해주고 국가적인 화폐류통을 정상적으로 보장하는데 더 잘 이바지하도록 하여야 한다. 여기서 중요한 것은 시장사용료공간과 국가납부금공간을 합리적으로 리용하며 저금사업을 개선강화하는 것이다. 시장사용료는 시장의 시설을 리용하는 대가로 지불하는 료금이며, 국가납부금은 시장을 통하여 상품을 실현한 결과 얻은 소득의 일부를 예산에 동원하는 중앙집중적소득의 한 형태이다."[88]

---

87) 정영범, "계획지표의 합리적분담," 『경제연구』, 제3호 (2007), pp. 17~18.
88) 『주체정치경제학』 (평양: 김일성종합대학출판사, 2004), p. 296.

이러한 흐름에서 국가 차원의 계획과 전략적 관리가 제대로 실행되려면 적극적인 기업 활동이 더욱 보장되어야 한다. 구 소련도 경제개혁에서 기업의 자기활동 보장을 중요한 요소로 판단하였다.[89] 2014년 5·30조치에서 제시되었고, 2016년 당 대회에서 공식적으로 인정된 북한의 '사회주의기업책임관리제'도 기업의 자율성, 즉 '경영권'을 보장한다. 계획권, 제품개발권, 노력조절권, 무역 및 합영합작권 등이 경영권의 핵심 내용이다.

> "국가의 전략적경제관리에서는 기업체들이 계획권, 생산조직권, 관리도구 및 로력조절권, 새 제품개발 및 품질관리권, 판매권, 무역 및 합영합작권 등을 행사하도록 함으로써 집단주의적원칙에서 독자적으로, 창발적으로 기업활동을 하게 되어있다. 여기서 국가는 기업체들이 실질적인 경영권을 행사하는데 맞게 환경과 조건을 마련하여주는 방법으로 전략적 관리를 실현한다."[90]

이는 북한의 경제개혁이 심화되고 있음을 나타낸다. 물론 북한 당국은 중국의 시장사회주의처럼 기업이 가격을 자유롭게 제정하는 '가격 자유화' 조치를 실행하지 않고, 가격 통제를 통해 계획과 시장의 관계를 조절하고 있다. 하지만 북한도 2000년대 이후 국가 중앙에서 일부 중요물자에 대해서만 가격을 제정하고, 나머지 물품에 대해 가격의 기준만 설정하여 기업소가 직접 가격을 제정하는 것에서 알 수 있듯이, 가격통제권이 점차 유연화되고 있다.

---

89) "기업은 자기활동의 계획화에서 광범위한 자립성을 획득한다. 기업에 대해서는 통제숫자, 국가발주, 경제적 계수(가격, 세금, 재무·신용·외화 면에서의 활동조건) 및 경제활동과 관련된 법적 기준만이 전달된다." 소비에뜨연방과학아카데미 저, 이항제 역, 『정치경제학교과서 2』, pp. 289~291.

90) 송정남, "전략적경제관리방법의 본질적 특징," p. 16.

"사회주의사회에서 가격은 우선 인민경제의 중요부문 생산물가격 제정을 통하여 계획적균형적발전을 조종한다. 사회주의사회에서는 기업소와 생산자들이 생산의욕을 자극할수 있게 하면서도 생산수단과 소비재생산부문 기업소들의 수입과 지출을 객관적현실에 기초하여 평가할수 있도록 가격을 제정하여 경제발전의 계획적균형적발전을 조종해나간다."[91]

"가격공간을 능동적으로 리용하여야 한다. 가격은 경제발전과 인민생활에서 중요한 의의를 가진다. 따라서 전략적으로 틀어쥐여야 할 일부 중요지표들에 대해서만 국가가 제정하고 그밖의 국영경리와 협동경리의 생산물과 련합기업소안에서 류통되는 생산물, 지방적의의를 가지는 생산물에 대해서는 국가가 정해준 가격제정원칙과 방법에 준하여 지방과 생산단위들이 자체로 제정하도록 하는 것이 합리적이다."[92]

다. 사회주의 완전승리와 우리식 경제관리방법의 결합: 이행 및 목표의 재해석과 시장 지속

"온 사회를 김일성－김정일주의화한다는것은 위대한 김일성－김정일주의를 유일한 지도적지침으로 하여 우리 혁명을 전진시키며 김일성－김정일주의에 기초하여 인민의 리상사회를 건설하고 완성해나간다는것을 말합니다. … 제국주의와의 치열한 대결속에서 나라와 민족을 단위로 하여 수행되는 사회주의위업은 정치와 군사, 경제와 과학기술, 문화의 모든 분야에서 강국의 징표를 갖춘 국가건설을 통해서만 승리적으로 완성될수 있습니다. 사회주의강국건설은 온 사회를 김일성－김정일주의화하기 위한 투쟁의 력사적단계이며 그것은 사회주의의 기초를 다지고 사회주의완전승리를 이룩해나가는 과정

91) 봉철남, "경제발전속도와 균형조정에서 경제적공간의 역할," 『경제연구』, 제2호 (2015), pp. 20~21.
92) 『우리 당의 선군시대 경제사상해설』 (평양: 조선로동당출판사, 2005), p. 305.

> 으로 됩니다. 사회주의강국건설의 높은 목표를 실현해나가는 투쟁속에서 사회주의완전승리를 담보하는 정치군사적력량과 경제기술적, 문화적기초가 튼튼히 마련되고 우리 나라 사회주의제도의 우월성이 전면적으로 발휘되게 됩니다. … 경제강국건설에서 전환적국면을 열어나가기 위하여서는 국가의 경제조직자적기능을 강화하고 주체사상을 구현한 우리 식 경제관리방법을 전면적으로 확립하여야 합니다."[93]

제7차 당 대회에서 '사회주의 완전승리'의 구호가 재등장하였다. 이미 제6차 당 대회에서 '사회주의 완전승리'가 당면 목표로 제시되었기 때문에 적지 않은 사람들이 보수적 노선으로의 회귀를 이야기하였다. 협동적 소유를 전인민적 소유로 전환시키려는 '사회주의 완전승리'라는 단어가 1990년대 중반 경제난 이후 거의 사라졌기에 타당한 비판일 수 있다. 하지만 현재 '사회주의 완전승리'와 '우리식 경제관리방법'의 결합에서 나타나듯이 북한 당국은 '사회주의 완전승리'를 재해석하고 있다.

마르크스는 자본주의에서 공산주의로의 이행 과정에 사회주의 혁명의 과도기가 끝난 후, 무계급사회로 진입하는 공산주의의 낮은 단계에서는 상품-화폐 관계, 가치법칙 등이 소멸된다고 하였다. 사회주의 사회에서는 과도적 성격이 남아 있어서 여전히 노동에 따른 분배가 존재하며, 이에 대한 경제적 계산은 오로지 자신의 노동시간만으로 순수하게 이루어진다는 것이다. 노동자들이 자신의 노동시간이 담긴 노동증서를 통해서 생활물자를 공급받는다고 하였다.[94] 과거 북한에서도 '사회주의 완전승리'에서는 가치법칙의 소멸, 즉 시장의 소멸을 주장하였다. 하지만 오늘날 북한은 완전히 승리한 사회주의사회에서도

---

93) 「로동신문」, 2016년 5월 8일.
94) 엘렌 브룬 · 재퀴스 허쉬 저, 김해성 역, 『사회주의 북한』 (서울: 지평, 1987), pp. 247~250.

노동에 따른 분배만이 아니라, 정신노동과 육체노동의 차이 존재, 노동에 대한 욕구가 생활의 일차적 욕구로 되지 않은 점 등이 존재하는 사회주의의 과도적 성격을 강조하면서 시장을 지속적으로 활용하기 위해 '사회주의 완전승리'를 재해석했다고 볼 수 있다.

구 소련은 1959년 제21차 당 대회부터 사회주의가 승리를 거두었고, 공산주의 사회를 전면적으로 건설할 시기에 접어들었다고 주장하였다.[95] 그러나 그러한 사회 발전의 인식에 맞추어 소비의 수준을 대폭 늘렸기 때문에, 축적과 소비의 불균형이 발생하였다. 결국 1971년 제24차 당 대회에서 소련공산당은 지나친 공산주의로의 진입 단계 선언에 대해 제동을 걸었고, 당면 소련 사회가 사회주의 건설 단계를 지나서, 공산주의 단계로 장기적으로 이행하는 과도기인 '발달한 사회주의'에 처음 도달했다며 이행 속도를 조절하였다. 그럼에도 소련공산당의 입장은 구 소련이 공산주의로 본격 진입하는 사회는 아니지만, '사회주의 완전승리' 단계로 진입한 '발달한 사회주의'국가라는 것이었다. 구 소련은 발달한 사회주의 단계에서 협동적 소유도 존재하고, 지속적인 경제성장을 위해 상품-화폐 관계가 존재할 수 있음을 이론화 하였다.[96] 이를 통해 사회주의의 발전단계에서 과도적 성격을 장기적으

---

95) 바만 아자드 저, 채만수 역,『영웅적 투쟁, 쓰라린 패배』(서울: 노사과연, 2007), p. 141.

96) "경험적으로 다음과 같은 사실이 증명되었다. 즉 생산의 지속적인 고도성장과 필요한 생산량 및 품질을 보장하기 위해서는, 나아가서 결국 사회구성원 전체의 점증하는 욕구들을 충족시키기 위해서는, 지시적 계획이 경제적 조정수단들과 항상적으로 연계될 필요가 있다는 것이다. 따라서 사회주의에서는 계획의 토대 위에 조직화된 시장이 존재할 객관적인 필요가 있다. 사회주의 하의 상품관계와 시장을 부정하는 것은 사회주의혁명 이전이나 충분한 경험이 축적되기 이전에 얻어진 개별 명제들을 그릇되게 해석한데서 연유한다. 당시에는 생산수단에 대한 사적 소유의 폐지와 더불어 상품관계도 소멸할 것이라는 생각이 마르크스주의자들 사이에 만연하였다. 이러한 견해는 상품관계는 공산주의의 제1단계에서도 역시 필요하다는 것을 결정적으로 입증해 준 실천과정에 의해 반박되었다." 녹두편집부 편,『정치경제학원론 Ⅱ』(서울: 녹두,

로 활용하며, 공산주의로의 조급한 이행전략이 지니는 폐해를 극복하고자 하였다.

이렇듯 사회주의 국가들의 발전전략에서 일반적으로 나타나는 것이 '사회주의 과도적 성격'의 장기적 활용이다. 대체로 후진국에서 출발한 사회주의 국가들은 생산력 발전의 장기성으로 인해 과도적 성격의 장기적 활용이 절실하였다. 중국은 사회주의 초급단계를 100년으로 잡았고, 프롤레타리아트독재가 존재하는 과도기를 공산주의 진입 직전까지 설정하는 '대과도기'론을 주장하였다.[97] 현재 북한도 '사회주의 완전승리'에 대한 이론적 재해석을 진행하면서 '가치법칙', '시장활용' 등을 지속시켜 새로운 발전전략을 꾀하고 있는 것이다.

재해석 작업에는 이론적 논쟁이 존재했을 것이다. 2005년 발행된 『우리 당의 선군시대 경제사상해설』에서는 시장의 소멸보다는 시장을 적극적으로 활용하는 입장이 서술되었다. 그러나 2010년 출간된 『광명백과사전 5: 경제』에서는 시장의 장기적 활용보다는 시장의 소멸을 강조하였다.

> "사회주의경제건설을 다그치자면 사회주의원칙의 요구대로 계획경제를 확고히 견지하면서 시장을 홀시하지 말고 적절하게 리용하여야 한다. 국가가 계획경제를 기본으로 하면서 시장을 리용하는 것은 사회주의사회의 과도적성격과 제국주의의 포위속에서 사회주의를 건설하는 우리 나라의 력사적조건으로부터 제기되는 요구이다. 계획경제와 시장을 옳게 결합시키면 모든 경제사업을 국가의 통일적인 계획적지도를 통해서만 조직진행하려는 편향을 극복하고 가격과 생산, 류통분야에서 국내외의 시장을 적극 리용할수 있다. 또한 새 세기의 변화된 환경과 현실적조건에 맞게 기업소들사이의 거래를 더욱

1989), p. 105.

97) 이희옥, 『중국의 새로운 사회주의 탐색』 (파주: 창비, 2004), p. 61.

> 발전시키고 나라의 경제를 활성화할수 있게 우리식의 경제질서와 사업체계, 방법을 더 잘 세울수 있다."[98]

> "자본주의로부터 사회주의에로의 과도기가 끝나면 상품생산이 없어지게 된다. 그것은 과도기가 끝나면 생산수단의 전인민적소유가 유일적으로 지배하여 사회적분업과 결합된 소유의 분화가 없어지기 때문입니다. … 가치법칙의 내용적작용은 상품생산과 그 운명을 같이한다. 과도기가 끝나면 상품생산이 없어지는것만큼 그때에 가서는 대외무역을 고려하지 않는다면 가치법칙도 내용적으로는 작용하지 않는다."[99]

이러한 입장의 차이를 해소하기 위해서 양 입장의 공통점을 부각시켜 '사회주의 완전승리'의 북한 사회에서도 대외무역이 지속되기 때문에, 가치법칙과 시장의 활용이 필요하다는 논리가 제시되었을 가능성이 높다. 이는 이미 1969년 김일성이 제시한 논거이기도 하다.[100] 따라서 제7차 당 대회에서 '사회주의 완전승리'를 위한 '우리식 경제관리방법의 전면적 확립'이 제기된 것이며, 향후 사회주의가 완전 승리한 북한 사회에서도 시장을 활용하는 우리식 경제관리방법이 지속될 수 있는 것이다.

또한 북한은 공식적으로 '사회주의 완전승리'와 '사회주의강성대국'을 동일시하여, 과거의 당면 목표와 현재의 당면 목표를 일치시켰다. 사실 2010년 조선로동당 규약 개정에서 '사회주의 완전승리' 문구를 '사

98) 『우리 당의 선군시대 경제사상해설』, p. 309.
99) 『광명백과사전 5: 경제』 (평양: 조선로동당출판사, 2010), p. 309.
100) "그때의 사회생산물은 대외무역을 고려하지 않는다면 상품이 아니라 그저 생산수단, 소비품이라고 하든지 다른 이름을 붙이게 될 것입니다. 그러면 가치법칙의 작용도 없어지게 될 것입니다." 김일성, "사회주의경제의 몇가지 리론문제에 대하여(1969.3.1)," 『김일성 저작집 23』 (평양: 조선로동당출판사, 1983), p. 455.

회주의강성대국'으로 변경했을 때, 사회주의의 이행 관점에서 '사회주의강성대국'의 개념에 대한 궁금증이 제기되었다. 또한 2011년 1월 북한이 '국가경제개발 10개년 전략계획'을 발표하면서 "2020년에는 앞선 나라들의 수준에 당당하게 올라설 수 있는 확고한 전망"[101]이 마련된다고 주장하였고, 이를 중국에서는 선진국을 뜻하는 "'발달국가' 수준의 전망"으로 번역하였다.[102] 이로 인해 '사회주의 강성대국'과 '사회주의 완전승리'가 동일한 것인가라는 의문도 제시되었다. 2016년 제7차 당 대회에서는 이를 해소하듯이 '사회주의강국건설'이 '사회주의 완전승리를 이룩해나가는 과정'이며, 사회주의강국을 완성하면 '사회주의 완전승리'를 실현하는 것으로 표현하였다.

나아가 북한은 과거의 실패를 교훈 삼아 당면 목표에 대한 접근을 단계적으로 조정하면서 2020년 '앞선 나라들의 수준' 진입의 목표를 현실적으로 연장시켰다. "현시기 우리 당과 국가가 총력을 집중하여야 할 기본전선"인 '사회주의경제강국'이라는 높은 수준의 당면 목표를 지금 당장 달성하려고 하지 않고, "인민경제발전을 위한 단계별전략을 과학적으로 현실성있게 세우고," "당면하여 2016년부터 2020년까지의 국가경제발전 5개년전략을 철저히 수행"하려는 것에서 나타나듯이 점차적으로 실현하려고 한다. 국가경제발전 5개년전략의 목표는 "인민경제전반을 활성화하고 경제부문사이 균형을 보장하여 나라의 경제를 지속적으로 발전시킬수 있는 토대를 마련하는것"이다.[103]

따라서 이번 당 대회에서의 '사회주의 완전승리'에 대한 재선언은 제6차 당 대회와의 역사적 연속성 확보, 강성국가 건설 목표의 단계적 및 현실적 연장, 그리고 대북제재에 맞서 사회주의체제를 더욱 수호하

101) "北, '국가경제개발 10개년 전략계획' 수립," 「연합뉴스」, 2011년 1월 15일.
102) "中매체 '北 2020년 발달국가' 경제전략 소개," 「연합뉴스」, 2011년 1월 18일.
103) 「로동신문」, 2016년 5월 8일.

려는 의도가 존재한다. 하지만 제7차 당 대회에서 사회주의 완전승리의 재호명에도 '공산주의'라는 단어는 여전히 등장하지 않았다. 제6차 당 대회의 '온 사회의 주체사상화'가 '온 사회의 김일성-김정일주의화'로 재강조되었을 뿐이다. 공산주의가 '온 사회의 주체사상화'와 동격임에도 그것을 표현하지 않은 것은 '사회주의완전승리'의 재해석처럼 북한 당국이 사회주의의 과도적 성격을 장기적으로 활용하겠다는 것을 나타낸다.

Ⅵ. 마치며: 제7차 당 대회 이후 북한 경제

이번 제7차 당 대회 경제분야에서 나타난 특이점은 첫째, 계획과 시장의 공존 심화로 나아가는 경제정책의 변화에 대한 공인이다. 사회주의의 과도적 성격에 의거하여 시장을 적극적으로 활용하면서 경제성장을 추진하려는 것이다. 또한 국제제재에도 전략적인 국방공업을 통한 체제유지와 인민생활향상 등 경제회복을 위해서 경제-핵무력 병진노선과 우리식 경제관리방법을 동시에 실행하려는 것이다.

이미 2013년부터 '신경제체계' 등 북한 경제정책의 획기적 변화를 예상하기도 하였다.[104] 반면 지방기업까지 무역권을 부여하는 등 매우 큰 폭으로 기업의 자율성을 보장하는 2014년 5·30조치가 실시되었다고 하지만, "과연 실체가 있는가"라는 의문이 증폭되었다. 제7차 당 대회에서는 5·30조치의 핵심인 '우리식 경제관리방법'에 따른 '사회주의 기업책임관리제'를 전면화할 것을 결의하였다.

눈여겨 볼 지점은 과거 7·1조치를 입안하고 실행했던 경제개혁 4인

---

104) "北 '계획경제 → 시장경제' 방향전환 추진," 「동아일보」, 2013년 10월 1일.

방 박봉주, 로두철, 전승훈, 곽범기를 이번 제7차 당 대회에서 모두 당 중앙위원으로 선출하였다는 것이다. 내각 총리 박봉주는 정치국 상무위원과 당중앙군사위원회 위원으로 임명되었다. 2000년대 핵문제와 그에 따른 국제적 제재에서도 점진적으로 북한 경제를 회복시켜온 공로가 작용했던 것이다. 따라서 이들의 전면 배치는 대북제재 국면에서도 경제개혁의 심화를 통해 북한 경제의 회복을 이루겠다는 포석이다. 실제 그러한 경험을 지닌 경제 지도부이기 때문에, 조금이나마 북한 경제를 회복시킬 가능성이 크다. 2016년과 2017년 상반기 현재 유례없는 UN 대북제재들에도 북중교역이 증가했던 이유의 하나로 이러한 개혁적 흐름이 존재하는 것이다.

두 번째로 이번 당 대회에서 북한은 '사회주의 완전승리'를 추구함으로써 기존 사회주의 경제목표에 대한 고수, 사회주의 체제수호의 의지를 명확히 하였다. '사회주의 완전승리'의 재등장은 사실 크게 예상하지 못했던 것이다. 공산주의 삭제의 흐름 속에서 함께 사용되지 않았던 '사회주의 완전승리'가 제7차 당 대회에서 재선언되었으며, '사회주의 완전승리'는 '사회주의 강성대국'과 동일시되었다. 이는 당면 경제개혁에 대한 역사적 지향성을 명확히 한 것이다. 또한 5·30조치를 전면화했지만 국제적인 제재로 경제상황이 호전되지 않을 수 있는 상황을 고려하여, 사회주의체제를 수호할 것을 천명한 것일 수도 있다. 북한보다 한 달 앞서 제7차 공산당 대회를 진행한 쿠바도 미국과 수교를 했음에도 경제상황이 나아지지 않자, 사회주의를 더욱 강화하는 내용을 발표하였다.[105)]

---

105) 지난 4월에 열린 쿠바의 제7차 당 대회에서 쿠바 외무장관은 "오바마 대통령의 방문에는 우리의 사상, 역사, 문화, 상징에 대한 심각한 공격이 있었다"며 미국을 비판하였다. 나아가 국가평의회 의장 라울 카스트로는 당 대회 개회사에서 "쿠바는 경제를 사유화하지 않을 것이며 자본주의를 향해 움직이지 않는다"라고 선언하였다. 세인들은 미국과 쿠바의 수교 이후 열린 이번 당

여기서 유의할 점은 북한이 1980년대 중국처럼 낮은 수준의 발달하지 않은 초급사회주의단계에서 생산력의 발전을 위해 경제개혁을 추진하는 것이 아니라, 구 소련보다 낮은 단계이지만 사회주의가 완전승리한 '발달한 사회주의'로의 진입을 목표로 경제개혁을 시도한다는 것이다. 이는 북한 당국의 경제회복에 대한 자신감을 나타낸다. 또한 실패의 경험을 통해 목표 달성에 대해서 과거에는 조직적 사회주의의 대중동원전략 위주로 실현하려 했지만, 지금은 계획과 시장의 공존이라는 경제개혁을 통해 접근하려고 한다. 북한은 핵실험에 대한 국제적 제재 때문에 미국과의 수교 등 개혁·개방을 위한 국제적 조건이 마련되지 않은 상황을 결부시키면서 자원배분을 본질적으로 시장에 맡기는 경제개혁보다는, 지금처럼 국가의 중요물자에 대한 가격제정 등 전략부문에 대한 계획적 관리를 유지하면서 계획과 시장을 공존시키는 경제개혁을 선호할 것이다. 따라서 북한은 중국식 사회주의시장경제로 나아가기보다는, 현재 계획과 시장의 공존 상태를 유지, 발전시키는 데 주력할 것이다. 향후 사회주의가 완전승리한 사회에서도 시장을 활용하면서 계획을 운영하는 경제개혁을 유지하려 할 것이다.

하지만 이러한 경제개혁을 추진함에도 지나치게 높이 설정한 당면목표는 북한 경제발전에 지장을 가져올 수 있다. 북한의 '사회주의 완전승리'를 향한 목표가 과거에도 대내외 조건을 고려하지 못한 주관적인 판단으로 실패하였듯이, 오늘 북한의 생산이 1980년대 최고 실적에 여전히 못 미치는 상황에서 목표와 현실의 괴리로 인해 2012년처럼

대회에서 대폭적인 개혁·개방조치들이 취해질 것이라고 예상했다. 하지만 결과는 반대였다. 결국 개방을 해도 크게 진전되는 것이 없는 상황에서 쿠바는 사회주의체제 유지를 위해서 개혁의 속도 조절에 나서게 된 것이다. 이 또한 7차 당 대회를 준비하는 북한에게 분명히 타산지석으로 작용했을 가능성이 크다. "오바마 대통령 방문은 쿠바에 대한 공격,"「연합뉴스」, 2016년 4월 19일, 참조.

실패를 낳을 가능성이 존재한다. 물론 북한은 2020년 '발달국가'의 약속이 다가오는 지금, 2016년 제7차 당 대회를 통해서 전력문제 해결 등 '지속적 발전의 토대 마련'으로 국가경제발전 5개년전략의 목표를 현실적으로 설정하여 '사회주의 완전승리'라는 당면 목표에 대해 단계적으로 접근하고자 한다. 그러나 이것도 2020년을 목전에 두고 반복되는 '약속의 지연'으로 평가될 수 있다. 거듭되는 약속의 지연으로는 사회주의 국가를 발전시키기 어렵다.

결론적으로 북한의 제7차 당 대회를 평가하자면 '보수와 개혁의 동시성'이라고 말할 수 있다. 정치적으로 보수적이지만 체제를 수호하는 동시에, 경제개혁을 통해 경제회복을 꾀하겠다는 뜻이다. 개혁과 보수가 함께 하는 북한의 이중적 행보가 자본주의로의 체제전환을 불러올지, 새로운 북한식 경제개선정책으로 나아갈지 지켜봐야 한다. 장기화되는 '사회주의 강국'의 목표 달성 여부도 살펴보아야 한다.

이는 2017년 11월 28일 북한의 ICBM 발사 이후 북한으로 수입되는 중국의 차량 및 기계, 비철금속제품도 통제하는 등 더욱 강화되는 대북제재 국면에서 북한 경제의 지속적 회복 여부와 함께 관찰되어야 한다. 특이하게 2017년 4월 30일 미국의 〈뉴욕타임즈〉는 북한에 대해 "수십 년에 걸친 경제제재와 국제적 고립에도 불구하고 북한 경제가 놀랄만한 성장을 보여주고 있다"는 보도를 하였다. 근거로 "북한 경제가 성장했다는 것을 보여주는 실질적인 데이터는 없다. 하지만 최근 탈북자, 정기 방문객, 경제학자들은 하나같이 북한 상황이 달라지고 있다고 전하고 있다"는 점을 제시하였다. 또한 "5년 전 김정은 북한 노동당 위원장이 권력을 잡은 후 전국 곳곳에 시장이 열리고 있으며, 상인들과 기업가들이 노동당의 보호 하에 번성하고 있다고 한다. 수도인 평양에는 건설붐이 일어나고 있으며 거리에는 차들이 넘쳐나고 있다"고 전했다.[106)]

향후 북한은 '경제강국' 진입의 목표가 실현되지 않는 것에 대해 대북제재를 탓하면서 책임을 회피하려 하겠지만, 인민들과의 약속을 조금이라도 지키기 위해서 점진적인 경제회복을 유지하려고 계획과 시장의 공존이 심화되는 경제개혁을 지속시킬 가능성이 크다. 이것이 실현된다면 북한의 사회주의체제는 유례없는 대북제재 속에서 고통이 따를 수 있지만, 지속적으로 존재할 것이다. 물론 북한이 목표로 하는 경제강국의 건설은 많은 차질이 빚어 매우 늦어질 것이다. 나아가 내부 시장화의 진전은 스스로 주장하는 '제국주의와의 대결' 속에서 계획과 통제를 실행해야 하는 북한 당국에게 위협요소로 성장할 가능성이 존재한다.

그러나, 지금까지 계획과 시장의 공존을 통해 북한 경제가 목표 달성에는 실패하였지만 제재국면에서도 점진적으로 회복되고 있다는 점을 인정한다면, 북한 당국이 어떤 변화를 통해 경제회복을 지속하려는가에 주목해야 한다. 2017년 핵무력 완성 선언 이후 미사일과 핵실험 유예로 경제 분야에 모든 역량을 기울이면서 자강력을 높이는 동시에, 중국과 러시아 등과의 대외경제관계를 회복하면서 대북제재 국면의 전환을 꾀할 수도 있다. 이속에서 우리는 최근 남북관계 개선 국면에서 지방기업에도 무역권을 허용하는 '우리식 경제관리방법'이 남북경협에 활용될 수 있다는 점과 한반도 비핵화의 진전을 꾀할 수 있다는 점을 인식해야 한다. 따라서 북한의 경제적 변화에 대해 구체적으로 파악하려는 노력이 더욱 요구된다.

106) "北 경제, 수십년 제재와 고립에도 놀랄만한 성장, NYT," 「뉴시스」, 2017년 5월 1일.

참고문헌

1. 국내문헌

권영경. "'2012년 체제' 구축전략과 북한경제의 변화." 『북한경제리뷰』. 3월호 (2010).
김경일 저. 홍면기 역. 『중국의 한국전쟁 참전 기원: 한중관계의 역사적 · 지정학적 배경을 중심으로』. 서울: 논형, 2005.
김성보. 『남북한 경제구조의 기원과 전개: 북한 농업체제의 형성을 중심으로』. 서울: 역사비평사, 2000.
김진환. 『북한 위기론: 신화와 냉소를 넘어』 서울: 선인, 2015.
김병로. "북한, 2012년 강성대국 실현의 목표를 낮추다." 『통일칼럼』 (2011).
보리스 까갈리쯔끼 저. 유희석 · 전신화 역. 『근대화의 신기루』. 서울: 창작과비평사, 2000.
녹두편집부 편. 『정치경제학원론 Ⅱ』 서울: 녹두, 1989.
박후건. 『북한 경제의 재구성』 서울: 선인, 2015.
박형중. "'부분'개혁과 '시장도입형' 개혁의 구분: 북한과 소련의 비교를 중심으로." 『현대북한연구』. 제5권 2호 (2002).
박후건. "북한 경제의 재구성－part 1: 근로자와 경제연구 등 북한 문헌들을 중심으로." 『현대북한연구』. 제16권 3호 (2013).
북한연구소 엮음. 『북한총람(1983~1993)』. 서울: 북한연구소, 1994.
북한연구학회 편. 『북한의 경제』. 서울: 경인문화사, 2006.
소비에뜨연방과학아카데미 편. 이항제 역. 『정치경제학교과서 2』. 서울: 사상사, 1995.
바만 아자드 저. 채만수 역. 『영웅적 투쟁, 쓰라린 패배』. 서울: 노사과연, 2007.
엘렌 브룬 · 재퀴스 허쉬. 김해성 역. 『사회주의 북한』. 서울: 지평, 1987.
이병천 · 전창환 엮음. 『사회경제 민주주의의 경제학』. 파주: 돌베개, 2013.
이태섭. 『북한의 경제위기와 체제변화』. 서울: 선인, 2009.
이희옥. 『중국의 새로운 사회주의 탐색』. 파주: 창비, 2004.
이정철. "북한 제3차 당대표자회: 분석과 전망." 『KNSI 특별기획』. 제31호 (2010).

양문수. “2015년 평가와 2016년 전망.”『IFES현안진단』. No.36 (2015).
임수호. “김정일 정권 10년의 대내 경제정책 평가: ‘선군경제노선’을 중심으로.”『수은북한경제』. 여름호 (2009).
_____. “화폐개혁 이후 북한의 대내경제전략.”『북한경제리뷰』. 3월호 (2010).
중국 국무원 개발연구센터 · 중국 사회과학원 편. 유희문 역.『중국 사회주의시장경제론』. 서울: 진명출판사, 1995.
빅터 차 저. 김용순 역.『불가사의한 국가-북한의 과거와 미래』. 서울: 아산정책연구원, 2016.
통일부 엮음.『2004 북한개요』. 서울: 통일부, 2003.
통일부 정보분석실.『최근 북한 농민시장의 실태와 가격동향 분석』. 서울: 통일부, 1999.
통일연구원 편.『독일지역 북한기밀문서집』. 서울: 선인, 2006.
편집부 엮음.『북한 ‘조선로동당’대회 주요 문헌집』. 서울: 돌베개, 1988.

2. 북한문헌

김일성.『김일성 저작집 제1권』. 평양: 조선로동당출판사, 1979.
_____.『김일성 저작집 제12권』. 평양: 조선로동당출판사, 1981.
_____.『김일성 저작집 제20권』. 평양: 조선로동당출판사, 1982.
_____.『김일성 저작집 제23권』. 평양: 조선로동당출판사, 1983.
_____.『김일성 저작집 제24권』. 평양: 조선로동당출판사, 1983.
_____.『김일성 저작집 제37권』. 평양: 조선로동당출판사, 1992.
_____.『김일성 저작집 제38권』. 평양: 조선로동당출판사, 1992.
김정일.『우리 나라의 인민 경제 발전 1948~1958』. 평양: 국립출판사, 1958.
김영희.『개인상공업의 사회주의적 개조경험』. 평양: 사회과학출판사, 1987.
김재서.『주체정치경제학』. 평양: 김일성종합대학출판사, 2004.
리기성. “현시기 사회주의경제강국건설의 주요과업.”『경제연구』, 제1호 (2009).
리동구. “가격의 일원화와 그 실현에서 나서는 몇가지 문제.”『경제연구』, 제2호 (1989).
조선로동당출판사.『위대한 수령 김일성 동지의 불멸의 혁명 업적 제15권』. 평

양: 조선로동당출판사, 1999.
백과사전출판사. 『광명백과사전 5: 경제』. 평양: 조선로동당출판사, 2010.
박홍규. "경제전략, 기업전략에 대한 옳은 리해에서 나서는 몇가지 문제." 『경제연구』, 제3호 (2008).
봉철남. "경제발전속도와 균형조정에서 경제적공간의 역할." 『경제연구』, 제2호 (2015).
사회과학원 언어학연구소. 『조선말대사전(증보판)』. 평양, 사회과학출판사, 2007.
서재영. 『(우리 당의 선군시대)경제사상해설』. 평양: 조선로동당출판사, 2005.
송정남. "전략적경제관리방법의 본질적 특징." 『경제연구』, 제4호 (2015).
정영범. "계획지표의 합리적분담." 『경제연구』, 제3호 (2007).
최중극. "위대한 수령 김일성동지께서 밝히신 사회주의, 공산주의 건설의 합법칙적로정." 『경제연구』, 제2호 (1987).

3. 기타자료

「경향신문」. 2015년 5월 21일.
「뉴포커스」. 2014년 2월 26일, 2016년 5월 12일.
「뉴스타운」. 2015년 11월 20일.
「동아일보」. 2010년 6월 23일, 2013년 10월 1일.
「로동신문」. 1998년 8월 22일, 1998년 9월 17일, 1993년 12월 9일, 2014년 9월 3일, 2013년 4월 1일, 2016년 5월 8일.
「시사저널」. 2004년 11월 2일.
「연합뉴스」. 2009년 10월 7일, 2011년 1월 15일, 2011년 1월 18일, 2016년 4월 19일.
「주간현대」. 2012년 11월 6일.
「폴리뉴스」. 2009년 1월 6일.
「통일뉴스」. 2001년 7월 7일, 2006년 5월 26일, 2010년 3월 3일, 2015년 1월 6일, 2015년 2월 22일.
"100년 만의 가뭄... 시험대 오른 북한 농업개혁." 『연합마이더스』. 2015년 11월호.
"북한 농업개혁이 북한 GDP에 미치는 영향." 『현안과 과제』. 14-36호 (2014).
"최근 북한 경제정책의 특징과 통일에의 시사점." 『VIP 리포트』. 제569호 (2014).

4. 국외문헌

Janos Kornai. *The Socialist System*. Princeton: Princeton University Press, 1992.

[제 5 장]

제7차 당 대회와 북한 대외경제관계의 지속성과 변화

탁용달

Ⅰ. 서론: 당 대회의 의미

북한은 2016년 5월 6일부터 9일까지 사흘 동안 조선노동당 제7차 대회를 평양 4·25문화궁전에서 개최했다. 북한 당국은 7차 대회 개최에 앞서 2015년 10월 30일 조선노동당 중앙위원회 정치국 결정서[1]를 통해 2016년 5월 당 대회 개최를 예고한 바 있다.[2] 이 대회를 통해 '경제·핵무력 건설 병진노선'[3]을 대내외 천명했고 본격적인 김정은 시대 개막을 선포했다. 제7차 당 대회는 6차 대회 이후 36년 만에 개최되어 북한이 국제사회에 내놓을 메시지에 대한 관심이 컸던 것이 사실이었다.

제7차 대회 직전부터 핵실험과 장거리미사일 발사 등의 군사적 도발을 통해 한반도 긴장을 고조시켰던 북한이 7차 대회를 통해 전면적

1) 정치국 결정서에는 제7차 대회 소집의 이유를 "주체혁명위업, 사회주의 강성국가 건설 위업 수행에서 세기적인 변혁이 일어나고 있는 우리 당과 혁명발전의 요구를 반영하여 로동당 제7차 대회를 2016년 5월초에 소집한다."라고 명시하고 있다.

2) 1946년(1차), 1948년(2차), 1956년(3차), 1961년(4차), 1970년(5차), 1980년(6차)에 이어 7번째로, 36년 만에 개최되는 것이다.

3) 경제·핵무력 건설 병진노선은 2013년 당 중앙위원회 전원회의(3월 31일)에서 최초로 채택되었다.

인 국면전환의 메시지를 보낼 수 있다는 외부의 기대감도 있었다. 하지만 북한이 보여준 메시지는 김정은 정권 출범 이후 5년 동안의 정치 및 대외관계 메시지를 반복하는 수준이었다. 그러나 분명하게 확인된 사실은 김정은의 정치권력 공고화를 확인할 수 있었다.[4] 당 중심의 국가체제로 재편했고, 핵보유를 전제로 한 대외관계의 기본원칙을 대내외적으로 공표했다.

제7차 대회를 통해 무역과 대외경제부문에서 메시지는 개혁·개방의 지속, 경제특구를 활용할 외자유치 및 지속적인 무역 확대 의지 등이다. 하지만 북한의 핵개발과 군사도발의 지속으로 국제사회의 경제제재가 지속되는 환경 속에서 얼마나 성과를 발휘하느냐의 문제가 남아있다.

제7차 대회 이후 북한의 대외경제관계를 분석·전망하는 과정에서 과거 진행된 당 대회 메시지는 중요한 시사점을 제공한다. 본 연구는 역대 당 대회를 통해 제시된 무역 및 대외경제관련 정책기조, 목표 및 성과 등을 지속성과 변화라는 관점에서 분석을 시도했다. 하지만 1970년대 이전까지 북한의 무역과 대외경제관련 주요한 데이터의 부재로 인해 분석에 어려움이 존재한다.

각 장별 주요 내용을 보면, Ⅱ장은 1~6차 당 대회에서 제시한 경제정책, 대외경제정책 및 무역에 관한 언급을 살펴보았고, 해당시기 북한의 무역 및 대외경제관계 등을 분석했다. Ⅲ장에서는 6차 당 대회 이후를 분석했다. 시기적으로 김일성 시대(1980년대)와 김정일 시대(1994~2010년)로 구분하였다. Ⅳ장에서는 제7차 당 대회에서 제시된 대외경제관련 언급과 의미를 분석하고 향후 김정은 시대 대외경제관계 변화를 전망했다.

---

4) 당 대회를 통해 당 중앙위원회 위원 및 후보위원 200명 가운데 절반이 넘는 55%가 교체되었다.

II. 당 대회의 지속성과 변화

1. 경제정책 개관: 1차~5차 대회

북한은 1~2차 당 대회를 통해 무역이나 대외경제관련 정책이나 목표는 고사하고 경제정책 기조도 제시하지 못했다. 1차 당 대회는 조선공산당의 합당 문제로 당 대회가 개최되었다. 두 대회에서 경제관련 언급은 '주요산업 국유화' 및 '토지개혁'과 관련된 내용이 전부였다. 당시 정치상황을 보면, 북한 정권이 38선 이북 지역에서 봉건적질서 타파와 사회주의적 개조를 선전하고 남한과의 비교를 통해 체제 우월성을 선전하기 위해 당 대회를 활용한 측면이 있다. 현실적으로 북한지역에서 봉건적 경제구조를 제거하고 민주개혁을 추진하는 것이 최우선 과제였으므로 구체적인 경제발전 정책과 목표를 제시하기 어려운 상황이었다.

2차 대회에서는 당이 추진한 경제정책 기조를 평가[5]하는 과정에서 '무역'이라는 단어를 사용하기도 했다. 하지만 1~2차 대회 당시에는 사회주의적 소유권 제도가 확립되지 않은 상태였으므로 당 대회를 통해 사회주의적 소유권의 기본원칙을 강조했고 실물경제 부문에서의 국가소유 원칙을 다시 한 번 확인하는 수준이었다. 이 과정 속에서 무역에 대한 계획적 추진 원칙과 국가적 관리 원칙을 강조했다.

2차 대회에서는 약간의 경제실적 보고도 진행되었다. 1947년에는 1차

---

5) 조선로동당의 경제정책은 "경제의 국가적 부문과 조합적 부문과 개인적 부문의 발전을 국가적 부문의 우세와 지배적 역할을 가진 조건하에서 결합시키는 원칙이며 생산과 무역 및 금융에 대한 계획적 원칙과 국가적 관리에 대한 원칙을 수립한 경제정책이다" 김두봉, "새형태의 인민정권수립과 북조선민주개혁을 위한 우리당의 투쟁,"『조선로동당 대회 자료집 1권』(서울: 국토통일원, 1988), p. 138.

대회 이후 제시된 『인민경제계획』 완수를 자평했고, 계획 달성을 위해 추진된 광범위한 애국적 건국사상운동과 물자절약 등의 노력을 서술하고 있다. 또한 개별 산업별로 국유화 실적을 공개하기도 했다.[6] 수산업과 상업 부문에서의 국영비중이 낮은 상황에 대해 관련부문 일꾼들의 협소한 사업 작풍을 비판하기도 했다.

3차 대회는 형식적인 측면에서 북한 당 대회의 전형이 완성된 시기였다. 북한에서 당 대회 개최 시점을 결정하는 기준은 과거 당 대회에서 제시된 경제실적 달성 여부이다. 또한, 당 대회 발표는 과거 실적에 대한 평가와 향후 경제실적 전망의 형태로 진행된다. 이러한 일반적인 당 대회의 형식이 완성된 시기가 3차 대회였다.[7] 3차 당 대회에서는 1953~1955년의 전후 인민 경제 복구 3개년 계획의 성공에 대한 평가를 강조했다. 국영 및 협동 단체 공업생산이 전후 1953년에 비해 2.3배 성장했고, 한국전쟁 전인 1949년 수준을 56% 이상 능가했으며 생산재 생산은 3.1배[8] 소비재 생산은 1.7배 성장했다고 언급하고 있다.[9] 북한 당국은 이 대회를 통해 '인민경제발전 5개년 계획(1957~1961년)'을 발표하기도 했다.

3차 당 대회부터는 인민경제계획의 완수 등 경제노선과 정책을 주로 보고했다. 총화보고는 해방 이후 당 대회까지 11년간의 경제건설 실적, 향후 제1차 5개년 경제계획에 관한 상세한 설명을 했다. 3차 대

---

6) 1947년도 공업총생산액 중 국영공업생산액은 83.2%, 민영공업생산액은 16.8%이며 광업생산은 100% 국영이었다. 임업의 경우 국영생산액이 71.6%, 민영이 28.4%에 달했다. 위의 글 p. 139.

7) 3차 당 대회는 2차 당 대회 때 제시된 경제실적이 완성된 시점에 개최되었고, 과거 당 대회 시기 제시했던 경제실적에 대한 조기완수나 성공에 대한 자평, 미래 계획 제시 등의 일반적인 당 대회 형식이 완성된 대회이다.

8) 1953년 대비 1955년.

9) 김일성, "조선로동당 제3차대회에서 진술한 중앙위원회 사업총결보고," 『조선로동당 대회 자료집 1권』 (서울: 국토통일원, 1988), pp. 302~303.

회에서 김일성은 해방이후 당 대회까지의 기간을 해방 후 평화적 건설기, 조국해방전쟁, 전후복구건설 등 세 시기로 구분하며 조국의 통일독립과 공화국 북반부의 혁명적 민주기지 강화에서 거대한 성과를 달성했다고 보고했다. 특히 전쟁 전 수준을 회복할 것을 기본 과업으로 하는 '인민경제 복구발전 3개년 계획'이 조기 완수되거나 완수될 예정이라며 각 부문별 복구실적을 제시했다. 이어 1차 5개년계획의 세부사항을 제시했고 계획 달성을 낙관하기도 했다.

4차 대회에는 지난기간 경제실적에 관해 과거 어느 대회보다 길고 상세하게 보고했다. 당 대회 자체가 경제발전 성과를 발표하고 평가하는 것을 주요 내용으로 하고 있다. 당 사업총화 보고의 상당 부분이 경제부문이었고 별도로 '조선민주주의 인민공화국 인민경제발전계획(1961~1967) 통계숫자 보고'도 이루어졌다. 계획 기간 내 달성해야 할 구체적인 목표 수치도 상세하고 분명했다.

하지만, 북한의 경제상황은 4차 당 대회 이후 어려움을 겪었다. 5차 당 대회 당중앙위원회 사업총화 보고에 표현된 대로 '애로와 난관, 엄혹한 시련'의 시기였다. 1969년 12월 결정된 인민경제발전 5개년 계획을 1년 연장, 6개년 계획으로 변경했다. 경제적 어려움으로 인해 5차 당 대회에서 경제관련 언급은 거의 없었고[10], 인민경제발전 6개년 계획내용을 별도 보고 형태로 진행했다.

인민경제발전계획 보고의 경우 4차 대회 때 인민경제계획 통계숫자 보고를 한 것과 달리 5차 대회에서는 구체적인 목표 수치 제시가 줄었다. 구체적으로 김일성은 5차 대회 당 사업총화 보고에서 지난 7개년 계획이 완수되었다고 주장했음에도 불구하고 계획의 세부사항을 밝히지 못했다. 또한, 식량문제 완전해결을 주장했지만, 달걀생산과

---

10) 5차 당 대회에서는 북한 경제 상황을 평가하면서 '사회주의 공업국가에로 전변' '사회주의 경제건설의 중심과업'이라는 표현을 사용

농촌의 전기화, 수리화, 기계화에 관한 언급이 전부였다.[11] 5차 당 대회에서는 경제실적에 대해 일부를 제외하고 구체적인 수치를 제시하지 못했다.

2. 무역 및 대외경제부문 개관: 1차～5차

북한에서 1~2차 대회 기간에는 무역 및 대외경제관계에 대한 기본원칙과 기조 등을 확인하기는 어렵다. 하지만, 북한 경제 현실 속에서 사회주의 국가들과의 원조와 무역거래가 빈번했다. 다만, 이를 공식적인 당 대회를 통해 언급하기에는 북한 내부의 어려움이 존재했다. 당시 북한은 소련으로부터 대규모 원조와 지원이 있었지만, 남북간의 정치적 갈등과 체제 경쟁으로 인해 이를 공개적으로 밝히기 어려운 상황이었다.

하지만 3차 당 대회에서는 소련 및 중국으로부터의 원조, 특히 한국전쟁 이후 전후복구시기에 두 국가로부터 받은 원조에 대한 고마움을 구체적으로 밝히고 있다. 또한 국제사회의 지원과 원조가 북한경제 재건에서 중요한 역할을 했음을 시인하고 있다.

> "위대한 쏘련, 중화 인민 공화국과 형제적 인민 민주주의 국가들이 우리에게 주는 경제적 및 기술적 원조를 통해, 각 부문별로 필요한 부분에 대한 적절한 투자가 가능했다"[12]

---

11) 스칼라피노 이정식, 한홍구 옮김, 『한국공산주의 운동사 3』 (서울: 돌베개, 1987), p. 816.

12) 리종옥, "조선로동당 중앙위원회 사업 총결 보고 및 조선로동당 중앙검사위원회 사업 총결 보고에 대한 주요 토론," 『조선로동당 대회 자료집 1권』 (서울: 국토통일원, 1988), p. 390.

3차 대회에서는 무역과 관련하여 최초로 비판 및 문제제기와 개선 과제 등을 언급하고 있다. 당 대회를 통해 "자체로 해결할 수 있는 것도 수입을 하면서 외화를 낭비하고 있다"고 지적하고 있다.[13] 또한, 당 대회 결정서에서는 대외무역을 확대하기 위해서 "사회주의 시장과의 경제적 련계를 더욱 강화하며 또한 자본주의 시장과도 무역 관계를 확장할 것"을 주문했다. 또한 "수출 원천을 적극 탐구하여 수출 품종을 다종다양하게 만들며 수출량을 증가시킬 것"을 결정했다.[14]

1950년대 중반 북한이 자본주의 시장과의 무역 관계를 확장할 것을 강조하는 것은 상당히 이례적인 표현이었다. 기존 연구들에서는 북한의 자본주의와의 연계 확대를 요구한 시기를 1970년대 초반 서방과의 교역확대 과정이라는 분석이 대부분이었다.[15] 북한의 이러한 정책 변화는 1950년대 후반 본격적으로 전개된 '중공업발전전략' 추진과정을 고려한 것이라 유추할 수 있다. 당시 북한은 서방국가로부터 자본과 기술 도입을 통해 중공업발전 전략을 추진해야 했던 상황이었다. 따라서 외화 확보 등의 현실적인 이유 등이 존재했다.

제4차 대회를 통해 확인할 수 있는 무역 및 대외경제관련 북한의 고민은 '수출을 통해 획득한 외화를 무역에 어떻게 사용하느냐를 결정하는 것'이었다. 또한 '수입품 비중에서 생산재와 원자재 비중이 소비재보다 높게 유지하는 것'을 중요한 목표로 인식했다. 북한 당국은 당 대회를 통해 1950년대 사회주의 진영 국가들 특히 소련, 중국의 경제

13) 박금철, "조선로동당 중앙위원회 사업 총결 보고 및 조선로동당 중앙검사위원회 사업 총결 보고에 대한 주요 토론," 『조선로동당 대회 자료집 1권』 (서울: 국토통일원, 1988), p. 484.
14) 김일성, "조선로동당 중앙위원회 사업 총결 보고에 대한 조선로동당 제3차 대회의 결정서," 『조선로동당 대회 자료집 1권』 (서울: 국토통일원, 1988), p. 497.
15) 임강택, 『북한의 대외무역 특성과 무역정책 변화 전망』, 민족통일연구원, (1998), p. 120.

기술적 연계와 협조를 통해 공업화를 완성할 수 있었다고 평가[16]했고 무역에서 단순 중개무역에서 벗어나, 무역 일군들이 생산현장에 직접 참여하면서 당의 무역정책[17]을 관철하고 수출품 생산과정에서 제기되는 문제들을 해결하는 역할을 하고 있다고 언급하고 있다.[18]

김일성은 무역 분야의 발전을 언급하면서, "1956년경 무역 대상국은 거의 없었지만 소련과 중국 등 사회주의 진영은 물론이거니와 아시아, 유럽, 아프리카, 라틴 아메리카 등 40여 개국으로 무역 관계를 확대했고, 그중 10여개 국가들과 통상협정이 체결되었다고 밝히고 있다. 또한 1958년 6월 전원회의는 당시 조성된 수출 확대의 가능성을 현실화하기 위한 전 인민적 운동을 전개하며 수출품 생산을 전문화함으로써 품질을 높이며 무역기관의 역할과 기능을 제공하고 관련 일군들의 당적 책임성을 제고하기 위한 조치들을 취했다"고 평가하고 있다.

김일성은 최고인민회의 제2기 1차 회의에서 한 연설에서 무역 기관들의 기능과 역할을 제고하고 무역을 더욱 활발하게 전개할 것을 강조하며, 김일성은 "여기에서 중요한 과업은 수출 자원을 백방으로 동원하며 그 품종을 확대하고 품질을 더욱 높여 많은 외화를 얻는 데 있다"[19]라며 수출과 외화획득의 중요성을 강조했다. 또한 자본주의 무역

---

16) 김일성, "조선민주주의 인민공화국 인민경제발전 7개년(1961~1967) 계획 통제수자," 『조선로동당 대회 자료집 2권』 (서울: 국토통일원, 1988), p. 151.

17) 북한은 당시 "무역이 나라의 사회주의 건설을 최대한으로 지원하고 외국 물자 수입에 있어서도 항상 경중과 선후차를 지원할 것을 요구하면서 외국 물자 수입에 있어서도 항상 선후차를 가리며 해당 시기 인민경제발전의 주도적 부문 및 대상에서 요구하는 물자를 선차적으로 보장하는 원칙에서 수입을 조절하여 외화를 합리적으로 사용하는 것"을 강조했다.

18) 리주연, "조선로동당 중앙위원회 사업 총화 보고와 조선로동당 중앙검사위원회 사업 총화 보고에 대한 토론, 『조선로동당 대회 자료집 2권』 (서울: 국토통일원, 1988), p. 267.

19) 리주연, "조선로동당 중앙위원회 사업 총화 보고와 조선로동당 중앙검사위원회 사업 총화 보고에 대한 토론, p. 269.

에 대한 강한 불신을 표출하는 방식으로 자본주에 대한 적개심을 표출했다. 북한은 무역대표부를 설치하여 프롤레타리아 국제주의를 실현하는 도구로 무역을 활용한 반면 미국은 원조라는 미명 하에 경제적 식민지를 만드는 도구로 무역을 활용하고 있다고 비판했다.[20)]

제4차 대회에서 언급하고 있는 무역 실적은, 1960년 수출규모는 1956년 대비 2.3배, 1953년 대비 4.9배로 성장했고, 수출품목도 광물류가 1953년 총 수출액에서 82%에서 1956년에는 54%, 1960년에는 13%로 하락한 반면, 1956년 31%이던 흑색 및 유색 금속은 1960년에 44%, 화학공업품은 동 기간 6%에서 12%로 성장했다. 특히 기계류는 전량 수입에 의존하던 것을 수출하게 되었고 공장 설비를 수출하는 방안도 논의 중이었다고 밝히고 있다.[21)]

제5차 당 대회에서는 무역이 사회주의 국가들과의 정치·경제적 협조관계를 발전시키는 목적으로 추진하는 것으로 인식하고 있고, 경제개발에 필요한 원료와 자재 및 장비조달을 위해 대외무역이 중요한 역할을 해 줄 것을 강조하고 있다. 하지만 교역 상대국에 대한 인식에서 중국과 소련 등의 사회주의 국가와의 교역을 우선하고 동시에 자본주의 국가와의 교류 가능성을 언급하는 수준이었다.[22)]

3. 무역 및 대외경제정책의 지속과 변화: 1~5차 당 대회

북한 무역실적은 1~3차 대회를 통해 확인하기는 어렵지만 선행연구와 다른 공간(公刊)문헌을 통해 부분적으로 알 수 있다. 북한은 1948년

---

20) 위의 글, pp. 270~271.
21) 위의 글, p. 267.
22) 김일성, "조선로동당 중앙위원회 사업 총화 보고와 조선로동당 중앙검사위원회 사업 총화 보고에 대한 토론, 『조선로동당 대회 자료집 3권』 (서울: 국토통일원, 1988), p. 455.

건국 이후 한국전쟁까지 구소련의 원조에 주로 의존했고, 구소련으로부터 광산기계나 제철, 발전설비, 화학플랜트·수송기계 등을 수입하는 대신에 구소련이 필요로 하는 광물자원을 수출했다. 이 시기의 수출액 중 85%는 철광석·연·아연 등의 광산물이었다.[23] 한국전쟁 이후 주요 교역국이 소련에서 중국으로 변화했다. 1954년에는 전년대비 78%가 증가한 800만 달러에 달했다. 하지만, 북한의 구소련과의 무역총액은 1958년 77%에 차지한 반면에 중국은 13% 정도밖에 되지 못했다. 이 시기에 북한은 대량의 자본재 수입을 위해 수출자원의 개척, 무역성 신설(1958년), 조선무역은행 창설(1959년) 등의 무역진흥정책을 추진했다. 1957년경에는 압연강재·화학제품 등을 그리고 그 이후에는 기계류·섬유제품·쌀 등도 수출하게 되었다.

1차~3차 대회 시기 북한 무역부문의 특성을 보면, 첫째, 대외원조에 크게 의존했다. 특히 한국전쟁 이후 북한의 전후복구를 위한 중국과 소련으로부터의 대규모 원조는 북한의 1950년대 무역과 대외경제관계를 설명하는 핵심적인 키워드이다. 둘째, 중소대립은 북한의 무역구조 변화에 영향을 주었다. 중소대립의 시작으로 북한의 교역국이 소련에서 중국으로 변화했다. 또한 소련의 대북한 원조 성격의 무역이 급감했다. 1959년 무역총액은 전년대비 73%가 감소한 1억 2,570만 달러로 격감했고, 1958년 9,400만 달러였던 북한의 무역수지 적자는 1959년에는 3,500만 달러로 60% 이상 감소했다.

북한에게 이 시기는 한국전쟁의 혼란을 수습한 후 최초의 5개년 계획(1957~1961년)을 추진했던 때였다. 중국의 지원은 구소련의 지원중단을 대체할 수준이었지만, 중국 자체의 대약진 운동 실패, 2년 연속 자연재해 등으로 경제적 어려움을 겪고 있었던 상황에서 북한에 대한

23) 윤기관, 『남북한 무역경제연구』 (대전: 충남대학교 출판부, 2001), p. 212.

전폭적인 지원의 여지가 없었다.[24] 이는 향후 북한이 1960년대 말까지 대외무역정책의 기조로서 자력갱생 원칙에 의한 자립적 민족경제건설 노선을 고수해 대외무역의 제한하고 폐쇄적인 정책을 추진하는 원인으로 작용했다.

4~5차 대회 기간의 북한 대외무역 규모를 살펴보면 몇 가지 특성을 확인할 수 있다. 첫째, 수입이 수출보다 많아 무역수지는 적자 상태를 유지했다. 일부 기관들의 발표치는 흑자인 해가 있기는 하지만 전체적으로 수입이 수출보다 많았다.[25] 둘째, 1970년 이후 교역규모 변동 폭이 상당히 컸다. 북한 무역규모는 1971~1979년까지 2~4년 주기로 대폭적인 증가와 감소를 반복했다. 셋째, 서방으로부터의 대규모 플랜트 수입이 무역적자 확대의 직접적인 원인이었다. 1968년부터 전년대비 10%의 증가율을 보여주었던 북한의 무역은 1973, 1974년 급증했다. 1973년은 전년대비 28.8%, 1974년에는 전년대비 47.8% 증가했다. 서방세계로부터 대규모 플랜트 수입에 따른 것이다. 그런데 1975년부터 1977년까지 무역은 3년 연속 감소세를 보여주었다. 특히 1976년에는 전년대비 19.9%가 감소했다.[26]

당시 북한은 서구 자본주의국가들과 급격하게 교역확대를 추진했다. 결과적으로 절대적인 무역량의 증가와 대외채무의 증가로 나타났다.[27] 북한의 무역량 가운데 자본주의 국가가 차지하는 비중은 1960년에 3.2%

---

24) 윤기관, 『남북한 무역경제연구』, pp. 212~213.

25) 세계의 각 기관, 연구자들은 무역상대국이 발표한 통계를 이용하여 북한의 무역통계를 추정하고 있다.

26) 당시 오일쇼크로 인한 국제경제의 침체로 국제 원자재 가격이 하락했고 북한의 주력수출상품인 납·아연 등 비철금속 가격하락으로 인해 1976~1977년 무역량이 감소했다.

27) 북한 대외경제관계 연구에서 1970년대는 서방세계와의 경제관계 확대를 시도했던 시기이며 대표적인 연구로 양문수, "1970년대 북한경제와 장기침체 메커니즘의 형성," 『현대북한연구』(6권 1호), (2003), pp. 59~63; 박노경, "북한의 대외무역구조분석 : 1960~1990," 『한국동북아논총』, 19집 (2001) 등임.

에 불과했으나 1970년대에 접어들면서 지속적으로 증가하여 1975년에는 35.1%에 이르렀다.[28]

〈표 1〉 주요 기관의 북한 무역규모 추정치

(단위 : 백만 달러)

	한국정부		한국개발연구원		USCIA		IMF	
	수출	수입	수출	수입	수출	수입	수출	수입
1960	154	166						
1965	208	233						
1966	244	219						
1967	260	240						
1968	277	206					47	50
1969	307	389					69	103
1970	370	440	341	378	324	403	115	69
1971	410	500	313	558	333	581	79	75
1972	400	640	400	664	387	646	100	177
1973	500	840	484	897	522	867	156	350
1974	680	1,300	692	1,357	708	1,295	301	819
1975	820	1,090	807	1,155	827	1,110	353	573
1976	730	800	572	905	664	859	237	378
1977	380	840	752	837	692	896	345	335
1978	1,020	1,060	1,190	1,002	1,068	1,060	816	728
1979	1,360	1,430	1,489	1,380	1,430	1,489	1,010	996
1980	1,560	1,860	1,642	1,710	1,995	1,915	1,134	1,293

* 출처: 양문수, 『북한경제의 구조』 (서울: 서울대학교 출판부, 2001), p. 251.

28) 서방과의 교역 비율에 대해서는 발표하는 자료마다 큰 차이를 보이고 있다. 우선 국토통일원에서 발표하는 자료는 1960년에 3.7%이고 1975년에는 53.6%까지 추정하고 있다. 국토통일원, 『북한무역통계』, (서울: 국통통일원, 1986), pp. 735~740. 반면에 한국개발원에서 발표한 자료에 의하면 1970년대 들어서면서 북한의 무역 구조는 변화의 조짐을 보였다. 1972년부터 일본, 프랑스, 독일, 영국 등 OECD 국가들로부터 기계, 플랜트를 대량으로 수입하기 시작한 것이다. 1974년경 OECD 국가들로부터 수입이 30.3%에 이르지만 1979년에는 25.7%로 하락한다. 한국개발연구원, 『북한 경제지표집』 (서울: 한국개발연구원, 1996), p. 161.

〈표 2〉 북한의 대외무역 동향(금액 비율)

	1960	1965	1970	1975	1980
소련	38.2	9.1	47.6	27.0	24.6
코메콘 국가들*	15.5	8.6	12.4		10.7
중국	33.1	26.7	12.3	28.5	21.6
선진공업국들	3.2	13.3	14.7	35.1	27.2
기타	10	12.3	13.01		15.9
전체	100	100	100	100	100

* 폴란드, 동독, 체코슬로바키아, 불가리아, 루마니아, 헝가리, 몽골, 베트남, 쿠바는 사회주의 붕괴 이후에 기타 국가들에 포함.

** 출처: Foreign Economic Relation of the USSR: A Statistical Report (Moscow: 1991); Direction of Trade (New York, IMF, 각연도별); N. Bazahova, Foreign Relations of the DPRK (Moscow, 1993), p. 57. 원자료는 알렉산더 포포프, "북한사회주의 경제의 침체와 대응,"『북한의 경제침체와 대외경제관계』, p. 141.

북한은 OECD 국가로부터 매년 1~2억 달러에 이르는 차관을 도입했다. 1970~1975년까지 총 12억 4천2백만 달러의 차관을 도입한 반면에 동일기간 중국과 기타사회주의 국가로부터는 차관을 도입하지 않았다. 1985년까지의 북한의 대외채무는 OECD 국가로부터 도입한 것이며 그 비중은 25% 정도로 가장 높았다. 이 시기는 단순히 서구 자본주의 국가와의 상품교역 증가를 뛰어 넘어 자본의 이동까지 확대되기 시작했다.[29]

북한의 대외경제관계가 1960년대와는 근본적으로 변화하게 된 원인은 첫째, 대외경제 환경이 급변했다. 동서냉전의 해체로 사회주의권 국가들과 서방과의 교류확대 분위기가 확대되었다. 이 시기는 소련을 중심으로 한 코메콘 국가들과 서유럽 국가들의 교역도 확대되었던 시기이다. 둘째, 내부적으로 산업 생산성 향상을 위해 낙후된 기계설비 교체 및 신기술 도입을 위한 정책을 시도했다. 기계설비는 1971~1973년까지 일본, 프랑스, 독일 및 영국 등 서방 국가들로부터 수입했고 그 규모에 있어서는 일본이 주를 이뤘다.

하지만 북한의 대서방 교역확대 전략은 1970년대 중반 이후 실패했

29) 극동문제연구소, (1979), p. 438.

다. 국제유가 상승과 북한의 주요 수출품인 비철금속 가격의 하락 등으로 인해 교역조건이 크게 악화되었다. 또한, 국제수지 적자가 급격히 확대되었고, 1974년 10월부터 북한의 대외지불이 지연되기 시작했고 대외부채가 급격히 증가했다.[30)]

4. 경제정책 개관: 6차 당 대회

조선노동당 6차 대회는 최초로 경제계획과 달성시기와 당 대회 개최 시점이 일치하지 않은 대회였다. 6차 대회가 북한의 공식적인 경제계획 완료 시점이 아닌 2차 7개년계획(1978~1984) 추진 도중에 개최되었다. 이는 과거 당 대회 때와는 다르게 인민경제계획을 별도로 보고하지 않는 결과로 나타났다. 또한 김일성의 당사업총화 보고에서 조차 경제문제가 소홀하게 다뤄졌다. 경제실적 및 목표 등과 관련하여 추상적이고 막연한 표현으로 일관했다. 다만 북한 정권이 향후 10년 동안 도달해야 할 '사회주의 경제건설의 10대 전망 목표'를 제시했다. 사실상의 2차 7개년계획의 실패를 인정하고 새로운 경제목표를 제시한 것이다.

전체적으로 6차 당 대회를 통해 경제정책과 관련해서 구체적이고 실질적인 평가와 전망을 제시하지 못했다. 실제로 북한 당국이 진행중인 2차 7개년 계획에 관해서가 아니라 10년이라는 장기적 전망을 포괄적으로 제시했다는 점에서 6차 대회 때의 경제여건이 얼마나 악화된 상황이었는지를 알 수 있다.

---

30) 최신림, "북한의 경제개방과 산업정책," 김연철 · 박순성 편, 『북한의 경제개혁 연구』 (서울: 후마니타스, 2002), p. 228.

5. 무역 및 대외경제부문 개관: 6차 당 대회

북한은 제6차 당 대회를 통해 '인민경제의 규모가 과거와 비할 바 없이 커지고 경제부문들이 매우 다양해져 대외무역을 더욱 발전시켜야 할 것'을 강조했다. 또한, 무역의 기본원칙을 재차 강조하면서, 우선 "무역에 있어서 우리나라에서 많이 생산되며 세계적으로 수요가 높은 물건들을 대외시장에 적극 내보내고 우리에게 필요한 물건들을 제때에 들여와야 한다"며 비교우위에 입각한 무역을 추진할 것을 제한했다. 또한, "수출원천을 찾아내 수출품 생산을 적극적으로 늘리며, 결과적으로 1980년대 말에는 한해 수출액이 1980년 대비 4.2배 성장할 것이라 전망"했다.[31]

북한은 6차 당 대회를 통해 일상적으로 강조하고 있는 대외무역 발전의 기본원칙을 최초로 제기했다. 김일성은 "대외무역을 발전시키는데 있어서 무역을 다각화, 다양화하며 신용제일주의원칙을 철저하게 지키는 것이다. 평등과 호혜, 유무상통의 원칙에서 사회주의 나라들과의 무역을 계속 발전시켜서 제3세계 국가 및 쁠럭불가담나라들을 비롯하여 여러 나라와 무역을 발전시켜야 할 것"을 강조했다. 또한 수출품을 우선적으로 생산하며 수출품의 질을 결정적으로 높이고 납입기일을 어김없이 지키도록 할 것을 강조했다.[32]

6차 대회를 통해 북한은 1970년대 대외무역분야에서의 성장[33]을 선전했다. 무역이 "자립적민족경제의 토대에 의해 자주적인 무역으로 발전하고 있다"고 평가했다. 하지만 여전히 무역을 경제적 유인으로 추

---

31) 김일성, "조선로동당 중앙위원회 사업총화 보고," 『조선로동당 대회 자료집 4권』(서울: 국토통일원, 1988), p. 51.

32) 위의 글, p. 51.

33) 제6차 대회에서는 과거 무역다각화의 결과 5대륙의 100여개 국가들과 경제적 연계를 맺고 무역을 추진하고 있음을 선전.

진하는 것이 아닌 무역을 대외관계 개선의 도구로 인식하고 있었다. 김일성은 "무역은 우리나라의 사회주의 건설을 다그치며 다른 나라들과의 친선과 협조 관계를 발전시키는데서 매우 중요한 역할을 합니다."[34)]라며 무역의 경제적 기능보다는 정치·사회적 기능을 중요한 역할로 인식하고 있었다. 또한, 6차 당 대회를 통한 대외무역 언급을 보면, 1950년대 종파투쟁 과정에서 나타났던 발전 노선상의 차이를 간접적으로 확인할 수 있다. 6차 대회에서 계응태는 당중앙위원회 사업총화보고 토론 과정에서 "종파사대주의자들이 공업건설에 애쓰지 말고 우리나라에 무궁무진한 광석이나 팔아서 다른 나라의 기계나 옷감을 사다 쓰자고 했던 것"을 강하게 비판했다.[35)]

6. 무역 및 대외경제정책의 지속과 변화: 6차 당 대회

가. 대외무역 확대 및 국가독점의 완화

북한은 1970년대 말부터 '생산의 정상화'를 강조하면서 수출 확대를 추진했다. 김일성은 1979년과 1980년 신년사를 통해 '생산의 정상화'를 지속적으로 제기했다. 1979년 신년사에서는 "대외무역을 발전시키는데 큰 힘을 넣어야 합니다"라며 대외무역의 중요성을 강조한 바 있으며, "인민경제의 모든 부문에서 수출품을 우선적으로 생산해야만 합니다"라고 언급하며 경제적 위기 상황에서 수출의 필요성을 인정했다.[36)]

북한의 무역확대 정책은 6차 대회 이후 더욱 강조되었다. 특정 시기까지 무역을 얼마만큼 늘린다는 구체적인 목표까지 등장했다. 1984년

34) 계응태, "당중앙위원회 사업총화에 대한 토론," 『조선로동당 대회 자료집 4권』 (서울: 국토통일원, 1988), p. 258.
35) 위의 글, p. 259.
36) 양문수, 『북한경제의 구조』 (서울: 서울대학교출판사, 2001), p. 248.

최고인민회의 제7기 3차 대회에서 채택된 '남남협력과 대외경제사업을 강화하고 무역을 일층 발전시킬 데 대하여'라는 결정에서는 1980년대 말까지 연간 수출액을 1984년보다 4.2배 확대한다는 목표를 설정했고, 사회주의 제국과의 무역을 5~6년 이내에 10배로 확대한다는 목표도 제시했다. 이를 위해 수출원천의 확대, 무역의 다양화, 다변화, 신용제일주의 준수 등을 강조했다.[37]

1980년대부터는 무역의 국가독점원칙이 완화되면서 부분적인 정책 변화를 보여주었다.[38] 북한은 1970년대 누적된 대서방 부채로 인해 중·소 협력을 얻기 위한 노력을 지속했고 1980년 중반이후에 성과를 거두게 되었다. 1984년 김일성은 1960년대 이후 처음으로 구소련을 방문하여 소련과 무역·경제협력협정을 체결했고 중국과는 1986년 무역협정을 체결하였다.[39] 1980년대 중반부터 '우호적인 자본주의 제국'과의 무역을 발전시키는 것이 강조되었지만 중국과 소련으로부터의 지원약속을 얻고 나서는 서방세계에 대한 기대, 서방세계에 대한 수출노력은 자연스럽게 약화되었다. 1980년대 중·후반은 사회주의 국가들과의 무역, 특히 구소련과의 무역이 강조되던 시기였다.

실제로 북한의 대외무역 확대 정책을 추진했던 시기의 북한의 무역량은 급증했다. 통계치를 추정하는 기관별로 차이를 보이고 있지만, 한국정부의 발표치를 인용하면 북한은 1980년부터 약 33억 달러 수준의 교역량이 1990년 46억 달러 수준으로 확대된다.[40]

---

37) 위의 책, p. 248.

38) 이와 관련해서는 북한경제의 개혁개방의 초기적 형태로서 중앙집권화의 약화와 지방분권화의 시도를 주목할 필요가 있으며 1980년대 중반부터 시행되었던 북한의 분권화 경향이 무역 분야에서는 국가독점원칙의 완화라는 형태로 나타났다.

39) 양문수, 『북한경제의 구조』 (서울: 서울대학교출판사, 2001), pp. 248~249.

40) 지역별 수출입의 구체적인 변화는 무역실적 부분에서 언급했다.

나. 합영사업을 통한 대외경제발전 전략 추진

북한은 1984년 1월 최고인민회의를 통해서 “사회주의 국가와 우리나라의 자주권을 존중하고 우리나라에 우호적인 자본주의 제국과의 경제합작, 기술교류를 발전시킨다”는 방침을 제시했다.[41] 또한 그 해 합영법을 제정하였다. 합영법은 “한 나라의 회사·기업소와 다른 나라의 회사·기업소가 공동투자, 공동경영, 이윤의 공동분배, 손실에 대한 공동부담을 전제로 창설하는 기업”으로 정의하고 있다.[42] 이전까지 북한의 대외경제관계는 무역이 중심이었다. 외국의 투자를 유지한 경험은 있지만 소련이나 중국 등 사회주의 국가들로 한정되었다. 이랬던 북한이 자본주의 국가들로부터 투자유치를 나서겠다고 선언한 것이고 관련 법률 제정 등의 과정도 완료했다는 점에서 대외경제관계의 근본적인 변화를 의미하는 사건이었다. 북한의 이러한 조치의 배경에는 외채의 누적 및 대외신용도 추락으로 서방세계로부터의 차관도입이 불가능해지자 새로운 방안으로서 원리금 상환부담이 없는 외국인 직접투자에 눈을 돌리기 시작한 것에 있다.[43]

북한의 합영법 제정을 통한 대외경제발전전략은 기대한 만큼의 성과를 거두지는 못했다. 1984년 합영법 발표 이래 1992년 7월까지 북한이 외국기업과 투자유치계약을 체결한 것은 140건이고, 이 가운데 116건의 1억 5천만 달러는 조총련 동포가 투자한 사업이고, 운영 중인 66건 가운데 85%인 56건이 조총련계 기업이다.[44] 대부분이 ‘조조(朝朝)합

41) “남남협력과 대외경제사업을 강화하여 무역을 한층 발전시킬 데 대하여”라는 결정을 통해서 제시하였다.

42) 사회과학출판사, 『경제사전 2』(평양: 사회과학출판사, 1970), p. 570.

43) 북한의 대외채무 문제는 1970년대 중반부터 문제가 되었고, 공식적으로 모라토리엄을 선언한 것은 1984년이다.

44) 통일부, 『북한개요』(서울: 통일부, 2000) 참조.

영'이며, 구소련 및 중국과 서방세계의 투자는 극히 미미한 수준이었다. 그러나 북한의 합영사업 성과가 전혀 없었던 것은 아니다. 합영사업의 주체가 대부분 '조조합영'이라고 하더라도 그로 인한 수출증대와 외화획득, 선진기술의 도입에 의한 국내생산기술의 향상, 합영기업의 진출에 따른 고용 증대 효과가 있다고 볼 수 있다. 하지만 북한에 진출한 기업의 수도 적었고, 규모도 작았기 때문에 그 효과가 미미했다는 것이다.

북한의 합영사업이 성공할 수 없었던 이유는 합영사업의 목적을 외국의 자본과 기술만을 수용하고 운영에 있어서 주도권을 놓치기 싫었던 북한 당국의 폐쇄적 인식에서 찾을 수 있다. 김일성은 "경제분야에서 자본주의적 방법을 받아들이는 것은 결국 멸망에 이르는 길이다. … 우리들이 외국과의 합영합작사업을 하고자 하는 기본 목적은 외국의 기술과 자금을 이용하는 데 있다. 따라서 외국과의 합영합작은 외국이 기술과 자금을 제공하고 기업관리는 우리가 맡는 방향에서 진행되어야 한다"[45]고 주장했다. 이러한 폐쇄적인 인식과 운영이 사업 실패의 근본원인이라 할 수 있다.

다. 편중된 무역구조

북한의 1980년대 대외무역[46]은 1980년 6차 대회 직전 발표한 제2차 7개년 계획이 시작되는 1978년부터 3년간 기계 · 설비수입이 크게 늘어나면서 무역량이 3년 연속 전년대비 20% 이상 증가했지만 1981년의 수입은 기관별로 차이를 보이지만 전년보다 줄어들었다. 북한의 수출

---

45) 김일성, 『김일성저작집 44』, (평양: 조선로동당출판사, 1996), p. 16.
46) 북한은 자국의 무역통계를 공식적으로 발표하지 않고 있기 때문에 개별연구기관들의 발표치 별로 차이를 보이고 있다.

입규모는 구소련과의 관계개선에 따라 1985년부터 매년 10% 이상의 증가율을 기록했다. 그러나 1989년경에는 교역규모가 감소한다. 이는 구소련의 붕괴로 인해 교역 자체가 급격하게 위축되었다.

북한 입장에서 사회주의권 국가들의 교역시장 붕괴는 수출시장의 상당 부분이 상실되는 것을 의미했다. 특히 구소련의 붕괴 직적인 1990년 북한은 전체 수출의 57%를 소련이 차지하고 있었고 수출품도 대부분이 이른바 소비재(Soft goods)로 국제시장 경쟁력을 확보하기 어려운 것들이었다.[47] 따라서 소련시장의 붕괴는 북한의 수출에 상당한 타격을 주었다.

〈표 3〉 주요 기관의 북한 무역규모 추정치

(단위 : 백만 달러)

	한국정부		한국개발연구원		USCIA		IMF	
	수출	수입	수출	수입	수출	수입	수출	수입
1980	1,560	1,860	1,642	1,710	1,995	1,915	1,134	1,293
1981	1,210	1,620	1,095	1,448			680	1,026
1982	1,530	1,700	1,300	1,465			736	1,006
1983	1,320	1,510	1,137	1,347			640	967
1984	1,340	1,390	1,186	1,269			663	822
1985	1,310	1,780	1,285	1,900			645	853
1986	1,510	2,060	1,368	1,975			653	835
1987	1,670	2,390	1,558	2,491			787	1,177
1988	2,030	3,210	1,767	2,900			967	1,391
1989	1,910	2,890	1,617	2,670			865	1,251
1990	2,020	2,620	1,820	2,741			913	1,326

* 출처: 양문수, 『북한경제의 구조』 (서울: 서울대학교 출판부, 2001), pp. 251~252.

47) 사회주의 국가들간 교역이 일어지던 상품들은 'hard goods'과 'soft goods'로 나뉘고 전자는 국제경쟁력을 가지고 있어 자본주의 국가에서 팔릴 수 있는 상품인데 반해, 후자는 질적으로 떨어지기 때문에 자본주의 국가에서는 팔리기 어려운 상품을 의미한다. 양문수, 『북한경제의 구조』 (서울: 서울대학교 출판부, 2001), p. 254.

북한은 건국 이래 1960년대까지는 사회주의 국가들, 특히 구소련 및 중국과의 교역이 압도적이었다. 그런데 1970년 전반에는 선진자본주의 국가들과의 무역이 크게 늘면서 1974년 정점에 달했다. 이해는 자본주의 국가들로부터의 수입이 전체 무역에서 차지하는 비중이 53.7%를 기록함으로써 사상 처음으로 사회주의 국가들로부터의 수입을 웃돌았다. 그러나 1975년 이후 OECD 국으로부터 수입은 급속히 줄었다. 이에 반해 일본은 북한의 주요한 수입상대국으로서의 지위를 상당 기간 유지하였다.

또한 수출에서 1970년대 후반, 개발도상국, 특히 중동의 비중 증대가 눈에 띈다. 1980년대 특히 1980년대 후반은 수출·수입 양면에 걸쳐 다시 사회주의국가, 특히 구소련의 의존도가 커지는 시기이다.[48]

〈표 4〉 북한의 지역별 수출실적

(단위 : 백만 달러, %)

	구소련 러시아		중국		여타 사회주의		일본		OECD		개도국	
	수출	수입	수출	수입	수출	수입	수출	수입	수출	수입	수출	수입
1955	40.8 (92.6)	48.6 (34.2)	3.2 (7.2)	79.8 (56.2)	0.1 (0.2)	13.6 (9.6)						
1960	74.7 (50.8)	43.4 (27.7)	48.2 (32.8)	74.1 (47.3)	16.0 (10.9)	31.5 (20.1)	2.8 (1.9)	2.0 (1.3)	5.2 (3.5)	5.5 (3.5)		
1965	88.3 (41.9)	98.8 (36.3)	75.7 (35.9)	16.7 (39.2)	25.7 (12.2)	26.9 (9.9)	13.4 (6.4)	18.2 (6.7)	5.1 (2.4)	20.7 (7.6)	2.4 (1.2)	0.8 (0.3)
1970	135.9 (37.5)	253.0 (58.3)	49.3 (13.6)	67.0 (15.4)	68.4 (18.9)	54.5 (12.6)	31.3 (8.6)	25.7 (5.9)	68.3 (18.9)	26.1 (6.0)	10.1 (2.5)	7.6 (1.8)
1975	209.7 (26.0)	258.8 (22.4)	198.8 (24.6)	284.1 (24.6)	75.0 (9.3)	92.0 (8.0)	58.9 (7.3)	199.8 (17.3)	102.3 (12.7)	274.8 (23.8)	162.2 (20.1)	45.8 (4.0)
1980	437.3 (26.6)	443.1 (25.9)	303.3 (18.5)	374.2 (21.9)	125.0 (7.6)	122.0 (7.1)	163.7 (10.0)	411.7 (24.1)	262.5 (16.0)	137.6 (8.0)	349.7 (21.3)	221.7 (13.0)
1985	485.1 (37.7)	785.5 (41.3)	244.8 (19.0)	239.0 (12.6)	103.0 (8.0)	85.0 (4.5)	163.8 (12.7)	271.8 (14.3)	68.5 (5.3)	100.9 (5.3)	220.0 (17.1)	417.7 (22.0)
1990	1,047 (57.0)	1,516 (55.3)	124.6 (6.8)	358.2 (13.1)	93.1 (5.1)	132.5 (4.8)	273.0 (14.8)	193.5 (7.1)	96.0 (5.2)	270.0 (9.8)	186.0 (10.1)	270.8 (9.9)

* 주: 여타사회주의국가는 1990년 동독을 제외.
** 출처: 양문수, 『북한경제의 구조』 (서울: 서울대학교 출판부, 2001), pp. 256~257.

48) 위의 책, pp. 254~255.

북한은 무역상대국의 편중 현상이 전 시기에 걸쳐 광범위하게 나타났다. 1990년대 이전에는 구소련, 중국, 일본에 집중되었고, 무역 절반 이상이 이들 3개국과 이루어져다. 더욱이 OECD 국가로부터의 대규모 수입이 있던 1970년대 전반, 개발도상국에의 수출이 활발했던 1970년대 후반을 제외하고는 북한 무역의 2/3가 이들 3개국과 이루어졌다. 이들 3개국에 대한 의존성은 수출의 면보다 수입의 면에서 두드러졌다.

Ⅲ. 7차 당 대회의 시대적 배경과 내용(1994~2016)

1. 7차 당 대회의 개최 배경

가. 김정일 시대 대외무역 환경과 경제정책의 급변

(1) 사회주의 우호시장 상실과 계획의 위기

1990년대 북한은 사회주의 우호시장 상실이라는 대외환경 변화에 직면했다. 이는 1980년대 야심차게 진행했던 제3차 7개년 계획이 결국에는 1993년 12월에 공식적인 실패를 인정하게 하는 결과로 나타났다.[49] 북한은 1987년부터 1993년까지 제3차 7개년계획을 실행하면서 경제의 주체화·현대화·과학화를 추진하면서 '10대 전망목표'와 '식·의·주'문제 해결을 목표로 했다. 하지만 전체적으로 실패로 끝났다. 북한은 이 기간에 국민소득을 기초연도보다 1.7배로 늘린다는 성장목표를 제시했지만, 실제 달성한 실적은 연평균 -1.7%를 보였고, 경제규모도 기초연도의 88% 수준으로 감소하였다. 국민소득은 당초 목표의

49) 임강택, "김정일체제와 북한의 경제정책," 『북한연구학회보』, 제3권 1호 (1999), p. 87.

51.8% 수준에 머물렀고, 무역실적도 50% 정도 달성하는 데 그쳤다.[50)]

〈표 5〉 제3차 7개년계획 목표 성장률

구 분	성장목표(배)	연평균(%)
국민소득	1.7	7.9
공업생산	1.9	9.6
농업생산	1.4	4.9
무역규모	3.2	18.1

* 출처: 박형중, 『북한의 경제관리체계』(서울: 해남, 2003), p. 24.
원자료는 북한 최고인민회의 제8기 2차회의(1987.4) “인민경제발전 제3차 7개년계획”에 관한 리근모의 보고.

1990년대 경제위기의 구체적 지표들은 아래의 〈표 6〉에서 확인할 수 있다. 이 지표들은 지속적인 마이너스 성장과 대외교역의 감소, 특히 구소련과의 교역량의 감소로 나타나고 있다. 이러한 사회주의권과의 교역량의 감소는 북한경제에 심각한 타격을 주었다. 특히 1991년부터는 국제가격에 근거한 거래를 하며 물품대금을 경화로 결재해 줄 것을 요구하면서 원유 수입 등이 급격하게 감소하게 되었다. 이러한 감소는 에너지난으로 연결되면서 전체적인 산업 생산성을 악화시켰다.

〈표 6〉 북한의 1990년대 경제성장률과 대외무역실적

(단위: %, US 백만)

구 분	1990	1991	1992	1993	1994	1995	1996	1997	1998	1999
경제성장률	-3.7	-5.2	-7.6	-4.3	-1.7	-4.5	-3.7	-6.8	-1.1	6.2
대외무역액	3,089	2,604	2,099	2,267	2,196	2,185	2,177	2,668	2,064	2,078
북·러무역액	2,563	365	292	227	140	83	64	90	65	56

* 주: 1990~1991년의 수치는 한국은행 자료이고, 1992~1999의 자료는 UN comtrade자료를 가공한 것임(경제성장률 제외).
** 출처: 한국은행, “북한GDP 추정,” 각년도; 대한무역투자진흥공사, 『북한의 대외무역동향』(서울: 대한무역투자진흥공자, 각년도) 내용을 참조.

50) 박형중, 『북한의 경제관리체계』 (서울: 해남, 2002), pp. 23~25.

사회주의 체제전환은 북한의 대외무역 부문에 심각하게 타격을 주었다. 대외무역액은 1990년 대비 20% 이상 감소했고, 사회주의권과의 무역거래가 감소세를 주도했다. 구소련과의 교역은 1990년 25억 달러 수준에서 1991년에는 3.6억 달러 수준으로 급감했고 매년 감소하여 1999년에는 5600만 달러 수준으로 떨어졌다.

북한은 1993년 12월 조선로동당 중앙위원회 제6기 21차 총회에서 제3차 7개년계획을 실패로 인정하면서 1994년~1996년 3년 동안의 완충기를 설정하였다. 이 시기는 제3차 7개년계획의 여파로 나타난 충격을 완화하고, 불확실한 대외적 이완기가 끝나고 완충기를 설정했다. 완충기의 경제정책은 '농업 · 경공업 · 무역'의 '3대제일주의'를 채택하였다. 이는 과거 북한이 지속해서 주장했던 중공업 우선정책을 포기하는 조치로 해석할 여지도 존재하지만, 앞서 언급한 세 부문이 가장 절실하게 제기되는 문제가 많았음을 인정하고 문제 해결을 강조한 것으로 해석할 수 있다.[51]

'3대제일주의' 가운데서 무역제일주의는 중국, 일본, 러시아뿐 아니라 동남아 및 제3세계 국가들과의 교역을 다각화하고, 가공무역, 중개무역 등 무역방식을 다양화하며, 대내적으로 수출품생산기지를 강화하는 등의 양적 · 질적 발전을 동시에 추구했다.[52] 북한의 교역국가 변화를 보면, 수출의 경우에는 1992년부터 2000년까지 꾸준히 증가했고, 수입의 경우에도 정도의 차이가 있지만 지속적인 증가세를 유지하고 있다.

51) 임강택, "김정일체제와 북한의 경제정책," p. 87.
52) 박형중, 『북한의 경제관리체계』, pp. 26~27.

〈그림 1〉 북한의 교역국가수의 변화

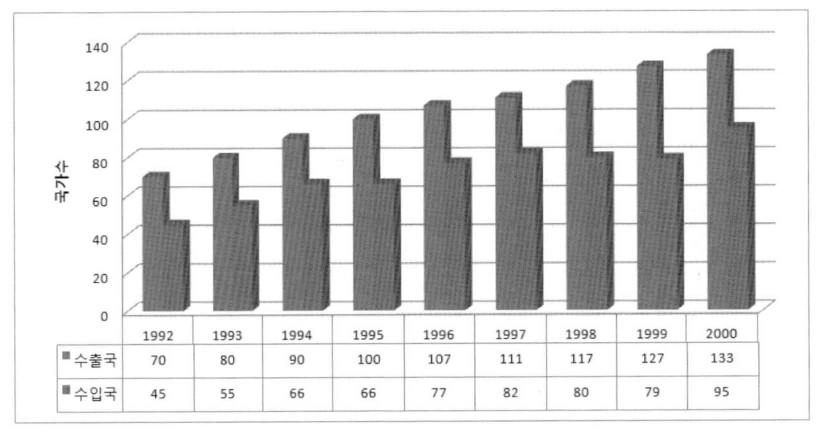

* 출처: UN comtrade.

북한은 1995~1997년 극심한 자연재해로 인해 소위 '고난의 행군'을 경험했다. 국가 공급체계의 붕괴로 식량과 소비재의 절대 부족현상이 나타났고, 사실상의 중앙계획이 마비되면서 1996년 이후 공식적인 새로운 경제계획이 수립·발표되지 못했다. 1998년 이후 '3대제일주의'에 대한 강조는 사라지고 사회주의경제건설의 기본노선이 강조되었으며, 전 부문의 생산 정상화를 강조했다.[53] 특히 1997년 12월에는 '고난의 행군' 종료를 선언하였다. 1998년부터는 '선군정치'[54]를 통한 강성대국[55]

53) 공동사설을 기초로 5년간의 경제방침을 보면, 1995-97년은 농업·경공업·무역 제일주의를 내용으로 하는 혁명적 경제전략의 관철을 제창하고 있으나, 1998년에는 사회주의 경제건설의 기본노선 견지를 강조하였다. 1999년도의 기본과제는 경제 전 부문에서 생산을 정상화하고, 경제전반을 궤도에 올려놓아 인민생활을 안정, 향상시키는 것이었다. 『조선신보』, 1999년 6월 25일.

54) 북한은 선군정치를 "군대를 중시하고 그를 강화하는 데 선차적 힘을 넣는 정치", "인민군대의 위력에 의거하여 혁명과 건설의 전반사업을 힘있게 밀고 나가는 정치"로 정의하고 있다. "정론-강성대국," 「조선신보」, 1998년 8월 22일.

55) 강성대국은 북한이 김정일 시대의 본격 개막을 알린 최고인민회의 제10기 1차 회의를 앞둔 1998년 8월 22일 로동신문을 통해 공식 제기한 국가전략 목표의 하나이다. 강성대국은 "국력이 강한 나라, 그 어떤 침략자도 감히 범접할 수

건설을 발전전략으로 제시했고, 이는 군을 중심으로 전반적인 위기 상황을 극복하고 이탈된 경제를 계획경제의 틀에서 재조정하려는 정상화 조치를 추진했다.[56]

(2) '새로운 무역체계' 등장

북한의 체제위기는 대외무역 부문에서 변화를 강요했다. 북한은 "변화된 환경에 맞게 대외무역을 발전시킬 데 대하여"라는 논문을 통해서 새로운 무역체계의 개념을 제시했다. 이후 북한은 1992년 2월 "대외경제사업에서 혁명적 전환을 일으키기 위한 구체적 방안" 이라는 글에서 처음으로 '새로운 무역체계'라는 용어를 사용한다.[57]

새로운 무역체계는 "국가의 중앙집권적인 계획적 지도 밑에 대외경제위원회는 물론 생산을 담당한 위원회, 부들과 도들에서 무역회사를 두고 세계 여러 나라들과 다양한 형식과 방법으로 직접 무역을 하게 하는 무역체계"로서 생산자들이 생산뿐만 아니라 대외무역까지도 직접 책임지고 관리하는 체계이다. 이는 과거와는 달라진 북한의 변화는 이러한 북한의 변화는 앞서 진행되었던 무역에 대한 국가독점의 권한을 이양하는 분권화로 인식될 수 있는 조치였다.[58]

없는 무적의 나라"로 규정되며, "사상과 정치, 군사의 강국일 뿐 아니라 경제의 대국으로, 통일된 조국으로서 무한대한 국력을 가진 사회주의 강국" 건설 논리로 구체화되었다. 김재호, 『김정일 강성대국 건설전략』(평양: 평양출판사, 2000), pp. 49~108.

56) 박형중, 『북한의 경제관리체계』, pp. 28~29.

57) 김일성, "변화된 환경에 맞게 대외무역을 발전시킬 데 대하여(당, 국가, 경제지도일군 협의회에서 한 연설. 1991년 11월 23일, 26일)," 『사회주의경제관리문제에 대하여 1』(평양: 조선로동당출판사, 2001), p. 233.

58) 북한의 이러한 조치에 대한 다양한 견해가 존재하지만, 대체적인 평가들은 분권화 조치의 일환으로 해석하고 있다. 이와는 반대로 북한의 공식적인 반응은 "…(중략)… 이러한 조치가 분권화를 의미하는 것은 아니다"라고 명백하게 분권화에 대해 반대의 의견을 제시하고 있다. 또한 북한 당국은 이러한 무역체계가 "생산과 판매의 일련의 경제활동의 과정에서 정확한 중앙통제가 가능하

북한의 '새로운 무역체계'에서는 국가무역과 지방무역으로 구분하여 설명하고 있다. 국가무역은 기존에 북한에서 시행했던 무역체계를 의미하고, 지방무역체계는 중소규모이며, 지방의 수출예비를 총동원하고, 지방의 인민생활을 보장하며, 지역 단위에서 관리하는 무역체계를 의미한다.[59]

새로운 무역체계의 특징은 생산단위에서 대외무역을 직접 수행하는 것을 의미한다. 위원회, 부, 도가 자신이 필요한 물건을 수입해서 사용하고 물건을 수출할 수 있는 것을 의미한다. 이는 생산과 판매의 일련의 계획체계에 대외무역의 영역을 더한 것으로 수출과 수입에서의 기업 및 각 생산단위에 자율성이 부여된 조치이다.[60] 이는 1990년대 북한의 권력 변화 시기에 자연스럽게 중앙의 권한을 지방으로 이양하는 과정에서 발생한 조치였다는 평가보다는 중앙정부의 통제력 약화로 인한 불가피한 조치였다는 평가가 좀 더 설득력을 얻고 있다.[61]

북한의 새로운 무역체계로 얻을 수 있는 경제적 기대 효과는 첫째, 생산과 무역의 유기적 결합에 의한 생산의 정상화, 둘째, 외화획득의 증대, 셋째, 수출입물자의 관리개선, 넷째, 각이한 사회제도를 가진 국가들과의 무역 다각화, 다섯째, 무역 방법의 다양화(가공무역, 중개무역, 변경무역)의 실현이 가능하다고 주장했다.[62]

게 하는 것"이라고 강조하고 있다. 리신효, "새로운 무역체계의 본질적특징과 그 우월성," 『경제연구』, 4호 (1992), pp. 30~31.

59) 리춘원, "위대한 수령 김일성동지께서 밝히신 지방무역의 본질적 특징," 『경제연구』, 4호 (1997), pp. 9~12.

60) 양문수, 『북한 무역의 제도와 실태』, p. 5.

61) 양문수는 1990년대 초반의 경제위기와 더불어 1995년 배급제의 폐지 등의 일련의 변화 과정에서 중앙정부의 통제력 자체가 약화되는 일련의 과정이 있었다라고 평가하고 있다. 위의 책, p. 6.

62) 리신효, "새로운 무역체계의 본질적특징과 그 우월성," p. 30.

63) 무역법은 총 5장 58조로 구성되어있다. 제1장은 무역법의 기본으로 목적과 무

〈그림 2〉 북한의 새로운 무역체계

정책 목표	
- 생산과 무역의 유기적 결합 - 외화획득 증대	- 대외무역의 획기적 발전을 통한 생산 정상화 - 지방공업 활성화를 통한 인민생활 향상

⬇⬇⬇⬇

정책수단
- 무역형태의 다각화: 가공무역, 제3국무역, 바터무역, 변경무역 등 - 무역상대국의 다양화: 개발도상국, 자본주의국가 등 - 신용제일주의 원칙 준수 - 경제합작·합영 원칙 수립

⬇⬇⬇⬇

제도변화
- 국가무역체계와 지방무역체계로 분리: 지방무역을 명시 - 부, 위원회, 도에서 자체적으로 무역 계획 작성 및 실행: 수출 및 수입 권한 위임 - 무역법[63]의 제정: 1998년 3월 25일

* 출처: 윤기관, 『남북한 무역경제연구』(대전: 충남대학교 출판부, 2001), p. 205의 내용을 바탕으로 저자가 재작성.

북한의 이러한 변화는 사회주의 시장이 없어지고 모든 나라가 대외무역을 자본주의적 방법으로 하고 있는 조건에서 무역을 '사회주의 방법'으로 할 수 없게 되었음을 인정할 수밖에 없는 북한의 현실[64]에서 출발한 것이다.

(3) 대외경제부문에 대한 실리 강조

1990년대 대외경제부문에 대한 공식적인 언급의 주요 특징은 첫째, 한정되어 있기는 하지만, '경제강국' 건설을 위한 대외무역의 강조가

역에서 지켜야 할 원칙과 요구를 명시, 제2장은 무역회사의 지위와 설립·관리 운영을 명시, 제3장은 무역계획의 작성, 제4장은 수출입 관련 절차, 제5장은 지도·통제의 항목으로 구성되었다.

64) 김일성, "변화된 환경에 맞게 대외무역을 발전시킬 데 대하여(당, 국가, 경제지도일군 협의회에서 한 연설. 1991년 11월 23일, 26일)," 『사회주의경제관리문제에 대하여 1』, p. 280.

지속되고 있다. 둘째, 수출확대를 위한 지하자원의 체계적 이용과 경제특구 활성화를 강조하고 있다.[65]

또한, 북한의 대표적인 경제이론지인 『경제연구』에서는 첫째, 대외무역에서 '수출 우선' 원칙이 강조되고 있다. 사회주의 경제체제에서는 전통적으로 대외무역의 역할이 필요한 물자의 수입을 중요하게 생각했다. 따라서 수출은 수입에 필요한 외화 획득이라는 역할이 강조되었다. 하지만 최근 수출시장을 우선으로 확대할 것을 강조하고 있다. 둘째, 비교우위에 입각한 무역을 강조하기 시작했다. 대외무역에서 실리를 보장하기 위한 방법들 가운데 하나로 세계시장에서 비교우위를 고려하여 수출 및 수입 품목을 결정해야 할 필요가 있다는 것이다. 북한은 대외무역에서 적용할 가치법칙은 세계시장에서 통용되는 가치법칙을 특성을 바르게 이해하고 제대로 활용해야 한다고 주장하고 있다.[66]

하지만 북한의 수출 우선 전략은 단순히 수출 확대를 통한 무역수지 흑자를 관철하자는 것을 의미하는 것은 아니다. 북한은 수출을 수입을 위한 외화획득의 수단으로 인식하고 있기 때문에 수출을 통해서 수입에 필요한 외화를 획득하고, 수입은 철저하게 경제발전에 필요한 재화를 마련하는데 이용하려고 했다.

북한은 개혁적인 정책변화의 의지를 '개선,' '개건,' '실리'라는 표현으로 우회했다. 개혁적인 정책변화를 북한변화의 중요한 징후로 인식하고 평가하는 경향이 존재했다. 하지만 대외무역에서의 실리의 강조는 앞서 언급한 개선 혹은 개건 나아가 개혁적 정책변화만을 의미하지 않는다. 대외무역 부문에서 강조하고 있는 '실리'의 보장은 기존의 대외무역에서 나타나는 손실을 보존하고, 이윤[67]을 극대화할 것을 강조하고 있다.

---

65) 임강택, "최근 5년간 북한 대외무역의 주요 특징 및 전망," 『KDI 북한경제리뷰』, 2013년 2월호 (KDI) pp. 42~43.

66) 경제연구와 관련한 언급은 위의 글, pp. 44~45의 내용을 참조.

"당의 무역제일주의방침을 옳게 관철하자면 대외무역활동에서 수지타산을 바로 하여야 합니다. 지금 적지 않은 단위들에서 외화를 번다고 하지만 로력값과 전기값, 휘발유값, 원료, 자재값 같은 것을 다 계산하면 외화벌이에서 밑지는 놀음을 하는 단위들도 있을 수 있습니다. 여러 가지 수출원천을 동원하여 외화벌이를 하여도 경제적으로 수지타산을 잘해서 리익이 나게 하여야 합니다."[68]

북한은 구체적으로 대외무역에서 실리를 보장하는 방법으로 그들이 처한 현실에서 북한의 것을 적게 주면서 많은 외화를 벌어들여 나라의 재산을 늘리는 것으로 설명하고 있다. 이를 위해서 수출입상품을 정확하게 선정할 것을 강조하고 있다. 또한 외화를 절약하고 합리적으로 이용하기 위해서는 수입허가제를 강화해야 할 것을 주장하고 있다.[69]

북한에서 '실리'는 대외무역을 수행하는 기업단위 차원에서의 이윤을 의미하는 것이 아니라, 사회 전체 혹은 북한 전체의 이득을 의미하는 개념으로 확대해서 사용하고 있다. 이는 대외무역 과정에서 사회 전체적으로 이득이 되는 제품 혹은 상품을 단순한 외화획득의 이유로 인해 수출하는 것을 막고, 불필요한 목적의 수입으로 외화가 낭비되는 것을 막음으로써 국가 전체의 이윤을 보장할 수 있다는 관점에서 출발하고 있다.

실리의 개념을 경제적 효과의 증대라는 개념으로 확장해서 이용하기도 했다. 수입을 통해서 선진과학기술과 관련한 것들을 도입하여 인민경제 전반을 향상하기 위한 의도도 가지고 있다.[70] 이러한 인식은

---

67) 북한에서 이윤은 자본주의적 표현으로 이해되며, 이를 대신하여 실리로 표현하는 경우가 있다.

68) 김정일, "당의 무역제일주의방침을 관철하는데서 나서는 몇가지 문제(조선로동당 중앙위원회 책임일군들과 한 담화,"『김정일선집 14』(평양: 조선로동당출판사, 2000), p. 10.

69) 김철용, "무역거래에서의 실리의 원칙,"『경제연구』, 제4호 (2003), pp. 31~33.

결국 대외무역을 통한 국민경제 향상이라는 비교우위의 일반적인 의미 보다는 국가발전전략의 하나로 인식하고, 국가의 계획의 한 부분으로 대외무역을 여전히 인식하고 활용하려고 하고 있다. 이러한 의지를 '실리'라는 개념으로 변용하고 있다.

하지만 앞서 언급한 북한식 '실리'의 개념만을 강조한 것은 아니다. 실례로, 경공업제품에서 혁신을 위해 꼭 필요한 것들만 북한 내에서 자체적으로 생산하고, 여타의 것들은 수입하는 방안도 필요함을 강조하고 있다.[71] 이는 비교우위 이론에 입각한 사회적 필요노동의 절약이라는 인식을 정확하게 반영한 것이라 할 수 있다. 또한, 무역경제 정보사업을 강조하고 있다. 복잡한 대외무역 환경의 변화에 적극적으로 대처하고 수출을 늘리기 위한 전문화된 능력을 요구하기 시작했다.[72] 즉 세계경제와 대외시장에 대한 연구를 통해 수출을 늘리기 위한 국제시장의 다양한 소비구조와 소비동향 파악이 중요한 과업이라고 주장하고 있다. 하지만 이러한 무역경제정보사업의 강조도 사회주의강성대국 건설의 물질기술적토대의 하나로 시행되고 있는 인민경제의 모든 부문을 정보산업시대의 요구에 변형시키는 것으로 이해하고 있다.[73]

나. 김정일 시대 대외무역 평가

(1) 1990년대 대외무역 실적의 변화

1990년대 북한 대외무역 특히 수출부문에서는 과거와는 다른 양상

70) 리명숙, "현 시기 수입무역에서 제기되는 중요한 문제," 『경제연구』, 제4호 (2003), pp. 34~36.
71) 위의 글, p. 35.
72) 김명호, "무역경제정보사업을 강화하는것은 현 시기 대외무역발전의 필수적 요구," 『경제연구』, 제4호 (2002), pp. 33~35.
73) 위의 글, p. 34.

을 보여주고 있다. 우선 수출 지역별 구조 변화에서 나타나는 특징은 첫째, 아시아 지역으로 대외무역이 집중되어 나타난다는 것이다. 1990년대 이전 사회주의 국가와의 교역 특히 동유럽, 구소련과의 교역 대부분이 아시아 지역으로 확대되었다. 체제이행으로 인해 사회주의 우호시장의 상실은 새로운 수출 시장을 확보해야 했고, 지리적으로 가까운 지역인 아시아 시장으로의 확대는 자연스러운 것이었다.

둘째, 1990년대는 북한의 수출이 일본에 집중되었던 시기였다. 일본은 1993년을 제외하고는 1992년~2000년까지 북한의 최대 수출국이었다. 과거 1980년대 이전에도 일본 내 조총련과의 합작 사업의 경험이 있었고, 체제전환 이후 일본이 최대 수출국으로 부상할 수 있었다.

셋째, 상위 10개국이 차지하는 비중이 평균 83.2%에 이를 정도로 무역의 편중도가 컸다. 하지만 이는 1990년대 평균을 의미하고, 1992년 87.84%에서 2000년에는 77.3%로 상위 10개국이 차지하는 전체 수출의 비중이 하락하고 있는 경향을 보여주고 있다.

북한의 수입부문에서 지역별 구조 변화에서 나타나는 특징은 첫째, 아시아 지역의 편중과 더불어 유럽지역의 편중도 심화되고 있다. 유럽지역도 과거 1990년대 이전 사회주의 국가들이 주를 이루었던 동유럽 국가가 아닌 서유럽 국가들로 교역상대국이 확대되고 비중도 커지고 있었다. 이러한 현상들은 1990년대 말에 좀 더 심화된다.

둘째, 북한의 최대 수입국은 중국과 일본이었고, 수입 비중도 매년 감소하는 경향을 보여주고 있다. 반면에 3위권 국가인 태국이나 홍콩 등의 국가들의 비중이 점차 증가하고 있는 양상을 보여준다. 이는 특정국에 대한 집중도가 약화되고 수입이 다각화되고 있음을 보여주는 것이다.

셋째, 상위 10개국이 차지하는 비중이 평균 84.44% 정도에 이른다. 이는 수출과 수입에서 거의 같은 비율을 차지하고 있다. 수입도 수출과 마찬가지로 1992년~2000년까지의 기간 동안, 상위 10개국의 비중이 최고 88%에서 82% 수준으로 감소하였고, 1990년대 말에는 82% 수준에서 안정화되는 경향을 보여주고 있다.

북한은 석유, 코크스, 섬유사, 곡물 등 연료 및 원재료와 식량 수입에서 큰 비중을 차지하고 있으며, 기계 및 운송장비의 비중도 적지 않았다. 또한 광물성 생산품의 지속적인 수입 감소가 나타났다. 북한은 원유, 코크스 등의 광물성 연료를 외부로부터 수입에 의존해 왔는데 구소련, 중국 등으로부터 이들의 품목의 수입 감소가 지속하여 석탄생산량의 감소와 함께 에너지난을 심화시킨 것이다.

(2) 2000년대 대외무역 실적의 변화

〈표 7〉 對중국 교역 실적 및 의존도

	수출	수입	수출총액	수입총액	수출비율	수입비율	계
2001	166739401	573099190	984363183	2934810241	16.94	19.53	18.88
2002	270685256	467539283	1041505529	1668931998	25.99	28.01	27.24
2003	395344691	627737013	989679678	1669525376	39.95	37.60	38.47
2004	585661368	799499576	1314136240	2344406002	44.57	34.10	37.86
2005	499140536	1081103675	1419892048	2474189268	35.15	43.70	40.58
2006	467763631	1232322985	1894691234	2888322300	24.69	42.67	35.54
2007	583536271	1392492098	1006060114	2221425942	58.00	62.68	61.23
2008	760412574	2032431315	1729498934	3136092051	43.97	64.81	57.40
2009	793025950	1887740680	1381272937	2989544709	57.41	63.14	61.33
2010	1194536508	2277346913	2029220862	3619751421	58.87	62.91	61.46

* 출처: UN comtrade.

북한의 2000년대 대외무역의 구조적 특징은 교역대상국들 가운데 중국의 비중은 1990년에는 10.1%에 불과했던 것이 그 이후에는 30% 전후의 수준으로 높아져 1995년을 제외하고는 줄 곳 북한의 최대 교역 상대국의 지위를 점하고 있다. 2000년대 중반 이후 중국의 비중은 더욱 증가하여 2010년에는 북한의 대외무역에서 차지하는 비중은 80%를 넘어섰다. 2010년 대중국 수출입 규모도 34.7억 달러로 사상 최대치를 기록하고 있고, 10억 달러 수준의 무역수지 적자를 만성적으로 유지하고 있는 구조이다.

북한의 대 중국 주요 수출 품목은 광물성 연료, 광, 슬랙 및 회, 의류, 철강, 어류, 목제품, 알루미늄 등이며 주요 수입품은 광물성 연료, 원자로, 보일러와 기계류, 전기기구, 플라스틱, 차량 등이다.

2000년대 들어서는 일본과의 무역이 크게 줄어들고, 중국과의 교역이 증가함에 따라 교역구조가 변화하고 있다. 수산물, 어패류 등 1차 상품의 수출 증가가 지속되고 있다. 비금속 및 광물성 제품의 수출이 급증하고 있고, 1990년대 초반까지 북한의 최대 수출 품목이었으나 에너지 부족 등으로 수출이 감소하고 있다. 그러나 2003년부터 외국으로부터의 기술 및 설비도입이 증가하면서 철광, 아연 등의 수출이 다시 늘어났으며, 최근에는 중국의 원자재 수요가 증가하면서 철광, 아연 등의 수출이 다시 늘어났으며, 최근에는 중국의 원자재 수요가 증가하면서 수출이 급증하였다.

2010년 기준 북한의 수출상품 구조를 보면 광물성 생산품, 섬유제품, 비금속 제품이 전체의 78.7%를 차지하고 있고, 품목별 점유 비중은 광물성 생산품(46.0%), 비금속류(17.5%), 섬유제품(15.2%), 기계·전기전자(6.5%), 화학플라스틱(5.8%), 기타(9%)를 차지하고 있다. 위탁가공생산 등을 통하여 제조업의 비중을 확대하려고 노력하고 있으나 여전히 1차 상품 중심의 수출구조를 지속하고 있다.

주요 품목의 대중 수출 비중이 증가했다. 무연탄(SITC321), 철광석 등 광물성 생산품의 대중국 수출은 6.9억 달러이며, 이는 전체 광물성 생산품 수출의 97%를 차지하고 있다. 섬유제품의 대중국 수출은 전체 섬유제품 수출대비 82.7%를 차지했고, 비금속류의 대중국 수출은 전체

〈그림 3〉 북한의 품목별 수출 비중: 2010년

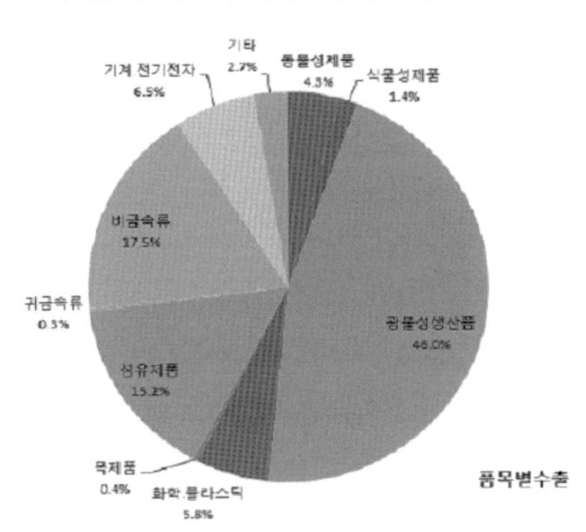

* 출처: KOTRA

비금속류 수출대비 69.4%를 차지했다. 증가 폭이 큰 품목 중에는 기계·전기전자가 유일하게 대중 의존도가 낮았으며(24.6%), 수출지역이 동남아, 러시아, 남미 등으로 다양하게 분포하고 있다.

북한의 2000년대 주요 수입품은 광물성 생산물과 기계·전기전자제품, 동식물 등과 같은 제품이 전체 수입량의 50%를 웃도는 구조를 유지하고 있다. 이러한 구조는 통상적으로 북한의 수입 구조가 생산을 위한 생산재를 수입하고 있는 국가임과 동시에 내부적인 식량문제를 해결하지 못하는 상황을 반영한다고 할 수 있다.

2. 7차 당 대회 핵심 내용

가. 경제정책 개관: 7차 당 대회

북한은 제7차 대회를 통해 2016~2020년까지 추진할 경제정책의 기본원칙을 '국가경제발전 5개년 전략'이라는 이름으로 발표했다. 이 전략은 "인민경제전반을 활성화하고 개별 경제부문사이의 균형을 보장하여 나라의 경제를 지속적으로 발전시킬 수 있는 토대를 마련'할 것을 강조하고 있다.[74)]

국가경제발전 5개년 전략을 추진하면서 경제부문별로 생산을 정상화하고 유휴 자재와 설비의 효율적 이용을 강조했다. 또한, 전략 수행을 위해 선행되어 해결할 부분을 에너지와 전력문제로 선정했으며, 전력문제 개선을 위해 친환경 발전설비 확충과 원자력 발전을 확대할 것을 강조했다. 이례적으로 "5개년 전략 수행 기간 당에서 제시한 전력생산 목표를 반드시 점령해야 한다"는 표현을 사용하는 등 전력문제 해결에 대한 의지를 천명했다. 또한, "경제강국건설을 위해 '우리식 경제관리방법'을 전면적으로 확립"할 것을 강조했다. 이는 2016년 신년사를 통해서도 밝힌 바 있는 '우리식 경제관리방법의 전면적 확립'이라는 목표를 재차 강조한 것이다.[75)]

우리식 경제관리방법은 2012년 6월 28일 "우리식의 새로운 경제관리체계를 확립할 데 대하여"라는 제목으로 내부 방침을 공표하고 각 지역별 간부를 대상으로 시범교육을 실시한 바 있다.[76)] 우리식 경제관리방법은 경제 사업에서 국가의 '통일적지도와 전략적 관리'를 강조하고 국가기관인 내각의 역량집중과 책임을 강조하는 사업방식이다. 내각이 생산현장과 긴밀한 연계 · 협의를 통해 생산단위들의 독자적인 경영활동을 보장하는 방식이다. 일반적으로 경제사업에서 내각 역할이 위축된 북한의 현실을 고려하면 상당히 이례적인 언급이며, 김정은이 직접 당

74) 이는 과거 성장일변도 주장에서 벗어나 개별 경제부문간의 균형적 발전을 강조했다는 측면에서 주목할 필요가 있다.
75) 북한의 2016년 신년사.
76) 「조선신보」, 2014년 5월 30일.

대회 사업보고 과정에서 외부에 공표한 사실에 주목할 필요가 있다.

공장이나 기업소의 독자적인 경영책임을 강조하는 사회주의 기업책임관리제 실시를 강조하고 있다. 사회주의 기업책임관리제는 2014년 5월 30일 발표한 북한의 '5 · 30문건(5월 노작)'에서 "사회주의강성국가건설위업을 성과적으로 실현하기 위하여서는 현실발전의 요구에 맞게 우리식 경제관리방법을 확립하여야 합니다"를 통해 최초 제기되었고 이를 소위 '김정은 담화'의 형태로 발표된 바 있는 내용이다.

당 대회를 통해 공장, 기업소, 협동단체들이 사회주의 기업책임관리제에 충실한 경영전략을 세워 생산을 정상화할 것을 강조했다. 국가적 차원에서 기업체들에게 부여된 경영권을 원활하게 활용할 수 있도록 제반여건을 충분히 보장해 줄 것을 명시적으로 표현하고 있다. 사회주의 기업책임관리제는 과거 북한 기업소 운영체계인 '지배인유일관리제'[77]와 유사하며, 생산단위의 자율경영과 책임을 강조하는 흐름 속에서 제시되었다. 이는 경제 사업에서 내각의 책임이 강조되고 당의 개입을 줄이는 최근 경향을 반영하고 있다.

전체적으로 보면 기존에 제기했던 문제들은 반복하거나 새롭게 정리한 수준이라 평가할 수 있고, 외부 세계가 기대했던 중국 수준의 '개혁 · 개방의 공개적 천명'은 이루어지지 않았다. 다만, 당 대회에서 제시된 사안의 경우 최고 수준의 권위를 인정받는 북한의 정치현실을 고려했을 때, 대회를 통해 제시된 과제들에 대한 면밀한 분석이 필요하다.

---

77) 1950년대까지 북한 기업소의 운영전략이며, 지배인이 기업관리 및 운영의 권한을 가지고 결과를 책임지는 제도이며 1961년 '대안의 사업체계' 등장 이후 사실상 폐지되었다.

나. 무역 및 대외경제부문 개관: 7차 당 대회

7차 대회에서 언급하고 있는 국가경제발전 5개년 전략 과제 중 대외경제부문에서는 가공품수출과 기술무역, 봉사무역의 비중을 높이는 방향으로 무역구조를 개선할 것을 강조했다. 무역구조 개선을 단순한 교역품목의 변화만을 강조한 것이 아니라 중국 일변도의 상품교역 구조를 개선할 것을 주문한 것이다. 이는 전형적인 1차 상품 수출과 생필품 수입 위주의 후진국형 무역구조를 개선하고 임가공 수출 확대 및 관광객 확대 정책을 추진할 것으로 예상된다.

또한, 단순 외자 유치를 위한 합영·합작에서 벗어나 선진기술을 받아들이고 나라의 경제를 발전시키는데 이바지하는 방향으로 합영·합작을 시행할 것을 강조했다. 기존 합영·합작 실적 부진에 대한 비판과 동시에 적극적인 외자유치 및 기술도입을 강조함으로써 새로운 합영·합작 운영 기준을 제시한 것으로 평가할 수 있다.

북한이 제7차 당 대회를 통해 밝히고 있는 대외경제부문에서의 언급은 대외무역의 기본적 원칙을 반복적으로 제시한 수준이다. 이는 생필품과 원자재 위주의 상품 수출과 소비재 수입 위주의 후진국형 무역구조를 개선하기 위한 노력을 지속적으로 추진할 것으로 예상된다. 또한 관광객 유치를 위한 노력도 지속할 것으로 보인다. 최근 수년간 북한의 관광인프라 관련 투자 경향을 봤을 때 향후 관광산업 활성화를 위한 북한의 노력은 지속될 것이다.

하지만 무역구조에서 중국 일변도의 개선을 언급한 부분을 주목할 필요가 있다. 북중무역 일변도는 최근 북중무역액의 감소에서 나타난 북한의 위기감의 반증으로 해설할 수 있다. 북중무역은 2000년대 들어 특히 2010년 이후 폭발적으로 증가했지만 2014년부터 주춤했고 더욱이 2015년에는 전년대비 큰 폭의 감소세를 기록했다.[78]

북한은 경제활성화를 위해 “경제개발구들에 유리한 투자환경과 조건을 보장하여 운영을 활성화”할 것을 강조하였다. 경제개발구와 관련한 전략은 지난 2013년 3월 31일 조선노동당 중앙위원회 전체회의를 통해 경제개발구 설치를 지시한 바 있다. 북한의 특구나 경제개발구 정책은 개성공단을 제외하고는 뚜렷한 성과를 거두지는 못했지만 지난 20여 년간 나름대로 꾸준히 추진되었다. 그리고 김정은 정권의 경제 특구·개발구 정책은 이러한 오랜 경제 특구 개발과정의 결과라고 보아야 할 것이다.[79]

김정은 시대에는 폐쇄적인 경제 특구에서 개방적 경제개발구로의 전환 가능성이 존재하고 이번 7차 당 대회 사업총화 보고를 통해 다시 한 번 경제개발구 전략의 강화를 천명했다는 점에서 북한의 관련 정책 강화가 예상된다.

〈표 8〉 북한의 경제개발구 현황(2014년 말)

명칭	지역	면적	주요 사업	투자액 (억 달러)
압록강경제개발구	평안북도	1.5㎢	현대농업, 관광휴양, 무역	2.4
만포경제개발구	자강도	3㎢	현대농업, 관광휴양, 무역	1.2
위원공업개발구	자강도	3㎢	광물자원 가공, 목재가공, 기계설비 제작, 농조산물 가공	1.5
온성섬관광개발구	함경북도	1.7㎢	골프장, 경마장 등 관광개발구	0.9
혜산경제개발구	량강도	2㎢	수출가공, 현대농업, 관양휴양, 무역	1.0
청수관광개발구	평안북도	-	-	-
송림수출가공구	황해북도	2㎢	수출가공업, 창고·화물운송 등 물류업	0.8
와우도수출가공구	남포시	1.5㎢	수출 가공조립업, 보상무역, 주문가공	1.0
청남공업개발구	평안남도	-	-	
숙천농업개발구	평안남도	-	-	

78) 그러나 중국 해관(세관) 2014년 1월 이후 중국의 대북 원유 수출을 ‘0’으로 발표함에 따라 약간의 혼란이 발생했다.

79) 양문수·이석기·김석진, 『북한의 경제 특구·개발구 지원방안』(세종: 대외경제정책연구원, 2015), p. 47.

진도수출가공구	남포시	-	-	
강령국제녹색시범구	황해남도	-	-	
신평관광개발구	황해북도	8.1㎢	체육, 문화, 오락 등 현대 관광지구	1.4
현동공업개발구	강원도	2㎢	보세가공, 정보산업, 경공업, 관광기념품 생산, 광물자원	1.0
흥남농업개발구	함경남도	2㎢	보세가공, 화학제품, 건재, 기계설비 제작	1.0
북청농업개발구	함경남도	3㎢	과수업, 과일 종합가공, 축산업	1.0
청진경제개발구	함경북도	5.4㎢	금속가공, 기계제작, 건재, 전자제품, 경공업, 수출가공업	2.0
어랑농업개발구	함경북도	4㎢	농축산기지, 채종, 육종 등 농업과학연구개발단지	0.7

* 출처: 조봉현, "북한의 경제특구 개발 동향과 남북협력 연계 방안," 『KDI 북한경제리뷰』, 9월호 (KDI: 서울, 2014), p. 53.

경제개발구는 2013년 4월 1일 최고인민회의에서 경제개발구 창설을 위한 사업을 추진하기로 결정했고, 이어 같은 해 5월 29일 최고인민회의 상임위원회 정령을 통해 『경제개발구법』[80)]을 채택·발표했다. 조선중앙통신은 "국가는 경제개발구를 관리소속에 따라 지방급 경제개발구와 중앙급 경제개발구로 구분하여 관리하도록 한다"며 지방 각지에 경제개발구들을 건설할 계획이라고 밝혔다.

이어 북한은 같은 해 11월 21일, 각 도에 외자 유치와 경제개발을 목적으로 하는 경제 특구·개발구 14곳을 지정해 발표했다. 이어 다음해인 2014년 7월 23일에는 경제개발구 6개가 추가로 지정, 발표되었다. 한편 북한은 경제개발구 6개를 추가 지정·발표하기 한 달 전인 2014년 6월, 대외경제 관련 조직을 정비했다. 기존의 합영투자위원회, 경제개발위원회를 무역성에 통합시키고, 무역성을 대외경제성으로 변경했다.[81)] 또한 북한은 2015년 10월, 함경북도 경원군 경제개발구를 추가

80) 이 법은 기존의 라선경제무역지대와 황금평·위화도 경제지대, 개성공업지구와 금강산 국제관광특구에는 적용되지 않는다.

81) 통일부(2014), 주간 북한동향, 제1209호 재인용.

지정해 북한의 경제개발구는 모두 20개로 늘어났다.

북한의 경제개발구는 변화 의지를 천명한 '합영 · 합작' 사업에 대한 운영원칙을 적용하는 시험대가 될 것으로 예상된다. 특히 전향적으로 투자기업에 대한 경영자율권을 인정하기 위한 조치를 추진할 것을 명시적으로 밝힘으로써 향후 관련정책 변화에 주목할 필요가 있다.

다. 김정은 시대 무역과 대외경제정책의 지속과 변화: 김정은 式 경제개혁 조치

제7차 당 대회 이후 김정은 체제는 '경제 · 핵무력건설 병진노선'을 국가전략으로 설정하고, 경제정책에서는 2011년 집권 이후 등장했던, '우리 식 경제관리방법'과 '사회주의기업책임관리제'등과 같은 실용주의적 노선을 적극 수용할 것으로 예상된다. 이는 기존에 만연한 시장 활동에 대한 관용적 정책이며, 과거 불법 혹은 반(半)불법 상태의 시장 활동을 일정정도 합법화 시키는 과정의 일환으로 해석할 수 있다.

'우리 식 경제관리방법'과 '사회주의기업책임관리제는' 생산단위의 자율성 및 인센티브를 확대하는 조치로 평가할 수 있기 때문에 시장의 양성화 과정이 수반될 것이며, 특히 기업, 가계 등 개별경제주체들의 활동 폭 확대가 예상되며, 돈주(錢主)의 활동이 확대될 것으로 전망된다.

대외경제정책에 있어서는 대외무역의 확대와 외자유치를 위한 인력송출, 관광산업 확대 등을 통해 외화 획득에 전략적 목표를 설정할 것으로 예상된다. 또한 경제개발구를 통한 제한적인 대외개방을 추진하고, 낙후된 지방 공업의 활성화를 모색할 것으로 예상된다.

김정은 출범 이후 북한의 무역은 남한의 5 · 24조치로 인해 북중무역 의존도가 가장 심했던 상태였다. 북중무역은 2010년 이후 폭발적으로 늘어났다가 2014년부터 주춤하고 더욱이 2015년에는 전년대비 큰 폭의 감소세를 기록하고 있다. 최근 북중무역의 감소세와 더불어 북한의 대중국 주력 수출 품목인 무연탄과 철광석은 전년대비 17.7%, 25.7% 감소세를 기록하고 있다.[82] 또한 북중교역은 2015년에 뚜렷한 감소세를 보이고 있는 상황이다. 당 대회를 통해 중국일변도의 무역구조 개선을 주문하였으므로 북중무역 감소로 인한 대외무역 감소와 전체적인 경제침체에 대한 북한의 우려가 반영된 상황이라 할 수 있다.

북한의 대외경제환경 특히 무역환경의 급변은 교역상대국의 확대를 적극적으로 추진할 것으로 예상되지만, 대북한 경제제재로 인해 정책 추진에 상당한 어려움이 예상된다. 또한 북한의 대중수출 및 외화수입 감소에 대해서는 쉽게 예측하기 어려운 상황이다. 광물수출 감소로 인한 외화수입 감소분을 여타의 외화벌이 사업을 통해 극복할 수 있을지가 관건이다. 즉 공식무역이 어려운 상황에서 비공식무역 내지는 불법무역을 통한 외화벌이도 가능한 상황이다.

제7차 당 대회를 통해 합영·합작 방식의 변화를 예고한 바 있다. 이는 과거 합영법 실패사례에서 보듯 기존 단순히 '외자유치'와 운영에 있어서 '우리 식'을 강조하던 관행을 벗어나[83] 투자유치 및 운영에 자율성을 부여하겠다는 조치로 풀이된다. 따라서 경제개발구 확대 정책의 추진과정이 기존 특구 개발 방식과는 다른 차원으로 진행될 가능성이 크다.

무엇보다도 박봉주 내각 총리를 당 정치국 상무위원으로 신규 임명하면서 경제분야 개혁·개방 노선이 유지·확대될 것으로 전망된다. 박봉주는 2002년 7·1경제관리개선조치를 추진하다 실각한 경험을 가지고 있으며 사회주의기업책임관리제와 경제개발구 정책을 추진한 것

82) KOTRA, KITA(검색일: 2016년 5월 14일).

83) 김일성은 "경제분야에서 자본주의적 방법을 받아들이는 것은 결국 멸망에 이르는 길이다. … 우리들이 외국과의 합영합작사업을 하고자 하는 기본 목적은 외국의 기술과 자금을 이용하는 데 있다. 따라서 외국과의 합영합작은 외국이 기술과 자금을 제공하고 기업관리는 우리가 맡는 방향에서 진행되어야 한다"라고 주장한 바 있으며 이는 곧 합영·합작의 기본 원칙이었다.

으로 알려졌다. 따라서 박봉주의 재신임은 소위 '김정은 式 경제개혁' 조치를 진두지휘할 것으로 예상되며, 최근 경제 사업에서 내각의 역할을 강조하는 경향 하에서 박봉주 내각 총리의 개혁적 성향이 정책 추진과정에서 반영될 것으로 예상된다.

Ⅳ. 결론

북한에서 당 대회는 조선로동당의 사업평가, 미래과제 제시 그리고 권력의 재편 등을 종합적으로 대내외적으로 공표하는 최고의 정치행사이다. 북한은 총 7번의 당 대회를 개최했고 중요한 의사결정과 과업 등을 제시한 바 있다.

7차례의 당 대회를 통해서 북한이 제시한 무역 및 대외경제 분야의 메시지는 대회별로 큰 차이를 보여주고 있지는 못하다. 우선 1~5차까지의 당 대회에서는 무역에 대한 소극적 인식에서 출발하여, 인민경제 발전을 위한 도구로 무역을 인식했다. 특히 무역을 통해 외화를 획득하고, 획득한 외화를 통해 경제발전을 위한 생산재 등을 수입하는 목적으로 무역을 시행했다. 또한 수출을 강조하는 경향이 지속적으로 나타나고 있다. 이는 사회주의국가에서 일반적으로 보여주는 수입을 강조하고 수출을 지양하는 일반적인 정책과는 차이를 보여주고 있다.

당시 무역구조를 보면 무역의 다양화와 신용제일주의 등의 원칙을 제시하기는 했지만, 교역구조나 상대국 등을 봤을 때 전혀 이루지 못했다. 특히 전후 복구기부터 시작된 소련과 중국의 원조나 지원이 대외경제관계의 대부분을 차지했다. 한국전쟁을 거치면서 원조나 교역의 중심국가가 소련에서 중국으로 변화한다. 1970년대 초반 서방과의 무역확대를 적극적으로 추진하여 플랜트 등을 수입하는 등의 노력을 취했지만, 오히려 대서방 외채의 확대 등으로 대외경제관계를 위축시키는 결과를 초래했다. 특징적인 것은 1956년 3차 당 대회에서 서방과의 무역을 확대하자는 주장을 했다. 당시 중공업 우선 정책을 추진하려고 했던 북한 당국의 의지가 반영된 것이라 할 수 있다.

제6차 대회 이후에는 무역 및 대외경제관계를 강조하였다. 특히 1984년 합영법을 시작으로 적극적인 외자유치 정책을 추진했으나 소위 '우리식' 경제운영으로 합영·합작 회사의 자율적인 경영권을 보장하지 못해 투자유치와 그를 통한 경제 활성화 전략 자체가 실패하게 되었다. 또한 1990년대 들어 사회주의권의 붕괴로 인해 우호시장이 상실된 상황에서 적극적인 무역정책을 추진하지 않을 수 없었다. 따라서 등장한 것인 새로운 무역체계이다. 이는 분권화로 요약될 수 있다. 이러한 노력으로 대외무역은 실적 및 구조면에서 과거와는 다른 양상으로 진행되었다. 하지만 교역상품을 보면 1차 상품 위주의 수출과 소비재 위주의 수입과 같은 후진적인 구조를 면하지 못하고 있다.

제7차 당 대회에서는 대외경제분야에서 경제개발구 확대를 주목할 필요가 있다. 경제개발구 운영 방식은 합영법 실패를 교훈삼아 투자기업의 경영 자율성을 보장하겠다는 방침을 내세웠으므로 적극적인 투자유치를 추진할 것으로 예상된다. 또한 북중무역의 감소라는 교역환경의 변화가 북한 내 개별경제 주체들의 활동에 큰 영향을 줄 것으로 예상된다.

공식적인 무역의 어려움이 비공식무역의 확대를 촉발할 것이고, 이는 외화벌이사업의 다양화로 나타날 것이며, 특히 돈주와 시장 세력의 활동과 역할이 확대되거나 불법이나 반불법 상황의 시장 활동이 합법화할 가능성도 있다. 하지만 여전히 대북한 경제제재라는 외부환경 속에서 북한의 무역 및 대외경제관계의 전망은 그리 밝다고 할 수 없다.

참고문헌

1. 국내문헌

국토통일원. 『북한무역통계』. 서울: 국토통일원, 1986.

계응태. "당중앙위원회 사업총화에 대한 토론." 『조선로동당 대회 자료집 4권』. 서울: 국토통일원, 1988.

박형중. 『북한의 경제관리체계』. 서울: 해남, 2002.

박노경. "북한의 대외무역구조분석: 1960~1990." 『한국동북아논총』, 19집 (2001).

스칼라피노 이정식, 한홍구 옮김. 『한국공산주의 운동사 3』. 서울: 돌베개, 1987.

윤기관. 『남북한 무역경제연구』. 대전: 충남대학교 출판부, 2001.

양문수. "1970년대 북한경제와 장기침체 메커니즘의 형성." 『현대북한연구』, 6권 1호 (2003).

______. 『북한경제의 구조』. 서울: 서울대학교출판사, 2001.

양문수 · 이석기 · 김석진. 『북한의 경제 특구 · 개발구 지원방안』. 세종: 대외경제정책연구원, 2015.

임강택. 『북한의 대외무역 특성과 무역정책 변화 전망』. 서울: 민족통일연구원, 1998.

______. "김정일체제와 북한의 경제정책." 『북한연구학회보』, 제3권 1호 (1999).

______. "최근 5년간 북한 대외무역의 주요 특징 및 전망." 『KDI 북한경제리뷰』, 2월호 (2013).

이석기 · 김석진 · 김계환. 『북한 수출산업 육성과 남북경협』. 서울: 산업연구원, 2009.

최신림. "북한의 경제개방과 산업정책." 김연철·박순성 편.『북한의 경제개혁연구』. 서울: 후마니타스, 2002.

통일부. 『북한개요』. 서울: 통일부, 2000.

______. "주간 북한동향." 제1209호 (2014).

한국개발연구원. 『북한 경제지표집』. 서울: 한국개발연구원, 1996.

2. 북한문헌

김두봉. "새형태의 인민정권수립과 북조선민주개혁을 위한 우리당의 투쟁." 『조선로동당 대회 자료집 1권』. 서울: 국토통일원, 1988.

김철용. "무역거래에서의 실리의 원칙."『경제연구』, 제4호 (2003).

김명호. "무역경제정보사업을 강화하는 것은 현 시기 대외무역발전의 필수적 요구." 『경제연구』, 제4호 (2002).

김일성. "조선로동당 제3차대회에서 진술한 중앙위원회 사업총결보고." 『조선로동당 대회 자료집 1권』. 서울: 국토통일원, 1988.

김일성. "조선로동당 중앙위원회 사업 총결 보고에 대한 조선로동당 제3차 대회의 결정서." 『조선로동당 대회 자료집 1권』. 서울: 국토통일원, 1988.

______. "조선민주주의 인민공화국 인민경제발전 7개년(1961~1967) 계획 통제 수자," 『조선로동당 대회 자료집 2권』. 서울: 국토통일원, 1988.

______. "조선로동당 중앙위원회 사업 총화 보고와 조선로동당 중앙검사위원회 사업 총화 보고에 대한 토론." 『조선로동당 대회 자료집 3권』. 서울: 국토통일원, 1988.

______. "조선로동당 중앙위원회 사업총화 보고." 『조선로동당 대회 자료집 4권』. 서울: 국토통일원, 1988.

______. "변화된 환경에 맞게 대외무역을 발전시킬 데 대하여(당, 국가, 경제 지도일군 협의회에서 한 연설, 1991년 11월 23일, 26일)." 『사회주의경제관리문제에 대하여 1』. 평양: 조선로동당출판사, 2001.

______. 『김일성저작집 44』. 평양, 조선로동당출판사, 1996.

김정일. "당의 무역제일주의방침을 관철하는데서 나서는 몇가지 문제(조선로동당 중앙위원회 책임일군들과 한 담화." 『김정일선집 14』. 평양: 조선로동당출판사, 2000.

김재호. 『김정일 강성대국 건설전략』. 평양: 평양출판사, 2000.

리종옥. "조선로동당 중앙위원회 사업 총결 보고 및 조선로동당 중앙검사위원회 사업 총결 보고에 대한 주요 토론." 『조선로동당 대회 자료집 1권』. 서울: 국토통일원, 1988.

리주연. “조선로동당 중앙위원회 사업 총화 보고와 조선로동당 중앙검사위원회 사업 총화 보고에 대한 토론.” 『조선로동당 대회 자료집 2권』. 서울: 국토통일원, 1988.

리신효, “새로운 무역체계의 본질적특징과 그 우월성,” 『경제연구』, 4호 (1992).

리춘원. “위대한 수령 김일성동지께서 밝히신 지방무역의 본질적 특징.” 『경제연구』, 4호 (1997).

리명숙. “현 시기 수입무역에서 제기되는 중요한 문제.” 『경제연구』, 제4호 (2003).

박금철. “조선로동당 중앙위원회 사업 총결 보고 및 조선로동당 중앙검사위원회 사업 총결 보고에 대한 주요 토론.” 『조선로동당 대회 자료집 1권』. 서울: 국토통일원, 1988.

사회과학출판사. 『경제사전 2』. 평양: 사회과학출판사, 1970.

3. 기타자료

KOTRA, KITA (검색일: 2016년 5월 14일).

『조선신보』. 1999년 6월 25일, 2014년 5월 30일.

“정론 - 강성대국.” 『로동신문』. 1998년 8월 22일.

[결론]

제7차 당 대회

오래된 미래, 새로운 과거

이대근

Ⅰ. 당 대회로 보는 북한 현대사 70년

당 대회란 “전당과 전체 인민 앞에 새로운 위대한 전망과 정치적 목표를 제시함으로써 우리당과 우리혁명 발전에서 보다 높은 새로운 단계를 열어주기” 위한 것이다.[1] 당 대회에 관한 이 같은 정의를 감안하면 어떤 당 대회도 '승리자의 대회'로 명명하지 않으면 안 된다.[2] 가장 확실한 승리의 증거 하나를 선택한다면 무엇보다 경제적 성과가 될 것이다. 북한은 적어도 1960년대까지는 경제적 성과를 내세웠다.

그러나 경제적 성과가 만족스럽지 않을 때는 승리를 상징할 그 무엇이 필요하다. 유일사상의 확립, 당의 통일과 단결, 사회주의 위업 달성과 같은 것들이라도 있어야 한다. 문제는 사상, 통일과 단결, 사

1) 「로동신문」, 1970년 11월 2일.

2) 3차 당 대회는 「로동신문」 1961년 9월 11일자 사설에서 '영광스러운 승리자들의 대회'로 규정됐다. 이후 이런 당 대회 규정은 당 대회 일반이 달성해야 할 하나의 목표이자 결과로 제시되었다. 4차 당 대회도 「로동신문」 1970년 11월 2일자 사설에서 '영광스러운 승리자의 대회'로, 5차 당 대회도 「로동신문」 1970년 11월 2일 사설에서 '영광스러운 승리자의 대회'로 규정했다. 6차 당 대회도 「로동신문」 1979년 12월 14일 사설에서 '제6차 대회를 위대한 승리자의 대회로 맞이하기 위하여 총진군하자'는 제목과 같이 '승리자의 대회'로 불렸다.

회주의 위업과 같은 것은 객관성을 담보할 수 없는 추상적인 평가에 의존해야 한다는 점이다. 그런 약점을 가리면서 당 대회가 성공적으로 보이게 하는, 가시성 있는 무언가가 필요하다. 그래서 등장한 것이 당 대회 행사기간 중의 대규모 군중시위이다. 1차 당 대회에서 4차 당 대회까지는 없었던 대규모 군중집회가 5차, 6차, 7차 당 대회에 등장한 것은 그런 이유 때문이다. 이제 당 대회는 보여줄 수 없는 것을 보여주기 위한 스펙터클, 보이지 않는 것을 보여주는 환상을 제공하는 장으로 변모했다.

그런 의미에서 1, 2, 3, 4차 당 대회와 5, 6, 7차 당 대회는 구별된다. 그러나 5차 당 대회는 번영과 쇠퇴의 기운이 뒤섞인 복합적인 성격을 띠고 있다. 이런 현실을 고려하면 북한 현대사는 6차 당 대회 이전과 이후로 나누는 것이 더 타당해 보인다. 5차 당 대회까지는 성공에 대한 열정과 기대가 조금이라도 남아 있었다고 한다면, 6차 당 대회부터는 경제와 인민이 없는 대회, 사상과 이념으로 가득한 공허한 대회, 불안을 감추기 위해 허장성세로 포장된 당 대회로 분명히 구별된다.

그런 측면에서 7차 당 대회는 6차 당 대회의 재현과 반복이었다고 할 수 있다. 6차 당 대회 이후 7차 당 대회까지 북한 현대사의 절반을 차지하는 35년의 시간이 흘렀음에도 불구하고, 세계적 변화가 물결쳤던 전환의 한 세대에도 불구하고 북한의 젊은 지도자가 '도로 6차 당 대회'를 개최했다는 사실은 많은 시사점을 던져준다. 그건 북한이 새로운 미래가 아닌, '오래된 미래'를 다시 끄집어 낸 것을 뜻한다.

1. 당 대회 개최 배경

1, 2차 당 대회는 통일과 분단 사이에서, 혹은 통일과 분단 가능성을 모두 내포한 유동적인 상황에서 당시 정세에 긴박하게 대응하기

위해 개최되었다. 당시의 불확실성과 불투명성은 중장기적인 경제계획을 세울 기회를 주지 않았다. 따라서 당 대회의 주요한 의제도 국내외 정세를 반영한 정치노선의 설정이었다.

1차 당 대회는 북조선공산당과 조선신민당 합당 대회였다. 민주주의 통일정부의 주도권을 확보해야 한다는 정치적 배경, 통합된 강력한 좌파정당에 대한 요구와 필요성, 민주개혁을 달성함으로써 인민의 지지를 어느 정도 확보할 수 있게 되었다는 자신감이 합당으로 나타났다고 할 수 있다. 2차 당 대회는 분단이 불가피해지고 그에 따라 북한이 남한 단독선거 반대투쟁 및 남북협상을 주도하고, 한편으로 북한정부를 전국적 정통성을 갖는 정부로 탄생하도록 하기 위한 캠페인이 전개되던 시점이었다. 이런 분명한 목표아래 북한 인민 전체를 결집시키기 위한 필요에서 열린 것이 당 대회였다.

3차 당 대회는 전쟁 이후 열린 첫 당 대회로서 김일성의 지도력이 강화되는 한편, 스탈린 사후 스탈린 개인숭배 비판이 고조되는 시점이기도 했기 때문에 집체적 지도원칙을 강조해야 하는 역설적 상황에서 개최되었다. 이 때문에 역대 당 대회에서 가장 강력하게 당내 민주주의의 당위성을 강조하는 대회로 기록될 수 있었다. 김일성으로서는 최대의 정적인 박헌영·이승엽을 숙청하고 전후 경제 복구과정에서 자신이 제시한 중공업중심의 경제건설 노선의 정당성을 확인함으로써 지도력의 기반을 다진 대회이기도 했다. 중공업을 우선 발전시키며 경공업과 농업을 동시 발전시킨다는 경제건설의 총 노선을 제시한 대회이기도 하다.

4차 당 대회는 김일성의 당 장악, 당위원회가 모든 부문을 통제하는 당위원회의 통일적 지도, 5개년계획의 성공적 완수 등 당의 주요과제를 원만히 해결하는 최상의 환경에서 개최되었다. 지난 시기의 성과에 대한 자부심과 미래에 대한 낙관과 자신감이 넘치는, 매우 고조된 분위기에서 열린 대회이기도 하다. 그 때문에 당 대회에서 처음으로 인민경제 7개년계획을 별도로 자세히 보고하고 구체적인 통계 수자도 제시할 수 있었다. 4차 당대회는 김일성의 유일지도체계가 구축된 시점이기도 하다. 보통 당 대회에서 당원토론은 비판과 자기비판으로 전개된다. 그러나 4차 당 대회의 당원토론은 당원들이 김일성의 당 사업 총화에 대한 일방적인 지지와 찬사를 늘어놓는 것으로 일관했다. 북한의 설명에 따르면 그럴 만한 이유가 있다. 4차 당 대회는 "사회주의적 생산관계의 유일적 지배"가 확립되어 "선진적인 사회주의 사회"가 이룩되고 "민족경제의 자립적 토대를 가진 사회주의적 공업-농업국가"로 탈바꿈하고, "당의 령도적 역할이 비상히 제고되"었으며 "처음으로 종파의 뿌리를 뽑아 버리고 혁명대렬의 완전한 통일을 이룩한 기초우에서 진행되는 대회"였다.[3] 북한은 "3차 당 대회 이후 자연, 사회, 사람도 몰라보게 말 그대로 천지개벽의 커다란 변화"가 나타났다고 발표했다.[4]

하지만 5, 6차 당 대회는 경제문제 대신 정치 사상적 문제에 중점을 둔 대회였다. 경제성장의 둔화, 그리고 경제침체가 계속되면서 경제계획을 세우고 그것을 실행할 수 있다는 자신감이 사라진 대신 대규모 행사와 정치적 상징이 넘쳐났다.

5차 당 대회는 인민경제 6개년 계획을 별도로 보고하고 사회주의 공업국가로의 전변을 자랑스럽게 선언했지만 과도한 군사비 지출, 경제발전의 지체, 자립적 민족경제 건설 노선의 한계도 동시에 드러냈다. 이 때문에 북한체제의 성과에 대한 자부심과 자신감, 사회주의 개혁에 대한 열정으로 충만했던 4차 당 대회와 달리 5차 당 대회는 차분하고 냉정한 분위기에서 진행되었다. 북한은 이 대회에서 사회주의 국제 분

---

3) 「로동신문」, 1961년 9월 11일.
4) 「로동신문」, 1961년 3월 23일.

업을 하라는 소련의 요구를 거부한 채 자립적 민족경제 건설 노선을 채택하고 중소갈등 상황을 최대한 활용해 주체사상을 발전시키고, 전 사회를 군사화 하는 등 당의 노선과 정책의 틀을 공고히 했다.

5차 당 대회에서 유일사상체계 확립을 강조한 노동당은 유일사상체계의 확립을 당의 최고 과제로 삼고 1970년대 유일사상체계의 제도화와 그 실현을 위해 적극 나섰다. 1970년대는 사회경제적 침체와 쇠락이 분명해지는 가운데 김정일 주도로 정치 사상적 통제 체계를 완비함으로써 전체주의 사회로서의 성격을 분명히 하는 시기이다. 유일사상체계 확립은 곧 김정일이 후계자로서의 지위를 공고히 하는 과정이기도 했다.

6차 당 대회는 경제계획을 아예 논의 조치 못한 채 정치 사상 사업으로 일관한 대회였다. "전당이 주체사상에 기초하여 철통같이 통일단결되고 당의 조직 사상적 기초가 반석같이 다져지게 됨으로써 조선혁명의 세련된 참모부로, 불패의 위력을 지닌 위대한 향도적 력량으로 강화 발전되였다"[5]는 당 대회 평가는 제6차 당 대회의 성격을 잘 말해주고 있다. "조선공산주의 운동의 가장 고귀한 전취물인 전당의 강철 같은 통일단결을 견결히 옹호고수하며 굳건히 다져나가게 하는 위대한 단결의 대회로 우리 당 력사에서 찬란히 기록하게 될 것이다"[6]라고 한 것도 같은 맥락이다. 정치사상 사업을 최우선시한 대회의 성격상 6차 당 대회의 가장 성과 역시 김정일 후계자 공식화였다.

경제적 성과를 통해 인민들의 지지와 동의를 이끌어 내기 어려운 상황에서 열린 5, 6차 당 대회는 결국 군중집회와 시위로 당의 영광과 위업을 스펙터클하게 과시함으로써 경제계획의 통계수자를 대신해야 했다.

5) 조선중앙통신사, 『조선중앙년감』, (평양: 조선중앙통신사, 1981), p. 153.
6) 「로동신문」, 1979년 12월 14일.

2. 당 중앙위원회 사업 총화 보고의 핵심과 변화

당 중앙위원회 사업 총화 보고는 당 대회와 당 대회 사이 당 사업의 업적을 발표하는, 당 대회의 주요 행사이다. 1, 2차 당 대회 때의 당 중앙위 총화 보고는 주로 해방 이후 정세를 다뤘다. 하지만 전후복구를 마친 뒤 열린 3차 당 대회부터는 인민경제계획의 완수 등 경제 노선과 정책이 가장 중요한 위치를 차지했다. 총화 보고는 해방 이후 당 대회까지 11년간의 경제건설 실적, 향후 제1차 5개년 경제계획을 상세하게 설명했다.

4차 당 대회의 사업 총화 보고는 역대 어느 당 대회 보다 경제 건설에 중점을 두었다. 처음 '승리자들의 대회'로 명명한 것에서 알 수 있듯이 김일성이 반대세력을 완전히 제거하고 유일지도력을 확보한데다, 인민경제계획을 조기 달성하는 성과를 거둔 뒤 개최한 당 대회였다. 그만큼 여느 당 대회 보다 경축 분위기가 고조되었다. '위대한 승리', '거대한 변화' 등의 표현이 말해주듯 역대 당 대회에서 괄목할 만한 경제성장을 바탕으로 장밋빛 미래에 관한 전망을 할 수 있었던 가장 자신감 있게 치룬 대회였다.

김일성이 4차 당 대회에서 가장 많이 언급하고 강조한 것도 경제발전이었다. 김일성은 6시간에 걸친 보고에서 당내 논쟁을 벌였던 자신의 중공업 우선 발전, 농업협동화 정책이 실천을 통해 그 정당성이 확증되었음을 강조했다. 당내 김일성 반대세력과 이 세력의 노선이 철저히 과오였음을 부각하며 자신의 노선과 지도가 타당했음을 주장한 것이다. 김일성은 이어 7개년계획에 관한 보고에서 지난 기간의 성과 뿐 아니라 향후 과제에 관해서도 7개년 경제계획은 물론 각 산업 부문별로 세분화한 구체적인 목표를 제시했다. 새 경제계획의 완수에 대한 자신감의 표현이라고 할 수 있다.

5차 당 대회의 사업 총화 보고에서도 가장 중요하게 취급된 분야가 경제문제였다. 그 다음은 문화혁명, 인민의 정치사상 문제, 국방의 순서였다. 김일성은 이 당 대회에서 사회주의 공업화의 실현을 선언하면서, 특히 중공업이 매우 빨리 발전했음을 평가하고 농촌 기계 혁명에서 수리화, 기계화, 전기화를 달성했다고 발표했다. 향후 과제는 사회주의 제도를 튼튼히 하며 사회주의의 완전한 승리를 이룩하기 위해 공산주의로 가는 길에서 반드시 점령하여야 할 두 요새, 즉 물질적 요새와 사상적 요새를 점령하기 위한 투쟁이라고 제시했다.

그러나 6차 당 대회는 경제문제보다는 정치사상 분야가 핵심이었다. 사업 총화 보고의 구성은 이전 당 대회와 같지만, (1) 3대 혁명의 빛나는 승리, (2) 온 사회를 주체사상화하자, (3) 조국의 자주적 평화통일을 이룩하자, (4) 반제 자주력량의 단결을 강화하자, (5) 당사업을 강화하자 등 세부 주제의 제목에서 알 수 있듯이 정치적 구호 중심이다. 과거 평가나 향후 과제의 기준도 사상 사업이었다. 경제건설 문제는 사상 사업의 일부로 간단히 언급하는 것으로 그쳤다. 그동안 당 대회의 최고 의제였던 경제문제가 부차적인 의제로 전락했음을 말해준다.

3. 인민경제발전의 빛과 그림자

당 대회가 다뤄야 할 중요한 의제 가운데 하나는 지난 인민경제계획을 총평하고 새로운 계획을 제시하는 것이다. 그런 점에서 해방정국이라는 특수한 상황에서 열린 1, 2차 당 대회는 예외였다. 당시 북한은 반봉건적 경제구조를 혁파하고, 민주주의적 개혁을 추진하는 것이 우선이었다. 경제성과를 제시할 상황이 아니었다.

경제계획이 다뤄진 당 대회는 한국전쟁 이후 처음 개최된 3차 당 대회부터였다. 3차 당 대회에서 김일성은 당중앙위원회 사업 총화 보고를 할 때 적지 않은 부분을 인민경제계획의 성과와 향후 목표에 할애했다. 총화 보고의 핵심이 인민경제계획의 성과를 평가하고 새로운 경제전망을 제시하는 것이었다고 해도 과언이 아니다.

4, 5차 당 대회는 경제문제를 더 부각했다. 사업총화 보고에 이어 별도로 인민경제계획에 관해 상세한 보고를 했다. 그만큼 경제 발전은 당 대회 제1의 관심사였다고 할 수 있다. 가장 자랑할 만한 경제성과를 기록한 4차 당 대회는 경제업적에 관한 보고도 역대 어느 당 대회보다 길고 상세했다. 당 사업 총화 보고의 상당 부분이 경제부문이었을 뿐 아니라, 별도의 '조선민주주의 인민공화국 인민경제발전계획(1961-1967) 통계숫자 보고'도 했다. 계획 기간내 달성해야 할 구체적인 목표 수치는 상세하고 분명하게 제시됐다.

그러나 4차 당 대회 이후는 경제적으로 '애로와 난관, 엄혹한 시련'의 시기였다. 우선 1969년 12월 결정된 인민경제발전 5개년 계획을 1년 연장해 6개년 계획으로 변경해야 했다. 이 때문에 5차 당 대회의 총화보고는 경제 분야에 관해 '사회주의 공업국가에로 전변' '사회주의 경제건설의 중심과업' 등의 제목 아래 간단히 언급하는 것으로 그쳤다. 대신 인민경제발전 6개년 계획내용에 관해서는 별도의 보고를 했다. 그러나 5차 당 대회에서는 인민경제계획과 관련한 통계숫자를 보고했던 4차 당 대회와 달리 구체적인 목표 수치의 제시가 크게 줄었다. 김일성이 사업총화 보고에서 지난 7개년 계획이 완수되었다고 주장했음에도 불구하고 계획의 세부사항을 밝히지도 못했다. 식량문제도 완전히 해결되었다고 밝혔지만 농업분야에서 구체적인 수치를 제시한 것은 달걀 생산과 농촌의 전기화, 수리화, 기계화에 관한 것 뿐이었다.[7] 경제실적을 나타내는 수치를 제시한 분야도 있지만, 어떤 분야에

7) 스칼라피노 · 이정식 저, 한홍구 옮김, 『한국공산주의 운동사 3』 (서울: 돌베개, 1987), p. 816.

서는 전혀 수치를 제시하지 못했다.

6차 대회 개최 시기는 경제계획의 완료 시점이 아닌, 2차 7개년계획(1978-1984) 도중이었다. 이런 비정상적인 사정이 반영됐기 때문인지 4, 5차 당 대회와 달리 인민경제계획에 관한 별도 보고는 없었다. 대신 추상적이고 막연한 표현으로 경제계획 달성에 실패한 사실을 은폐했다. 2차 7개년 계획에 관해서는 언급하지도 않은 채 10년이라는 장기적 전망을 포괄적으로 제시하는 '사회주의 경제건설의 10대 전망 목표'로 두루뭉수리하게 넘어간 것이다. 그만큼 경제여건이 악화되었던 것이다.

북한은 1975년 8월 시점에 6개년 계획(1971-1976)이 강철, 시멘트, 수송부문을 제외한 전 부문에서 당초 계획 보다 1년 4개월 앞당겨 완수됐다고 발표했다. 그러나 1976년을 미완료 부문에 대한 정비보완의 해, 1977년을 6개년 경제계획의 수행과정에서 조성된 긴장을 풀기 위한 '완충의 해'로 정했다. 이같은 조정기간은 2년 4개월간이나 지속되었다. 이는 부문간 균형의 상실, 특히 수송 전력 등의 부진이 경제 전반에 장애를 조성한 결과이다. 그리고 '70일 전투'와 같이 무리하게 총량 지표적인 계획 목표치만 조기달성하려 함으로써 계획경제의 기능을 저하시킨 결과이기도 했다.

4. 6차 당 대회의 복제로서 7차 당 대회

가. 35년의 동면, 과거로 간 대회

당 대회 개최 주기를 보면, '1년 6개월 - 8년 - 5년 - 9년 - 10년 - 35년'이다. 당 대회가 국내외 여건의 변화에 적절히 대응해야 한다는 원칙에 비춰볼 때 노동당이 느린 변화, 혹은 정체 상태에 있다고 할 수 있다. 6차 당 대회에서 7차 당 대회 개최까지 35년은 4차 당 대회까지 33년에 버금가는 시기라는 점을 고려할 때 긴 동면기였다고 해도 과언이 아니다.

7차 당 대회는 비전 부재, 정치사상에 대한 집착, 새 지도자의 등장이라는 점에서 6차 당 대회와 닮았다. 35년의 시차를 느낄 수 없을 정도로 6차 당 대회를 완전히 재현한 무대였다고 할 수 있다. 김정은은 당중앙위원회 사업총화 보고에서 노동당 창건 이래 계속되었던 이념, 노선, 정치 군사적 과제, 경제적 목표가 어떻게 성과적으로 진행되었는지를 북한의 오래된 논리와 개념으로 끊임없이 반복 설명했다. 정치강국, 군사강국, 문명 강국, 세계의 자주화, 조국통일 3대 헌장, 김일성·김정일주의 등 이념의 과잉이었다. 그것들은 모두 인민의 삶을 개선시키는 것과는 무관한 수사학의 잔치였다. 35년의 시간이 멈춰버린 '동결된 체제'임을 감추는 화려한 형용사들이 현란했던 7차 당 대회는 한마디로 미래 아닌 과거가 보이는 대회였다.

나. 생존이 곧 승리

"당의 력사에서 지난 35년간 그 가운데서도 1990년대는 포성 없는 전쟁 속에서 우리 혁명과 인민의 운명이 두 번 다시 수호되고 조선이 강성국가의 도약대에 오른 영원히 잊을 수 없는 전설 같은 기적의 대장정이었다. 세계 도처에서 사회주의가 바람에 불이 꺼지듯 어둠속으로 사라져가던 그 때…. 앞에는 전선 길, 뒤에는 숨죽은 공장과 불빛이 꺼진 거리, 말이 쉽지 그 때 이것은 운명과 선택에 대한 최대의 시련이었다."[8)]

---

8) 「로동신문」, 2016년 5월 4일.

7차 당 대회는 6차 당 대회를 개최한 1980년 이후 35년의 결산을 넘어 김일성이 세운 '김일성 조선' 70년 전체를 평가할 수 있는 계기를 제공했다. 7차 당 대회가 체제 발전의 동학을 보여주지는 못했지만, 북한 체제 70년의 생존을 확인하고 앞으로도 생존할 수 있는 통치 기반을 마련했다는 소극적 의미에서는 승리의 길을 열었다고 평가할 수 있다.

다. 북풍에서 북풍으로

김일성은 1946년 7월 27일 "우리의 영향을 북조선에 그쳐서는 안되며 남조선 전역에도 미쳐야 한다"고 강조한 바 있다. 북한은 1946년 토지 개혁, 산업 시설 국유화 등 이른바 민주개혁을 통해 지주, 일제 관료가 지배하는 남한 사회에 변화와 개혁의 바람을 불러일으킨 적이 있다. 남한 정권은 당시 북한으로부터 불어오는 개혁 바람이 남한 체제의 기득권을 깨지 않도록 '북풍'을 막는 것이 하나의 과제였다.

그러나 70년이 흐른 지금 북풍은 전혀 다른 의미로 변했다. 오늘 날 북풍은 악마화된 북한을 남한 선거에 동원, 북한에 대한 적대와 혐오를 불러일으켜 정치적 이익을 보려는 공작을 의미한다. 70년의 간극이 북한을 천사에서 악마로 바꿔 놓은 것이다. 남한 민주화 30년에도 불구하고 남한 사회의 종북 엑소시즘 현상, 역사 교과서 국정화 등 남한 민주주의 후퇴를 정당화하는 도구로 동원될 만큼 북한은 혐오의 대상이 되었다.

II. 7차 당 대회와 김정은 체제 전망

1. 왜 승리자의 대회인가?

가. 완수한 세 개의 과제

(1) 지속적 군사화의 귀결, 핵국가

사회주의 체제는 일반적으로 무력에 의해 혁명을 하고 무력으로 체제를 유지하며 무력에 기반해 정치를 하고, 무력으로 외부의 반혁명을 저지하는 군사화 된 체제이다. 그러나 혁명의 일상화가 진행되면서, 사회주의 체제 역시 체제 전환, 개혁 개방, 현대화 과정을 겪으면서 군사화 수준이 낮아지거나 탈군사화 한다. 그러나 북한은 이런 추세와 달리 지속적인 군사화의 방향으로 나아갔다는 점에서 예외적이다.

우선 김일성 자신이 군대를 먼저 창설하고 군대를 통해 당을 장악하는 등 군권을 매우 중시했다. 그 때문에 국가 발전 전략도 군사 우선, 군사 중시를 뼈대로 하고 있다. 1950년대 중공업 우선 발전과 경공업 및 농업 동시 발전이라는, 중공업 중심의 강제적 산업화는 1960년대 들어 경제과 국방 건설의 동시 발전으로 그 외양을 바꾸었다. 소련으로부터 군사지원을 받을 수 없게 되면서 경제 발전을 미루더라도 국방 강화를 우선하는 전략을 택한 결과이다. 이는 다시 4대 군사노선으로 발전하고, 4대 군사노선은 북한 전체를 병영화하기 시작했다. 김정일 시대 선군정치라는 새로운 통치 방식도 이런 군사화가 그 토대와 환경을 제공했기 때문에 가능한 것이었다. 군사화는 김정은 시대에 경제 건설과 핵무력 건설 병진 노선으로 다시 변주된다.

북한 현대사를 일별하기만 해도 김정은 시대의 핵 우선 정책을 김정은 시대의 고유한 국가 건설 노선이라고 단정하는 것이 얼마나 무리인지 알 수 있다. 핵 우선은 즉흥적 모험이나 갑작스러운 노선 전환이 아니라, 중공업 우선 건설-국방 건설 우선-선군-핵무력 우선이라는 일관된 경로, 즉 장기간의 축적적인 과정을 거친 결과이다. 한마디로, 군사화의 70년은 북한이 세계 앞에 당당히 핵보유국임을 선언할 수 있게 되었다고 자랑할 수 있게 해주었다.

(2) 유일적 영도의 실현

김일성이 당권을 장악한 이래 북한의 정치적 과제의 하나는 수령의 유일적 영도체계를 구축하는 것이었다. 유일적 영도 체계란 "노동계급의 당과 국가, 근로단체들은 수령의 혁명사상을 지도사상으로 하고 수령의 사상과 의도를 실현할 사명을 가지고 있으며 중앙으로부터 하부 말단에 이르기까지 중앙집권적 원칙에 따라 조직된 정연한 조직체계"를 의미한다. 수령의 유일적 영도체계의 핵심 과제는 최상층에 있는 수령의 의지가 최말단 단위인 당 세포까지 전달되고 실현되는 단일한 지도체계를 구축하는 것이다.

이 수령의 유일적 영도를 보장하기 위해 필요한 것이 당 조직의 중앙집권주의다. 70년 당 조직 발전의 역사는 곧 수령에서 말단 조직까지 하나의 단일한 지휘체계, 명령집행체제에 맞게 재조직되는 과정이었다. 당은 당중앙위원회 중심의 집단지도 체제로 출범했다. 이후 당 중앙위 정치국 집단 지도체제로 축소되었고 이는 다시 당 중앙위 총비서 체제로 전환되었다. 그러나 김정일 시대에는 당 중앙위로부터 자율성을 갖는 당 총비서 체제로, 김정은 시대에는 당위원장 체제로 변화했다. 1인 절대 권력을 제도적으로 보장하는 방향으로 일관되게 흘러간 것이다.

노동당 총비서, 노동당 위원장이라는 초월적 존재는 운명적으로 정해진 1인, 즉 세습군주에게만 허용된다는 것을 공식화한 것이라고도

할 수 있다. 70년에 걸친 유일적 영도의 종착점이 양도 불가의 세습군주라면, 3대 세습으로 영도의 유일성과 계승성을 공고히 한 것이라면, 왜 승리자의 대회가 아니겠는가?

(3) 자주의 재발견, 자강력 제일주의

김일성 시대의 주체사상, 자립적 민족 경제 발전 노선은 김정은 시대에서 자강력 제일주의로 연면히 이어져내려 오고 있다. 주체, 자주, 자립, 자력갱생의 이념은 70년의 긴 여행 끝에 자강력 제일주의로 되돌아 온 것이다.

김정은이 자강력 제일주의로 원점 회귀한 이유가 있을 것이다. 아마 체제 유지에 효과적이기 때문일 것이다. 북한은 중소분쟁의 틈에서 중립을 지키며 양 대국에 종속되지 않았고 그 결과, 사회주의 체제의 붕괴에도 붕괴되지 않았고 개혁 개방의 거센 흐름에도 개혁 개방하지 않은 채 체제도 유지할 수 있었다. 그 때문에 체제 발전의 전망은 없지만, 국제적 고립 속에서 70년의 생존을 보장한 체제였다는 점에서, 앞으로도 생존할 수 있는 통치 기반을 제공하고 있다는 점에서 자주는 북한으로서 승리의 이념이라고 할 수 있을 것이다. 그런 의미에서는 7차 당 대회는 70년 생존을 자축하는 행사였다고 할 수 있다.

2. 김정은의 통치 방식

가. 김정은식 정경분리 - 정치적 통제 강화와 경제적 유연화

김정은의 생존 전략은 정치적 통제는 강화하되, 경제적 유연성은 부분 허용하는 일종의 정경분리라고 할 수 있다. 이미 김정은은 경제관리 개선 조치를 취하고, 시장화도 제한적으로 허용하고 있다. 김정은은 핵으로 상징되는 물리적 통제로 권력을 공고히 하면서 그것이 보장해주는 권력의 안정성을 토대로 경제 개선 조치를 지속적으로 도입할 가능성이 있다.

이번 인사에서 박봉주 총리는 정치국 상무위원직은 물론 군대를 지휘하는 당 중앙군사위원회의 일원으로서 진입했다. 그에 대한 김정은의 신임을 고려할 때 박봉주에게 경제 정책에 관한 상당한 자율권을 부여한 것으로 해석할 수 있다. 한마디로 핵과 박봉주 두 개의 기둥에 의존한 통치방식이라고 할 수 있다. 이는 경제 건설 및 핵무력 건설의 병진 노선이 수사학이 아닌, 북한의 현실을 지배하는 강력한 실천적 과제임을 말해준다.

나. 선 통치 기반 공고화, 후 대외관계 개선

김정은으로서는 대외관계 발전을 통해 경제 여건을 개선하는 것보다 내부 통치기반을 공고하게 구축하는 작업이 우선이었던 것으로 보인다. 만일 대외관계 악화가 실제 김정은 체제를 위협한다면 김정은은 대외관계 개선에 적극 나섰을 것이다. 그러나 국제적 고립 상황은 외부세계가 북한에 미칠 수 있는 영향을 차단함으로써 오히려 체제 생존에 유리한 여건을 조성했다고 할 수 있다. 따라서 대외관계 개선은 권력의 안정성이 흔들리지 않는다는 조건이 충족될 때 가능할 것으로 보인다.

다. '군에 의한 군 통제'에서 '당에 의한 군통제'로

김정은 지도력이 김정일과 다른 점 하나는 군 통제방식에서 찾을 수 있다. 황병서, 김경욱등 당 조직지도부 출신을 총정치국장, 당 중앙군사위원으로 임명하고, 당 관료출신인 최룡해에게도 한 때 총정치국장을 맡기는 등 당 인물, 특히 조직지도부 출신에게 군대 통제 역할을 맡기는 경향을 보이고 있다. 김정일의 선군정치가 군에 대한 절대 신뢰를 바탕으로 군에 의한 군 통제를 실시했다면, 김정은 시대에는 잦은 군지휘관 교체가 말해주듯 군에 대한 불신을 전제로 한, 당에 의한 군 통제라고 할 수 있다.

이는 김일성 시대 군대 통제를 강화하기 시작할 때의 방식과 같다. 이는 사회주의 체제에서 군대 통제의 3단계인 전환, 공고화, 유지관리에서 초기 단계 통제에 해당한다. 초기 단계에서는 군대의 충성심과 동질성을 확보하는 것이 우선 과제이고, 이를 위해 외부로부터의 통제를 실시한다. 이런 통제 방식은 새 지도자에 군을 적응시키는 훈육과정이기도 하다.

Ⅲ. 더 위험해진 북한, 적극적 관여가 필요하다

1. 대북정책의 전환이 필요하다

가. 제재를 통한 변화의 한계

외부세계의 압박과 제재는 한 체제의 변화를 강제하는 데 한계가 있다. 특히 북한과 같은 전체주의적 체제의 변화는 그 체제가 변화를 선택 가능한 대안으로 여기지 않는 한 변화의 가능성이 적다. 오히려 북한에 대한 외부의 압박과 제재가 북한의 다양한 선택지를 제한하는 역효과를 낼 수 있다.[9] 북한이 대외 개방과 대외 관계 개선에 부정적인 것도 압박 속의 변화가 체제를 위기로 몰아간다고 인식하기 때문이다.

북한은 이번 당 대회를 통해 체제 안정과 지도력의 공고성을 과시했다. 따라서 외부 세계의 북한 붕괴론, 김정은 권력의 안정성 의혹을 불식시키는 효과를 거두었다고 할 수 있다. 대북 제재로는 북한 변화를 기대할 수 없으며 붕괴론에 기댄 대북정책 역시 무용하다는 신호를 보낸 것이기도 하다. 김정은 체제를 현실로 받아들이고 대화 상대로 존중하라는 의사표시이기도 하다.

7차 당 대회를 통해 김정은 체제의 공고화를 확인했다면 김정은 체제를 대화 상대로 인정하고 교류 협력을 추진해야 한다. 남한 정권이 교체되는 5년 마다 강경과 온건, 교류와 단절을 넘나드는 방식이 아닌, 사회적 합의에 바탕한 지속 가능한 대북정책을 세울 필요가 있음을 7차 당 대회가 말해주고 있다. 변화는 대화와 교류 과정을 통해서 이루어지고, 그것은 또한 시간을 필요로 하기 때문이다.

나. 동결된 체제를 풀기 위한 적극적 대북 정책

김정은은 김일성의 '조국통일 3대헌장(7·4 남북공동성명, 고려민주연방공화국 창립방안, 조국통일을 위한 전민족 대단결 10대 강령)'을 "일관되게 틀어쥐고 통일의 앞길을 열어나가야 한다"고 강조했다. 이례적으로 김일성 시대의 언어를 동원해 통일에 적극적인 태도를 보이며 자신감을 과시한 것이다. 체제 강화 의지를 과시하는 이런 태도를 고려할 때 북한 변화를 선결조건으로 한 대북정책이나, 북한이 변화할 때까지 남북관계의 개선을 차단하는 자폐적 대북정책은 비현실적임을 알 수 있다. 동결된 체제의 변화를 위해서는 외부가 먼저 북한 변화를 유인하기 위한 적극적인 대북정책을 전개해야 한다.

9) "황금과 부유 속에서 부패된 국가는 있어도 고난과의 투쟁 속에서 사멸된 인민은 없다." 「로동신문」, 2016년 5월 4일.

2. 북핵 접근법의 전환이 필요하다: 선 비핵화에서 선 평화협정으로

가. 체제 보장 대안 찾은 김정은: 평화협정 대신 핵

북한은 한반도 평화협정이 부재한 조건에서 평화를 보장해줄 대안을 스스로 찾아냈다. 만복의 보검, 핵이다.[10] 북한은 7차 당 대회에서 핵이 체제 안전 보장의 핵심이며, 따라서 포기할 수 없음을 당규약 명문화, 당 대회 중앙위원회 사업 결정서를 통해 분명히 했다. 이로써 북한은 핵무장에 필요한 제도, 의지, 능력을 다 갖추게 되었다. 김정은은 "우리 당의 새로운 병진 로선은 일시적인 대응책이 아니라, 항구적으로 틀어쥐고 나가야 할 전략적 로선"이라고 선언했다.[11] 이 선언은 핵무장으로 체제 안전을 보장받게 되었다고 믿는 김정은 체제를 대상으로는 평화협정 체결 의사가 있다는 구두약속만으로 북한 비핵화를 유인할 수 없다는 사실을 말해준다.

나. '비핵화-평화체제 병행론'을 거부한 제7차 당 대회

'비핵화와 평화 협정(혹은 평화제제) 병행론'은 외형상 한국과 미국의 '선 비핵화 후 평화협정' 입장과 북한의 '선 평화협정 후 비핵화'를 절충한, 합리적 대안으로 보인다. 북한이 핵무장을 추구한 것이 북핵문제의 원인이므로, 북한이 스스로 그 원인을 해소해 나가는 정도에

---

10) "핵은 우리에게 있어서 물리적 힘이기 전에 신념 문제이다. 끝까지 이 길을 가는가 포기하는가, 끝까지 최후승리를 보는가 보지 못하는가, 핵은 우리에게 이렇게 묻고 있다. 폭제의 핵을 제압하는 우리 핵은 위대한 수령님들께서 물려주신 고귀한 승리의 유산인 우리 당의 공격적인 혁명사상의 정화이며 그것은 앞날의 많은 것을 담보해주는 만복의 보검이다." 「로동신문」, 위의 글.

11) '7차 당 대회에서 한 중앙위원회 사업총화보고', 「로동신문」, 2016년 5월 8일.

따라 북한이 원하는 체제 안전을 단계적으로 보장해주겠다는 절충의 논리다. 그러나 '비핵화와 평화체제 병행론'은 9·19 공동성명의 취지를 살렸다 해도 북한의 시선으로는 선 비핵화에 가깝다. 병행론은 불가역적인 비핵화 조치의 진전에 맞춰 사찰 및 검증을 하고 그 대가로 평화를 제공하는 것이기 때문이다. '선 평화협정 후 비핵화' 입장을 견지하는 북한은 당연히 이 제안을 받아들이지 않고 있다. 병행론이 평화 협정을 후순위로 돌려놓는 것은 북한이 원하는 평화 협정으로 비핵화를 유인하기 위해서 일 것이다. 이는 북한이 비핵화를 감내하고서라도 평화협정을 원할 것이라는 낙관적 사고에 근거하고 있다. 그러나 7차 당 대회는 이런 접근법이 정말 희망적 사고에 불과하다는 사실을 확인시켜 주었다.

북한의 관점에서 비핵화와 평화협정 병행론은 불공정한 거래이다. 비핵화는 불가역적이 되어야 한다면서 그 대가로 제공될 대외 관계 개선 조치는 가역적인 성격을 띠고 있기 때문이다. 대북 제재 조치는 상황에 따라 강화하거나 약화시키거나 철회할 수 있다. 대북 지원 역시 확대하거나 줄일 수 있다. 대북 경수로 공급 사업 중단이 좋은 예이다. 평화 협정도 자동적으로 평화를 보장하는 것은 아니다. 평화협정에도 불구하고 언제든 적대관계로 전환할 수 있기 때문이다. 그러므로 이런 조치들은 불가역적 비핵화의 대가로 합당하지 않다. 불균형적이기 때문이다.

북한 핵문제에 관한 두 가지 상반된 시선이 있다. 하나는 한국을 비롯한 외부세계의 대북정책의 실패로 북한이 핵 개발을 계속하고 있다는 것이다. 대북정책 실패론은 북한과 적절한 협상을 했다면 비핵화를 실현할 수 있었다고 주장한다. 다른 하나는 외부세계의 대북정책으로는 핵보유국이라는 북한의 목표를 변경하는 일이 불가능하다는 것이다. 대북정책 실패론이나 북핵개발 저지 불가론은 서로 대립되는 주장이지만, 평화 체제 구축 문제를 문제 해결의 중심에 두지 않았다는 점에서는 다르지 않다. 그동안 왜 비핵화 정책에서 평화 체제 문제가 실종되었다는 사실에 관심을 갖지 않았나?

다. 불가역적 비핵화와 불가역적 평화

북한을 비핵화하기 위해서는 발상의 전환이 필요하다. 평화체제 구축을 우선하는 것이다. 불가역적 비핵화에 상응하는 조치로는 불가역적 평화가 적절하며, 그것도 우선 제공할 필요가 있다. 불가역적 평화는 평화협정 체결만으로는 달성하기 어렵다. 평화를 위한 제도, 정책, 외교 전략의 수립이 필요하다. 이를 위해 우선 흡수통일 반대를 정부 입장으로 공표해야 한다. 한미연합 훈련 중단, 국가보안법 폐기, 북한을 적으로 간주하는 동맹의 변화, 군비 축소 등의 조치도 뒤따라야 한다.

이런 조치는 북한을 불안의식에서 벗어나게 해줄 것이며, 그로인해 북한 스스로 개혁 개방의 길로 나아갈 수 있다는 자신감을 심어줄 수 있다. 북한이 변하면 평화를 주겠다는 조건부가 아니라, 평화를 줄 테니 북한이 변하라는 진지한 유인책을 먼저 제공해야 한다. 그렇게 함으로써 외부세계는 북한에 더 낳은 생존의 길이 있다는 믿음을 주어야 한다.

라. 단계적 접근: 핵 동결 우선

김영삼 정부는 제네바 협정을 불만족스러워했다. 2002년 새로운 농축우라늄 핵개발 계획을 포착한 조지 W. 부시 행정부는 북한이 합의를 위반한 상황에서 기존 대북 정책을 지속하고 싶어 하지 않았다. 북한도 2007년 2·13합의에 대해서 불만족스러워했다. 사실 북핵에 관한 기존 합의는 완전하지 않았고, 그 때문에 어느 당사자도 만족하지 않았다.

북핵 문제 해결에 진전이 없는 이유가 있다면 이같이 불만족스러운 상황을 참지 못한 것에 한 원인이 있다고 할 수 있다. 만약 타협이 불만족스러움에도 불구하고 기존 합의를 성실히 이행했다면, 북핵 문제가 이같이 악화되지는 않았을 것이다. 모든 당사국은 타협에 따른 불만족스런 상황을 받아들이는 자세가 필요하다. 현 단계에서 북한을 비핵화로 역전시킬 방법은 없다. 일단 핵개발 속도를 줄여나가도록 하는 단계적 현실적 해법을 구사해야 한다. 우선 핵동결을 목표로 삼고 비핵화는 최종 목표로 미뤄둬야 한다.

마. 9·19 공동성명을 넘어서

북한의 핵무기고 증가와 헌법 및 당 규약의 핵보유 국가 명문화를 고려하면 북한의 협상 지위는 더 높아졌다. 핵실험하기 전인 9·19 합의 때 북한의 협상 지위와는 다르다. 북한도 9·19 성명으로의 회귀가 불가능하다고 강조하고 있다. 북한의 달라진 협상 지위를 받아들이는 수밖에 없다. 평화를 우선 제공하는 조건으로, 완전한 비핵화가 아니라 핵 개발 동결을 목표로 낮은 수준의 9·19 공동 성명에 해당하는, 새로운 합의를 도출해야 한다. 이를 위해 남북한과 미국간 정치군사적 긴장 완화 방안을 논의하고, 북핵 문제 논의를 위한 북한·미국간, 북한·중국간 양자회담과 다자회담을 병행할 필요가 있다.

Ⅳ. 결론 및 요약

북한 현대사를 당 대회 개최 시기를 기준으로 양분한다면 6차 당 대회 이전과 이후로 구분할 수 있다. 5차 당 대회까지만 해도 성공에 대한 열정과 기대가 어느 정도 있었던 시기였다면, 6차 당 대회부터는 불안과 그 불안을 은폐하는 허장성세가 두드러진 시기였다고 할 수 있다. 5차 당 대회는 번영과 쇠퇴의 기운이 뒤섞인 복합적이고 과도기적 특성을 띠고 있기는 하지만, 이때까지만 해도 일말의 희망을 품고 있었다는 점에서 6차 당 대회 이후와 분명한 차이가 있다. 6차 당 대회 이후 북한은 경제와 인민이 없는 국가, 사상과 이념으로 가득한 공허한 사회, 열등감을 감추기 위해 허장성세로 포장한 시대였다고 할 수 있다.

이와 같은 6차 당 대회를 재현하고 반복한 것이 바로 7차 당 대회였다. 6차 당 대회 이후 7차 당 대회까지 북한 현대사의 절반을 차지하는 35년의 긴 시간에도 북한의 젊은 지도자가 '도로 6차 당 대회'를 개최했다는 사실은 많은 시사점을 던져준다. 그건 북한이 새로운 미래를 향해 나아갈 준비를 아직 하지 못한 채 '오래된 미래'로 되돌아갔다는 것을 뜻한다.

당 대회의 최고 의제 가운데 하나는 지난 인민경제계획을 총평하고 새로운 계획을 제시하는 것이다. 그러나 경제적 성과를 통해 인민들의 지지와 동의를 이끌어 내기 어려운 상황에서 열린 5, 6차 당 대회는 4차 당 대회까지 중시했던 경제계획의 통계수자 발표를 포기하고 군중집회와 시위라는 볼거리 과시로 당의 영광과 위업을 대신해야 했다. 김일성은 5차 당 대회 사업총화 보고에서 지난 7개년 계획이 완수되었다고 주장했음에도 계획의 세부사항을 밝히지 못했다. 식량문제도 완전히 해결되었다고 주장했지만, 구체적인 수치를 제시한 것은 달걀

생산과 농촌의 전기화, 수리화, 기계화에 관한 것뿐이었다.

6차 당 대회는 경제계획을 아예 논의조차 못한 채 정치사상사업으로 일관했다. 경제건설 문제는 사상사업의 일부로 간단히 언급하는 것으로 그칠 만큼 부차적인 의제로 전락한 것이다. 6차 당 대회 개최 시기도 경제계획의 완료 시점이 아닌, 2차 7개년계획(1978-1984) 도중이었다는 사실에서 그 한계를 알 수 있다. 4, 5차 당 대회와 달리 인민경제계획에 관한 별도보고를 하지 않고 대신 추상적이고 막연한 표현으로 일관했다. 2차 7개년 계획에 관해서는 언급하지도 않은 채 10년이라는 장기적 전망을 포괄적으로 제시하는 '사회주의 경제건설의 10대 전망 목표'로 두루뭉수리하게 넘어갔다. 그런 대회의 성격상 6차 당 대회의 가장 큰 성과로 내세울 수 있는 것은 역시 김정일 후계자 공식화 밖에 없었다.

7차 당 대회는 비전 부재, 정치사상에 대한 집착, 새 지도자의 등장이라는 점에서 6차 당 대회를 닮았다. 35년의 시차를 느낄 수 없을 정도로 6차 당 대회를 완전히 재현한 무대였다. 김정은은 당중앙위원회 사업총화 보고에서 노동당 창건 이래 계속되었던 이념, 노선, 정치 군사적 과제, 경제적 목표에 대해 오래된 논리와 개념으로 설명했다. 정치 강국, 군사강국, 문명 강국, 세계의 자주화, 조국통일 3대 헌장, 김일성·김정일주의 등 낡은 이념이 넘쳐났다. 35년의 시간이 멈춰버린 '동결된 체제'임을 감추는 이 화려한 형용사들은 7차 당 대회가 미래 아닌 과거로 가는 대회, 인민의 삶을 개선시키는 것과는 무관한 수사학의 잔치 마당이었음을 웅변해주고 있다.

그러나 북한 내부의 시선으로 보면 7차 당 대회는 승리자의 대회이기도 했다. 핵무장은 중공업 우선 건설-국방 건설 우선-선군-핵무력 우선이라는 70년간 일관된 군사화 경로의 자연스러운 귀결이었다. 또한 70년에 걸친 유일적 영도의 강화과정이 불가양도의 세습군주, 즉 영도의 유일성과 계승성을 공고히 한 3대 세습이라면 그 역시 승리라고 명명하기에 손색이 없다.

게다가 자강력 제일주의라는 오래된 기치도 내리지 않고 지켰다. 북한은 중소분쟁의 틈에서 중립을 지키며 양 대국에 종속되지 않았고 그 결과, 사회주의 체제의 붕괴에도 붕괴되지 않았으며, 개혁 개방의 거센 흐름에도 개혁 개방하지 않은 채 체제를 유지했다면 자강력 제일주의를 승리의 이념이라고 한들 이상할 것도 없다. 북한에 체제 발전의 전망은 없지만, 국제적 고립 속에서 영도의 유일성·계승성을 공고히 하고 핵무장으로 체제 안전장치를 확보하고 김일성의 자립적 민족경제 발전 노선의 김정은판이라고 할 수 있는 자강력 제일주의를 천명할 수 있었다는 점에서 7차 당 대회는 70년 생존을 자축하는 행사였다고 할 수 있다.

한국 전쟁 이후 한반도 평화협정이 부재한 한반도에서 북한은 평화를 보장해줄 대안을 스스로 찾아냈다. 바로 핵이다. 북한은 7차 당 대회에서 핵이 체제 안전 보장의 핵심이며, 따라서 포기할 수 없음을 당 규약 명문화와 당 대회 중앙위원회 사업 결정서를 통해 분명히 했다. 이제 북한은 핵무장 의지, 핵무장 능력, 핵무장의 자지 정당성의 3박자를 다 갖추게 된 것이다.

북한은 과거 어느 때보다 더 위험해졌다. 그런 북한을 더 이상 방치할 수는 없다. 대북정책의 전환, 북핵 정책의 재검토가 필요하다. 대북 제재를 통한 변화의 한계를 깨닫고, 북한 문제에 적극 관여하는 적극적 대북정책이 절실하다. 북핵 문제에 관해서도 선비핵화 후평화협정이나 비핵화-평화협정 병행론이 과연 현실성 있는 방안인지 고민해야 한다. 핵 동결을 잠정적 목표로 설정하고 먼저 불가역적 평화조치를 취하는 단계적이고도 포괄적인 접근을 검토할 필요가 있다.

참고문헌

1. 국내문헌

스칼라피노·이정식 저, 한홍구 옮김. 『한국공산주의 운동사 3』. 서울: 돌베개, 1987.

2. 북한문헌

조선중앙통신사. 『조선중앙년감』. 평양: 조선중앙통신사, 1981.

3. 기타자료

「로동신문」. 1961년 3월 23일, 1961년 9월 11일. 1970년 11월 2일, 1979년 12월 14일, 2016년 5월 4일, 2016년 5월 8일.

집필진(목차순)

김일한_ 동국대학교 DMZ평화센터 연구원

이대근_ 경향신문 논설주간

이상숙_ 국립외교원 연구교수

문인철_ 서울대학교 통일평화연구원 선임연구원

신대진_ 성균관대학교 좋은민주주의연구센터 선임연구원

임상순_ 평택대학교 통일학전공 주임교수

이창희_ 경희대학교 후마니타스칼리지 강사

탁용달_ 한국자산관리공사 경영연구소 책임연구원